Liebe – vom Himmel geschickt

DIANA WENTWORTH

Liebe – vom Himmel geschickt

Aus dem Amerikanischen
von Manfred Miethe

WELTBILD

Die amerikanische Originalausgabe erschien 2001 unter dem Titel
Send Me Someone im Verlag Renaissance Media, USA.

Genehmigte Lizenzausgabe für Verlagsgruppe Weltbild GmbH,
Steinerne Furt, 86167 Augsburg

Veröffentlicht 2001 im Integral Verlag, München.
Übersetzung: Manfred Miethe
Umschlaggestaltung: Studio Höpfner-Thoma, München
Umschlagmotive: Getty Images, München und
Mauritius/Die Bildagentur, Mittenwald
Gesamtherstellung: GGP Media GmbH,
Karl-Marx-Straße 24, 07381 Pößneck
Printed in Germany
ISBN 3-8289-7396-5

2006 2005 2004 2003
Die letzte Jahreszahl gibt die aktuelle Lizenzausgabe an.

Du hast gewartet, bis du allein warst,
denn der Tod, der ist Privatsache.
Du wusstest, dein letzter Akt
war für ein anderes Publikum bestimmt.

Als er dich erfüllte,
oh, wie musst du da getanzt haben!
Als du dich Gott entgegenstrecktest,
elegant und ganz allein.

Liebste, wie ist es?
Sag uns, was ist der Tod?

Elias Amidon (*Life Prayers*)

Wenn du zur Quelle möchtest,
musst du gegen den Strom schwimmen.

Erster Teil

Paul

Kapitel 1

Paul lag auf dem Sofa, seine schmerzenden Beine unter der Wolldecke, die ich im Winter, als wir alles verloren hatten, für ihn genäht hatte. Ich strich nachdenklich über den dicken Stoff und rief mir in Erinnerung, wie wir vor langer Zeit einige Monate in einer eingeschneiten Blockhütte am Lake Arrowhead zugebracht hatten. Um mir die Zeit zu vertreiben, hatte ich alle möglichen Wollreste zusammengenäht. Und während ich nähte, hatten Paul und ich uns Gedanken darüber gemacht, welche Richtung unser Leben nehmen würde und wie wir unsere Talente am besten einsetzen sollten, um eine sorglose Zukunft für uns und unsere dreijährige Tochter Lexi zu erschaffen.

Damals hatten wir über die wichtigsten Stationen unseres Lebens gesprochen und darüber, wie wir an diesem Tiefpunkt angekommen waren. Konnten auch die Trümmer unseres Lebens – so wie die Wollreste – zu etwas Neuem, Sinnvollerem und Schönerem zusammengefügt werden? Unsere Antwort war klar: Ja. In unseren Gesprächen hatten wir wieder einmal erkannt, dass Krisen nicht nur Herausforderungen sind, son-

dern auch Geschenke, und dass wir auch aus dieser Krise gestärkt hervorgehen würden.

Aber dieses Mal, beinahe 20 Jahre später, würden wir keine Gelegenheit haben, das Ruder noch einmal herumzureißen. Wir würden uns an den Gedanken gewöhnen müssen, dass Paul den Krebs, der sich in seinem Körper ausgebreitet hatte, nicht überleben würde.

Er sah mich traurig an: »Machen wir uns nur etwas vor, Kätzchen?«

Eine gute Frage. Positives Denken hin oder her, die Bestrahlung und die Chemotherapie schienen nichts auszurichten.

»Ich ertrage es nicht, dich in diesem Chaos allein zu lassen.« Er machte sich Sorgen, wie ich es schaffen würde, unsere Organisation allein weiterzuführen, wie ich all die Details in den Griff kriegen würde, mit denen er so gut umgehen konnte.

»Kannst du bitte einen Anwalt anrufen? Ich möchte mein Testament machen.«

Innerhalb einer Stunde hatten wir einen Anwalt gefunden und ein einfaches Dokument aufsetzen lassen. Die nötigen Unterschriften würden wir in den nächsten Tagen leisten. Im Moment gab es nichts weiter zu tun, wir konnten uns nur wortlos in die Arme nehmen. Als sich Pauls Atmung vertiefte, nahm ich an, dass er eingeschlafen wäre, und stand auf, um in der Küche sein Wasserglas aufzufüllen. Da rief er mir hinterher: »Ich will nicht, dass du allein bist!«

Ich hielt weder an noch zögerte ich auch nur eine Sekunde lang mit der Antwort.

»Dann schick mir jemanden!«, brach es zu meiner eigenen Überraschung aus mir hervor.

Irgendetwas lag in der Luft. Etwas war geschehen, aber ich wusste nicht, was.

»Das werde ich«, antwortete er. Und dann lauter: »Das werde ich!«

Und er würde Wort halten.

Lexi und ich verabschiedeten uns noch von den letzten der etwa hundert Freunde, die nach Pauls Beerdigung zu uns nach Hause gekommen waren. Sie war blass. Der Stress der letzten vier Monate war von ihrem Gesicht abzulesen, so dass sie viel älter als 20 aussah. Sie war während Pauls Krankheit unermüdlich gewesen, hatte ihr Studium unterbrochen und war wieder nach Hause gezogen, um eng mit der Geschäftsführerin unserer Organisation *Inside Edge* zusammenzuarbeiten, damit alles so glatt wie möglich weiterlief. Sie war so sehr damit beschäftigt gewesen, sich um ihren Vater und mich zu kümmern, dass sie keine Zeit gehabt hatte, sich ihren eigenen Gefühlen zu widmen.

Kniend stellte ich Bilder von Paul auf einen kleinen Tisch neben dem Fenster. Es waren dieselben Bilder, die bei der Gedenkfeier auf dem Altar gestanden hatten. Da war er, der Mann von Welt im Smoking, wie er mit Lexi auf ihrem Debütantinnenball Walzer tanzte; da war er, der Abenteurer, wie er mit windzerzausten Haaren und dem markanten, vor Freude strahlenden Gesicht das Ruder eines Segelboots hielt. Daneben stand die Vergrößerung eines Fotos seiner und meiner Hände, die einander hielten, das erst ein paar Tage vor seinem Tod im Krankenhaus aufgenommen worden war. Von den Bildern einmal abgesehen, war die in einer buchförmigen Bronzeurne enthaltene Asche alles, was mir von Pauls Körper geblieben war.

Und dann, nachdem alle gegangen waren, waren Lexi und ich endlich allein. Sie setzte sich neben mich auf den Boden und wir sahen uns still an, als ob wir ohne Worte besser verstehen würden, was an diesem Tag geschehen war.

Schließlich fing Lexi an zu schluchzen. »Weißt du, was das Schlimmste für mich ist, Mutti? Dass mein Papa bei meiner

Hochzeit nicht dabei sein wird. Er wird nicht da sein, um mich zum Altar zu führen.«

Ich konnte sie nur halten und wiegen, bis sie sich beruhigt hatte. Dann schlich sie ins Bett. Ich blies die Kerzen aus, die neben den Bildern und den Blumen standen, die wir von der Feier mit nach Hause genommen hatten. Dann zog ich mein Nachthemd an und ging in der Hoffnung ins Bett, dass mich ein friedlicher Schlaf überkommen möge. Aber ganz plötzlich war ich hellwach, denn ich spürte Pauls Anwesenheit so deutlich, als ob er noch am Leben wäre. Er fühlte sich so wirklich an, dass ich einfach mit ihm sprechen musste.

»Du bist hier, oder?«, flüsterte ich.

Ja, antwortete es in meinem Kopf.

Ein warmes Gefühl der Erleichterung durchströmte mich.

Du und ich, wir werden immer zusammen sein. Es ist unser Schicksal. Wir waren schon zusammen, bevor wir uns trafen …

Seit der unheilvollen Diagnose vor vier Monaten hatte ich nie darüber nachgedacht, ob ich ihn auch noch spüren würde, wenn er weg war. Ich war immer davon ausgegangen, dass wir zusammen sterben würden; ich hatte sogar Witze über einen Doppelsarg gemacht. Aber jetzt fragte ich mich, ob in diesen Gedanken nicht eine Ahnung von etwas anderem enthalten war, nämlich dass wir einfach immer zusammen sein würden – so, wie ich es jetzt gerade spürte.

Das bedeutete, ich konnte in Gedanken immer mit ihm reden – und er mit mir.

»Bilde ich mir das alles nur ein?«, fragte ich nach einer Weile schüchtern.

Ich bin dir so nahe, wie ich es jemals war.

Sollte ich das glauben? Spielte mir mein Verstand einen Streich? Aber selbst wenn dies ein Trugbild war, so fand ich doch Trost darin. Ich verschmolz mit Paul, wie ich es immer getan hatte, und schlief in seinen Armen ein.

Am nächsten Morgen wachte ich erstaunlich zufrieden auf. Machte ich mir etwas vor? Ich wusste, was Verleugnung bedeutet, denn ich hatte mir während Pauls Krankheit ständig etwas vorgemacht. Aber dies war kein Verleugnen. Es war eher eine Gnade.

Ja, ich war mir sicher! Pauls jetzige Gegenwart schien noch realer als in seinen letzten Monaten zu sein, so, als ob er mir nun seine volle Aufmerksamkeit schenken wollte, was er während seiner Krankheit nicht mehr gekonnt hatte, weil er sich mehr und mehr nach innen zurückgezogen hatte. Aber jetzt, wo ich spürte, dass wir tatsächlich miteinander verschmolzen waren, erfüllte mich eine stille Freude. Wie viele Menschen mochten schon dieselben Gefühle verspürt, aber geschwiegen haben, weil sie Angst hatten, missverstanden zu werden oder als durchgedreht zu gelten?

Die Liebe überdauert, hörte ich ihn sagen. Und da wusste ich, dass ich die richtigen Worte finden würde, um diese Geschichte zu erzählen.

In den nächsten drei Tagen spürte ich Pauls Gegenwart ständig. Aber am vierten Tag bekam ich einen Schreck. Als ich versuchte, ihn vor dem Einschlafen zu fühlen, da war er – wie soll ich sagen? – »verschwunden«.

»Paul, bist du da?«, flüsterte ich, als ob ich seine Aufmerksamkeit auf mich lenken könnte, wenn ich die Worte sagte, statt sie nur zu denken.

Nichts.

»Wo bist du?«

Ich geriet in Panik. »Paul?«

Er war nicht da. Gerade hatte ich mich an den Gedanken gewöhnt, dass er mir nun näher als jemals zuvor sein würde, und nun war er plötzlich verschwunden. Aber schon am nächsten Morgen spürte ich ihn wieder. Und bald sollte ich auch herausfinden, wo er gewesen war.

Am Nachmittag rief mich nämlich Jacob an, einer von Pauls

Freunden, und sagte: »Wir hatten gestern Abend eine Art Abschiedsfeier für Paul, aber es wurde eine richtige Party daraus.« Er senkte die Stimme. »Das mag sich komisch anhören, aber wir hatten alle das Gefühl, er wäre bei uns gewesen.«

»Aha! *Da* war er also!«

»Was?«

»Nichts«, antwortete ich. »Ich bin einfach froh, dass er bei seinen Freunden war.«

Als ich am nächsten Morgen erwachte, spürte ich Pauls Gegenwart mit einer solchen Eindrücklichkeit, dass ich mechanisch die Hand ausstreckte, um seinen Kopf zu streicheln. Als meine Hand ins Leere griff, traf mich die Erinnerung wie ein Schlag ins Gesicht.

Ich rief mir ins Gedächtnis: »Atme, Diana. Gefühle vergehen. Gefühle vergehen.« Das war das Mantra, das ich während seiner viermonatigen Krankheit immer wieder aufgesagt hatte.

Goldene Sonnenstrahlen ergossen sich über die Decke am Fußende des Bettes, wo unsere Katze hingebungsvoll auf dem Rücken lag und die Wärme und Ruhe genoss. Ich konnte so lange liegen bleiben, wie ich wollte. Paul hatte mich immer ermutigt, samstagmorgens im Bett zu bleiben, während er ein Feuer im Kamin anmachte und mir das Frühstück ans Bett brachte. Erst schüttelte er meine Kissen auf, dann stellte er das Tablett vor mir ab und sah mich erwartungsvoll an, weil er gespannt war, wie ich darauf reagieren würde, dass er die Butter zu einem Herz geformt hatte.

Heute wurde mir kein Frühstück im Bett serviert. Aber ich hatte sowieso keinen Hunger.

Ich stand auf, um das Feuer anzuzünden und mir eine Tasse Tee aufzugießen, dann schlüpfte ich wieder unter die warme Decke.

Mein Blick fiel auf einen Briefbeschwerer, eine durchsich-

tige Kristallkugel, die die Erde repräsentieren sollte. Paul hatte sie mir vor ein paar Wochen zu meinem 48-sten Geburtstag geschenkt. Jetzt wusste ich, dass sie zu einer Art Prüfstein werden würde, weil sie mich an jenen Tag erinnerte – ein Prüfstein unter vielen. Ich fragte mich, was für Erinnerungen an glückliche Zeiten ich noch finden würde.

Ich öffnete die unterste Schublade meines Nachttischs und nahm eine große, herzförmige Schachtel heraus, in der sich einst ein opulentes Sortiment feiner Pralinen befunden hatte. Seither benutzte ich sie als Aufbewahrungsort für Erinnerungsstücke, für all die kleinen Kostbarkeiten, die nicht ins Fotoalbum passten: Pauls Liebesbriefe, eine Anstecknadel von der Uni, Lexis Briefe an den Weihnachtsmann. Die dunkelrote Samtschachtel war mittlerweile verblichen, aber gerade durch ihr Alter noch schöner geworden.

Ich nahm den Deckel ab und legte ihn aufs Bett. Meine Finger ertasteten die Zuchtperlen, die in die gelben Spitzen eines Tuches genäht waren, das ich zu unserer Hochzeit getragen hatte. Darin eingewickelt waren unsere Eheringe, die aufgrund des täglichen Tragens glänzten. Bessere hatten wir uns damals nicht leisten können. So waren die Ringe auch eine symbolische Bekräftigung meines Entschlusses, das Luxusleben meiner Jugend hinter mir zu lassen. Ohne die winzigen Diamanten, die meinen Ring verzierten, wäre er klein genug gewesen, um in seinen zu passen. Genauso hatte ich mich gerne an Paul gekuschelt – um in seinen Armen auf ewig aufgehoben zu sein.

Ich suchte am Boden der Schachtel weiter und arbeitete mich an dem kleinen Umschlag mit Milchzähnen, dem Stapel Muttertags- und Valentinstagskarten vorbei zurück zum Anfang unserer Beziehung: zu den ausgeblichenen, ehemals blauen Luftpostumschlägen, die in Hongkong abgestempelt waren, und zu der winzigen Dose Tigerbalsam, die Paul an jenem Abend von einem Straßenhändler gekauft hatte, an dem

ich erkannte, dass sich mit ihm mein Schicksal erfüllen würde.

Ich nahm ein Kärtchen aus der Schachtel. Paul hatte darauf mit schwarzer Tinte einen Tigerschwanz gezeichnet, auf dem ein Schmetterling saß, und in nachgemachter chinesischer Schrift *Ich liebe Dich* geschrieben. Ich legte die Karte und die verblichenen Umschläge mit den exotischen Briefmarken auf die Decke. Sie waren für mich wie eine Landkarte, auf der unsere gemeinsame Reise eingezeichnet war.

Oktober 1962

Unsere Beziehung begann mit einer plötzlichen intuitiven Eingebung.

Später sollte ich meine Intuition – dieses subtile Gefühl, etwas, das man nicht wissen kann, plötzlich auf geheimnisvolle Weise doch zu wissen – besser verstehen und lernen, auf sie zu vertrauen. Bevor ich Paul begegnete, hatte ich nur eine einzige starke Eingebung. Es war nichts Weltbewegendes, aber es traf mich völlig unvorbereitet. Damals, im Frühjahr 1959, war ich gerade 18 Jahre alt und las auf der Veranda meines Studentenwohnheims in einem Lehrbuch. Im Radio spielten sie ein Lied von Elvis Presley.

»Könnt ihr das nicht leiser stellen?«, fragte ich meine Mitbewohnerinnen. Eine sah mich an und meinte: »Wir gehen wohl besser woandershin. Diana steht nicht auf Elvis!« Mich überkam ein seltsames Gefühl, so als ob ich irgendeinen Verrat begehen würde, wenn ich dies so stehen ließ. Denn ich wusste plötzlich, dass ich Elvis eines Tages begegnen würde, obwohl er damals in Deutschland stationiert war und wir uns nie begegnet waren.

»Das stimmt nicht«, erwiderte ich also – wobei ich mich fragte, woher ich die Selbstsicherheit nahm –, »eines Tages

werde ich sogar mit ihm ausgehen.« Ich hatte eine Vorahnung – die erste von vielen – und wusste es nicht einmal.

Im darauf folgenden Sommer nahm mich meine Mutter mit auf eine Reise nach Europa. Wir wohnten im Hotel *Prince de Galles* in Paris. Bobby, ein Teenager, den wir dort kennen gelernt hatten, rannte eines Tages auf mich zu und stieß atemlos hervor: »Elvis Presley sitzt im Esssaal. Ich gäbe alles, um ein Autogramm zu bekommen, aber ich trau mich nicht, ihn darum zu bitten.«

Ich erinnerte mich dunkel an irgendetwas, wusste aber nicht mehr, an was. Ich bat die Concierge um Papier und Bleistift und ging mit Bobby im Schlepptau in den Esssaal. Elvis trug Uniform und hatte die Haare militärisch kurz geschnitten. Ihn nicht anzustarren wurde noch schwieriger, nachdem er mich wahrgenommen hatte. Alle, die die damalige Zeit erlebt haben, wissen ja, dass Elvis ein wirklich schöner Mann war und dass er ein wunderbares Lächeln hatte, aber als er damals sein Lächeln auf mich richtete, da blieb mir einen Moment lang das Herz stehen.

»Mein Freund Bobby hätte gerne ein Autogramm«, sagte ich dennoch tapfer. Er unterschrieb und wir unterhielten uns ein paar Minuten. Das wäre wohl alles gewesen, wenn nicht meine Mutter und ich abends zu einer Revue in den *Folies-Bergère* gegangen wären – und wenn Elvis nicht ebenfalls da gewesen wäre. Sein Leibwächter erkannte mich, und als unser Reisebus zurück zum Hotel kam, wartete Elvis in der Lobby auf mich. Er war sehr höflich, sogar galant, und bat darum, mit meiner Mutter sprechen zu dürfen. Er bat sie um Erlaubnis, mit mir zur Spätvorstellung im berühmten Pariser Nachtklub *Lido* gehen zu dürfen.

Elvis und ich waren jahrelang befreundet. Ich sah ihn noch im selben Sommer in Deutschland und später in Los Angeles, wohin er gezogen war, um Schauspieler zu werden. Ich weiß, er endete auf tragische Weise, aber ich denke lieber an ihn, als

er jung war, voller Freude und Hoffnung, und als ihm die ganze Welt zu Füßen lag.

Vier Jahre später, mit 21, wurde ich eines Nachmittags wieder mit einer plötzlichen Eingebung konfrontiert. Ich war allein in meinem Zimmer in unserem Haus in Beverly Hills in Kalifornien, als ich aus heiterem Himmel meine Zukunft vor mir sah. Ich wusste, dass mein Verlobter nicht der Mann war, den ich heiraten sollte, und dass das Schicksal etwas anderes mit mir vorhatte.

Aufgrund dieser Eingebung hatte ich das Gefühl, als ob plötzlich die Sonne durch den Nebel gebrochen wäre. Ich vertraute dem Gefühl genug, um meinen Verlobten auf der Stelle anzurufen. »Du liebst mich nicht so, wie ich eines Tages geliebt werden werde«, sagte ich. Er war zwar überrascht, aber ich konnte am Klang seiner Stimme erkennen, dass ich Recht gehabt hatte. Und so beendeten wir unsere Beziehung.

Meine Eltern waren gerade dabei, die Koffer zu packen, weil sie – ohne mich – eine Asienreise unternehmen wollten, auf die sie sich seit Monaten gefreut hatten. Aber als meine Mutter hörte, dass ich die Verlobung gelöst hatte, bestand sie darauf, dass ich mitkäme. Sie hielt sogar der Wut meines Vaters stand, der sich aufregte, weil er seine Pläne nun kurzfristig ändern musste.

Mein Vater – ich sagte »Papa«, der Rest der Welt »Eugene Webb Jr.« – war wahrscheinlich das, was man heute manisch-depressiv nennt. Wir wussten nie, ob er himmelhoch jauchzend oder zu Tode betrübt von der Arbeit heimkommen würde. Wenn mein Vater explodierte – und das konnte überall passieren, in der Öffentlichkeit ebenso wie zu Hause –, dann war es wirklich beängstigend. Mein älterer Bruder Gene und ich wurden allerdings von unserer Mutter, so gut es ging, vor seinen plötz-

lichen Wutausbrüchen abgeschirmt. Sie tat einfach so, als würde sie das alles gar nicht berühren. Aber wenn der Sturm vorbei war, dann war das Verhalten unserer Eltern sogar noch erschütternder. Beide taten nämlich so, als wäre gar nichts passiert und als wäre alles in bester Ordnung. Und Papa hat sich niemals entschuldigt.

Ich hätte auf vielerlei Weise reagieren können. Ich hätte auf mein Zimmer gehen oder selbst wütend werden können, ich hätte mit Vernunft oder mit Tränen argumentieren können. Stattdessen tat ich das, was Kinder meistens tun: Ich lernte, dem Beispiel meiner Mutter zu folgen. Ich übernahm ihre Haltung und ihre Fähigkeit zu erstarren. Bloß nicht atmen, bloß nichts fühlen, dann geht es vorbei.

Wenn mein Vater nicht da war, behandelte mich meine Mutter – Mimi – sehr liebevoll. Sie nahm mich immer in den Arm und sagte: »Ich liebe dich von ganzem Herzen.« Und auch wenn sie nicht aufbegehrte, wenn Gene oder ich bestraft wurden, war sie doch meine Zuflucht in dieser unsicheren Welt, in einer Welt, in der mein Vater seine Autorität durchsetzte, indem er uns mit der Reitpeitsche auf die Beine schlug.

An jenem Tag, nachdem sich Papas Zorn etwas verflüchtigt hatte, schimpfte er dennoch weiter mit meiner Mutter, als ob ich gar nicht im Zimmer wäre. »Warum lässt du das zu? Wofür arbeite ich mir denn die Finger krumm, wenn nicht für meine Familie? Warum zum Teufel will sie ihn denn nicht heiraten? Er kommt aus einer guten Familie und könnte ihr das Leben bieten, das sie gewöhnt ist. Jetzt, wo sie die Uni hingeschmissen hat, wird sie niemals den Richtigen finden. Diana bringt einfach nie etwas zustande!«

Ich aber war mir so sicher, die richtige Entscheidung getroffen zu haben, dass meine Selbstsicherheit ansteckend ge-

wesen sein muss, denn Mutter und ich überstanden diesen Sturm ohne Probleme. Ein paar Tage später reisten wir zu dritt nach Japan.

In Tokio bekam ich meine ersten Eindrücke von einer Kultur, die mir völlig fremd war. Ich war von dem Kontrast zwischen der Hektik in den Straßen, dem Duft von Räucherstäbchen in den uralten Tempeln und der strengen Schlichtheit japanischer Häuser und Meditationsgärten fasziniert.

Ich blieb immer ein wenig hinter den anderen Mitgliedern unserer Reisegruppe zurück und war tief beeindruckt, als wir in Hiroshima das Mahnmal für den Frieden besuchten. An den Wänden hingen eindrückliche Bilder und andere Ausstellungsstücke, die zeigten, welche verheerenden Zerstörungen Nuklearwaffen anrichten können. Ich war schockiert. Über dem Ausgang standen mahnende Worte, die die Besucher eindringlich aufforderten, niemandem die Schuld am Geschehenen zu geben, sondern dafür zu sorgen, dass sich so etwas niemals wiederholen wird. Diese Mahnung ließ mich nicht los, so dass ich während der nächsten drei Wochen still und in mich gekehrt blieb. Damals entstand in mir die Sehnsucht, etwas zu tun, was Menschen miteinander verbindet. Jahre später sollte mich diese Sehnsucht dazu bringen, neue berufliche Wege einzuschlagen. So, wie meine Kindheit verlief, ist es wahrscheinlich kein Wunder, dass ich einen Großteil meines späteren Lebens damit verbracht habe, eine Atmosphäre des Friedens und der Harmonie zu erschaffen.

Papa war eine emotionale Bombe, die jeden Moment hochgehen konnte. Mutter gegenüber war er noch gewalttätiger. Manchmal beschuldigte er sie plötzlich, untreu zu sein. Dann schlug er sie, trat nach ihr und ließ sie anschließend wie ein Häufchen Elend wimmernd auf dem Boden zurück. Aber eines Tages zog sie zu meiner

Freude endlich die Konsequenzen aus seinem Verhalten. Nachdem sie jahrelang seine Wutausbrüche, seine Schläge und die Drohung ertragen hatte, ihr die Kinder wegzunehmen und sie mittellos zurückzulassen, reichte sie die Scheidung ein und erwirkte ein Unterlassungsurteil. Keiner der beiden verließ allerdings das Haus, und nachdem sie Gütertrennung vereinbart hatten und die Hälfte des Vermögens auf ihr Privatkonto überwiesen worden war, zog sie die Klage zurück. Danach benahm sich Papa viel besser. Viel besser.

Auf unserer Reise eröffneten sich mir jeden Tag neue Horizonte: die ländlichen Gebiete Japans, Manila und der philippinische Dschungel, die schwimmenden Märkte Thailands und die an Paris erinnernde Atmosphäre Saigons. In Singapur übernachteten wir im hölzernen Riesenbau des *Raffles Hotels*, wo viele berühmte Schriftsteller von der Muse geküsst worden waren. Dort aß ich mein erstes scharf gewürztes Hühnchengericht und schlief unter einem Deckenventilator in einem Bett mit Moskitonetzen. In Kambodscha wanderten wir in der schwülen Hitze durch die kürzlich wiederentdeckten Tempelruinen von Angkor Wat. Aus mir damals unerfindlichen Gründen wurde unser Bus in den Dörfern von den Leuten bespuckt. Selbst mein Vater war von all dem so beeindruckt, dass er nur ein- oder zweimal explodierte. In meinem ruhigen, empfänglichen Geisteszustand nahm ich wie ein Schwamm alle möglichen Bilder, Klänge und Gerüche in mich auf.

Für den letzten Teil der Reise hatten wir im neuen, supermodernen *Ambassador Hotel* im Hongkonger Stadtteil Kowloon Zimmer gebucht. Obwohl alle Reiseteilnehmer völlig erschöpft waren, bestand der Reiseleiter auf einem Orientierungsgespräch am frühen Abend. Danach schleppten meine

Eltern und ich uns ins Hotelrestaurant im oberen Stockwerk wo wir noch schnell etwas essen wollten.

Da ich zu müde war, um auf den Nachtisch zu warten, entschuldigte ich mich und ging. Ich bekam nicht mit, dass ein Mann, der mich bereits die ganze Zeit über beobachtet hatte, seine Serviette niederlegte und mir folgte. Er erreichte den Fahrstuhl genau in dem Augenblick, als sich die Türen hinter mir schlossen.

Ich erwachte früh am nächsten Morgen und zog mich schnell an, weil ich keine einzige Minute dieses grandiosen Abenteuers verpassen wollte. Dem Straßenlärm nach zu urteilen, hatte der Tag in Hongkong bereits begonnen, und obwohl meine Eltern wohl noch eine Stunde brauchen würden, eilte ich schon nach unten. Da das Aroma von heißem Kaffee und frischen Brötchen verlockend war, beschloss ich, einfach meiner Nase zu folgen. Aber irgendetwas hielt mich mitten in der riesigen Lobby auf. Ich fragte mich: *Was mach ich hier bloß?*

Geschäftsmänner in modischen Einreiheranzügen und mit Fotoapparaten bewaffnete Touristen eilten durch die Drehtüren nach draußen zu wartenden Autos. Aber plötzlich hatte ich das Gefühl, als ob sich alles nur noch im Zeitlupentempo bewegen würde. Unsicher ging ich, von einem merkwürdigen Gefühl der Vorahnung getrieben, auf eine Säule in der Nähe der Fahrstühle zu.

Im selben Augenblick öffnete sich die Tür und zwei Männer mit Aktenkoffern traten heraus. Der Anblick des größeren brachte mich vollkommen aus der Fassung. Ich meinte, ohnmächtig werden zu müssen, und lehnte mich dankbar an die hinter mir stehende Säule. Die beiden in ihre Unterhaltung vertieften Männer gingen an mir vorüber, ohne mich wahrzunehmen.

Ein Page ging auf den kleineren Mann zu, übergab ihm einen Zettel und wies auf ein Telefon. Der größere Mann schau-

te weg und hing seinen Gedanken nach, während ich ihn beobachtete. Plötzlich drehte er sich um, sah mich und blickte mir einen Augenblick lang direkt in die Augen. Ich spürte, wie mir das Blut ins Gesicht schoss, verlor die Nerven und schaute weg. Sosehr mich die Intensität meiner Gefühle auch verwirrte, so wusste ich doch, dass ich diesen Augenblick niemals vergessen würde. Ich bettelte mich selbst an: *Schau ihn doch an! Lass ihn nicht gehen!* Als ich wieder aufblickte, sah ich, dass er die Situation offensichtlich genoss. Seine großen grauen Augen schienen zu tanzen. Er ging auf mich zu und streckte die Hand aus.

»Paul von Welanetz.«

»Wie bitte?«

»Oh, tut mir Leid. Ich heiße Paul ... von ... Wel-a-netz.«

Ich schüttelte ihm die Hand.

»Diana Webb.«

»Das sagt sich so leicht.«

»Was? Oh, das war wohl ein Witz, oder?«

Eine Ewigkeit verging. Was sollte ich nur als Nächstes sagen? *Los, Diana, nun mach schon!*

»Was führt Sie nach Hongkong?«

Ich erzählte ihm, dass ich mich mit meinen Eltern auf einer Reise befände.

»Welche Länder haben Sie schon besucht? Welches hat Ihnen am besten gefallen?« Er schien einen leichten britischen Akzent zu haben und strahlte eine kultivierte Zurückhaltung aus. Ich erinnere mich nicht mehr daran, was ich antwortete. Aber immerhin redeten wir – zumindest er. Ich war so erleichtert, dass etwas – irgendetwas – zwischen uns geschah. Irgendwie kannte ich ihn und spürte, dass ich ihn später noch besser kennen lernen würde.

Ich fand mich in einem Strudel aus Aufregung, Anziehung und Schüchternheit wieder. Aus den Augenwinkeln sah ich, dass sein Kollege aufgehängt hatte. Paul fragte mich, ob ich

später am Nachmittag mit ihm Kaffee trinken würde. Ich nahm die Einladung an.

Beim Frühstück erzählte ich meinen Eltern, dass ich einen Mann kennen gelernt hatte und ihn später treffen würde. Mein Vater wollte mürrisch wissen, warum ich mit irgendeinem Kerl ausgehen wollte, den ich in einer Hotellobby getroffen hatte. Mutter hingegen vertraute mir wie immer und verstand sofort, dass dieser Mann etwas ganz Besonderes sein musste – vielleicht weil sie das Leuchten (oder den Übereifer?) in meinen Augen gesehen hatte.

Nach dem morgendlichen Ausflug trennten Mutter und ich uns vorzeitig von der Gruppe und beeilten uns, damit ich rechtzeitig fertig werden würde. Erst gingen wir ins *Peninsula Hotel* zum Friseur und dann – weil ich hoffte, dass aus der Verabredung zum Kaffee eine Einladung zum Abendessen werden würde – einkaufen. Ich entschied mich für ein elegantes schwarzes Samtkleid – einer Valentino-Kopie –, das ich all die Jahre gemeinsam mit dem Sonnenschirm aufbewahrt habe, der zu dem grünen Seidenkleid passte, das ich an jenem Morgen trug.

Ich war an dem Nachmittag so aufgeregt, dass ich fast völlig in Panik geraten wäre. Also nahm ich ein Bad. Eingehüllt in einen der flauschigen Frotteebademäntel des Hotels, starrte ich in den Spiegel und versuchte, nicht an mir herumzumäkeln. Ich war beinahe 1,78 Meter groß und hatte dickes, kohlrabenschwarzes Haar. Ich hatte einmal mit dem Gedanken gespielt, Mannequin zu werden, aber selbst für damalige Maßstäbe war ich etwas zu üppig, um in New York, Paris oder Mailand groß herauszukommen. Paul war ebenfalls groß, ich schätzte ihn auf 1,90 Meter. Ich würde also weder flache Schuhe anziehen noch meine Knie beugen oder in mich zusammensinken müssen.

Ich versuchte mich zusammenzureißen, kuschelte mich in einen Sessel und bemühte mich, mich auf ein Buch von Aga-

tha Christie zu konzentrieren. Es half nichts, die Worte waren einfach nur schwarze Kleckse auf weißem Papier. Also schaltete ich den Schwarzweißfernseher ein. Auf dem englischsprachigen Sender zeigten sie die Serie der BBC »Coronation Street«. Da klingelte das Telefon.

»Hallo?«

»Schön, dass Sie da sind. Hier ist Paul von Welanetz. Bitte kommen sie doch in 15 Minuten nach oben ins Restaurant. Fragen Sie einfach nach mir – falls Sie meinen Namen noch aussprechen können.«

Paul erhob sich, sobald er mich sah. Er hatte einen Tisch direkt am Fenster gewählt. Tief unter uns konnte man Sampans, Frachter, Kreuzfahrtschiffe und alle möglichen kleineren Boote sehen. Um uns herum waren die Kellner damit beschäftigt, Getränke zu servieren. Paul sah mich amüsiert an.

»Ist etwas?«, fragte ich verwirrt.

»Sie sehen aus, als ob Sie lieber einen Cocktail hätten. Bestellen Sie sich ruhig einen, ich nehme auch einen.«

»Warum haben Sie mich dann zum Kaffee eingeladen?«

»So wie Sie heute Morgen angezogen waren, war ich mir nicht sicher, ob Sie alt genug für etwas Alkoholisches wären.«

»Und jetzt?«

»Jetzt spielt es keine Rolle mehr. Sie sind das schönste Mädchen der Welt.«

Ich lehnte mich zurück und starrte in seine grauen Augen.

»Sie sehen aus, als ob Sie ausgehen wollten. Haben Sie etwas Bestimmtes vor?«, fragte er.

»Nichts, das sich nicht ändern ließe.«

»Betrachten Sie es als geändert.«

Das Abendessen entwickelte sich anders als erwartet, weil Pauls Partner Harry dabei war, der es anscheinend genoss, mit Paul übers Geschäft zu reden – wie sich herausstellte übers

englische Lehrbuchgeschäft. Selbst wenn ich daran interessiert gewesen wäre, hätte es keine Rolle gespielt, denn ich kannte mich mit ihren Fachausdrücken ohnehin nicht aus. Harrys Begleiterin, eine chinesische Filmschauspielerin, war auch nicht besonders zugänglich. Sie sah mich lediglich verächtlich an, während sie – wie es chinesische Sitte ist – hinter vorgehaltener Hand mit einem elfenbeinernen Zahnstocher in ihrem Mund herumstocherte.

Paul bemühte sich nach Kräften, mich in die Unterhaltung einzubeziehen, aber angesichts der offensichtlichen Weltgewandtheit der drei anderen hatte ich Angst, meinen Mund aufzumachen. Natürlich spielte auch der Altersunterschied zwischen uns eine Rolle. Ich hatte erfahren, dass Paul mit seinen 35 Jahren fast 14 Jahre älter war als ich. Das, verbunden mit der Tatsache, dass er so vollkommen selbstsicher auftrat, führte dazu, dass ich immer unsicherer wurde. Ich hatte das Gefühl, ich würde den Boden unter den Füßen verlieren.

Bis zu meinem achten Geburtstag war ich ein zugängliches, freundliches Kind gewesen. Ich ging gerne in die Schule und hatte eine beste Freundin namens Alice. Ich fühlte mich unbesiegbar und liebte es umherzulaufen, zu schreien und von Mauern herunterzuspringen. Ich träumte davon, berühmt zu sein. Aber Papas Missgefallen an mir war immer spürbar. Ich verstand nicht, warum er mich ausschimpfte, ich hatte immer das Gefühl, von ihm bestraft und erniedrigt zu werden. Ich schloss etwas aus seiner Kritik, nämlich dass ich nie etwas zustande bringen und nie in der Lage sein würde, für mich selbst zu sorgen.

Als ich in die vierte Klasse versetzt werden sollte, beschlossen meine Eltern, meinen älteren Bruder Gene und mich in ein Internat zu schicken. Gene kam in eine Militärakademie am anderen Ende der Stadt, und ich

wurde auf eine ein paar Kilometer entfernte Mädchenschule geschickt. Da nur vier oder fünf Mädchen dort auch schliefen, war unser Gebäudeteil fast leer. Ein paar Tage lang hatte ich noch eine Zimmerkameradin, aber als sie bald darauf wieder ging, war ich die einzige Bewohnerin des ganzen Stockwerks.

Ich fühlte mich schrecklich einsam, hatte aber bereits gelernt, meine Gefühle zu unterdrücken. Es kam mir nie in den Sinn, dass ich zurück nach Hause gekonnt hätte, wenn ich meine Mutter einfach nur darum gebeten hätte. Glücklicherweise war ich nur ein Jahr lang im Internat. Später fragte ich meine Mutter, warum wir weggeschickt worden waren, und sie antwortete, dass Papa darauf bestanden hatte, weil wir Kinder zu laut waren und ihn nervös machten.

Weil ich auf eine andere Schule gegangen war, gehörte ich irgendwie nicht zu den anderen Kindern der Nachbarschaft, und so war ich oft einsam. Wenn ich nicht in der Schule war, verbrachte ich viel Zeit allein in unserem Garten. Ich kletterte auf den Feigenbaum, hörte dem Wind zu, der durch die Blätter rauschte, und aß die klebrigen schwarzen Früchte.

An den Sommerabenden fing ich Motten und sperrte sie in ein Einmachglas. Mit dem Eispickel machte ich Löcher in den Deckel, damit sie genügend Luft bekamen. Mein Bruder sagte mir, wenn ich den Staub von ihren zerbrechlichen Flügeln wischen würde, könnten sie nicht mehr wegfliegen. Also tat ich es, weil ich hoffte, dass sie auf diese Weise bei mir bleiben und mir Gesellschaft leisten würden. Als ich eines Abends auf dem Rasen lag, hörte ich ein Lied, das im Radio gespielt wurde – »Someone to watch over me«. Meine Eltern hörten die Hitparade. Die Sängerin sehnte sich nach einem Mann, der eines Tages ihr Partner, ihr Geliebter sein würde. Ich

spürte, wie sich mir die Brust zusammenzog, und wusste, dass ich dieses Gefühl bisher immer unterdrückt hatte. Oh, wie ich mich danach sehnte, endlich erwachsen zu sein und einen solchen Mann zu finden!

Später führte mich Paul auf die Tanzfläche. Ich hätte es genossen, in seinen Armen dahin zu schweben, aber in meiner Nervosität tanzten meine Füße in alle möglichen Richtungen, nur nicht in seine. Meine Beine zitterten so heftig, dass ich ihm einfach nicht folgen konnte. Mehr als einmal stolperte ich sogar. Als wir wieder am Tisch saßen, sah er mich nachdenklich an. Ich versuchte meine Nervosität zu verbergen, indem ich ihn um eine Zigarette bat. Aber innerlich geriet ich immer mehr in Panik und wäre am liebsten davongelaufen. Da ich fast den ganzen Abend über nichts Gescheites gesagt hatte, hatte ich das Gefühl versagt zu haben. Sicher wollte dieser wunderbare Mann nichts mehr mit mir zu tun haben. Aber als Paul sich vor meiner Zimmertür von mir verabschiedete, lud er mich zu meiner Überraschung für den nächsten Abend wieder zum Essen ein.

Am nächsten Tag erlebte ich mehrere plötzliche Stimmungsumschwünge und fantasierte dermaßen, dass ich völlig verwirrt war. Am Abend musste ich dann enttäuscht feststellen, dass wir uns wieder in der Gesellschaft des fachsimpelnden Harry und der sich selbst genügenden Schauspielerin befanden.

Zu viert gingen wir an Bord der *Star Ferry*, die uns zur eigentlichen Insel Hongkong übersetzen sollte. Als wir am Wasser entlang zum Restaurant gingen, hielt Paul kurz an, um eine kleine Dose Tigerbalsam zu kaufen, der in jenen Tagen quasi als Allheilmittel galt. Da er sie nicht in seine Jackentasche stecken wollte, bat er mich, sie in meine Handtasche zu tun.

Vom Restaurant aus hatten wir einen herrlichen Blick auf den Hafen, aber wieder sagte ich den ganzen Abend über so

gut wie nichts. Auf der Rückfahrt nach Kowloon lehnte sich Paul zu mir herüber und flüsterte: »Legen Sie denn nie Ihren Panzer ab?«

Die Frage war mir so peinlich, dass mir keine Erwiderung einfiel. Ich wusste ja selbst nicht, warum ich mich so seltsam benahm. Ich hasste ihn dafür, dass er mich auf meine Steifheit hingewiesen hatte, und dafür, dass er der Grund dafür war. Ich ging so schnell, dass ich beinahe rannte und war ihm auf dem Rückweg zum Hotel immer ein paar Schritte voraus, weil ich es nicht abwarten konnte, in mein Zimmer zu kommen, wo ich mich meiner Verwirrung ungestört hingeben konnte. Mit einem abrupten »Gute Nacht!« knallte ich ihm die Tür vor der Nase zu. Ich war wütend auf mich selbst, dass ich so offensichtlich die Kontrolle verloren hatte.

Während meiner Jugendjahre wurde von mir lediglich erwartet, dass ich immer fröhlich war und gut aussah. Niemand wusste, wie viel ich schlief. Der Schlaf war meine Zuflucht. Nur so konnte ich mit den Anfällen schwerster Depression umgehen, die meine natürliche Ausgelassenheit zerstörten. Eines Nachmittags wachte ich auf und sah, dass mein Bruder besorgt einen Spiegel unter meine Nase hielt, um zu sehen, ob ich noch atmete. Selbst als ich zur Königin der Osterparade von Beverly Hills gewählt oder auf dem Debütantinnenball in die bessere Gesellschaft eingeführt wurde, ließ sich mein verstörtes Herz davon nicht berühren.

Ich war einfach immer davon ausgegangen, dass ich wie meine Mutter eines Tages ebenfalls Hausfrau und Mutter sein würde, und hatte mich im Glauben treiben lassen, dass ich irgendwie den perfekten Mann finden würde – jemanden, der meine innere Leere ausfüllen würde.

Ich setzte mich vor den Schminkspiegel und brüllte mein Spie-

gelbild an. »Was ist nur mit dir los? Er ist arrogant! Er macht sich überhaupt nichts aus dir! Du musst verrückt sein, wenn du dich noch einmal mit ihm triffst!«

Einen Augenblick später klingelte das Telefon. Ich konnte nicht verhindern, dass ich lächelte, als ich seine Stimme hörte.

»Sie haben noch den Tigerbalsam in Ihrer Handtasche. Darf ich ihn holen kommen?«

»Natürlich.«

Kaum hatte ich den Hörer aufgelegt, schrie ich den Spiegel an: »Du Idiotin!«

Es klopfte. Als ich öffnete, lehnte Paul sich ganz lässig gegen den Türrahmen, und sein Charisma strahlte von ihm aus wie Licht. Ich gab ihm das in Papier eingewickelte Döschen.

»Wie wäre es morgen früh mit Frühstück? Ich habe frei.« Seine Stimme war tief und doch gleichzeitig süß, wie eine Tuba, aus der Honig tropft.

»Um welche Zeit?«, fragte ich.

»Um acht.«

Kaum hatte ich die Tür geschlossen, eilte ich zu meinem Spiegelbild zurück. »Du bist vollkommen verrückt!« Ich starrte mich an. »Was zum Teufel tust du da?«

Ich fühlte mich unwiderstehlich zu Paul hingezogen, aber er wühlte mich so auf, dass ich in meiner Verwirrung wie gelähmt war. Was war bloß mit dem angenehmen intuitiven Gefühl geschehen, dass ich ihn bereits kannte? Und wieso war er immer noch an mir interessiert?

Kapitel 2

In einer Ecke meiner Schachtel mit Erinnerungen lag unter einem gelblichen Taschentuch ein winziges, verblichenes Foto mit weißem gezacktem Rand. Darauf war Paul in einem khakifarbenen Safarihemd vor dem Ambassador Hotel zu sehen, hinter ihm eine Rikscha und der Fahrer. Er grinste über beide Ohren und hielt eine kleine Papiertüte in der Hand.

5. November 1962

Am nächsten Morgen begegnete ich einem vollkommen anderen Paul von Welanetz. Ich hatte ihn bisher nur in Anzügen gesehen, tagsüber in leichten Freizeitanzügen aus Baumwolle, abends in eleganten aus dunkelblauem Satin. Ich wusste ja bereits, dass der Mann Geschmack hatte, und die salop-pe Kleidung stand ihm ebenfalls außerordentlich gut. Er trug ein kurzärmeliges, khakifarbenes Safarihemd und dazu passende Freizeithosen. Wie ich herausfinden sollte, würde er diesen Stil sein ganzes Leben lang bevorzugen. Ich trug das sei-

dene Blümchenkleid, das ich bei unserer ersten Begegnung angehabt hatte, und den dazu passenden Sonnenschirm.

Heute fiel es mir leichter, mich mit ihm zu unterhalten, während wir die *Nathan Road* entlangspazierten. Ohne seinen Geschäftspartner und in seiner bequemen Safarikleidung war Paul viel entspannter und zugänglicher. Ich genoss die neu gefundene Leichtigkeit zwischen uns. Wir schwatzten und lachten, als ob wir uns schon seit langem kennen würden.

Stundenlang spazierten wir durch die engen Gassen, über den Jade- und den Vogelmarkt und unterhielten uns über die Dinge, die wir mochten. Dazu gehörten auch Bücher. Wir gingen in eine englische Buchhandlung, und während ich herumstöberte, kaufte Paul etwas, das der Verkäufer in eine kleine Papiertüte packte, die Paul auf unserem weiteren Spaziergang mit sich trug.

Gelegentlich zitierte er mit seiner tiefen, wohlklingenden Stimme Gedichte. Er sagte, er liebe »Die Kunst des Lebens« von Lin Yutang und überhaupt die ganze Poesie des Ostens. Er war besonders vom Rhythmus eines bestimmten asiatischen Sprechgesangs fasziniert, in dem es hieß: »... einhunderttausend Jahre und länger.«

Wir begannen die Worte gemeinsam zu skandieren und passten unsere Schritte dem Rhythmus an. »Einhunderttausend Jahre und länger ... einhunderttausend Jahre und länger«, tönte es aus unseren Kehlen, während wir am Hafen von Kowloon entlanggingen und aufs Meer hinaussahen, wo unzählige Familien auf farbenprächtigen, traditionellen Dschunken lebten. Eine Gruppe zerlumpter Kinder spielte mit einem Ball, den Paul gerade noch fangen konnte, bevor er ins Wasser flog. Sie bedankten sich bei ihm, indem sie ihn um Kleingeld anbettelten. Er lachte laut auf und kniete sich nieder, um mit ihnen auf einer Höhe zu sein, damit er sich mit ihnen besser in Pidginenglisch unterhalten konnte. Ich weiß noch, wie ich dachte, dass er sich für seine Größe erstaunlich anmutig

bewegte. Er hockte mit der natürlichen Eleganz eines Tänzers oder Sportlers da, und ich konnte die Augen nicht von ihm abwenden. Als er wieder aufstand und mich ansah, wusste ich, dass er meinen Blick wohl zu deuten wusste.

»Sind Sie schon einmal mit der Bahn auf den *Victoria Peak* gefahren?«

»Nein.«

»Dann sollten wir es jetzt machen. Man hat von dort oben eine herrliche Aussicht.«

Wir fuhren mit der *Star Ferry* wieder über die Bucht nach Hongkong, das mir dieses Mal viel freundlicher und sicherer vorkam. Wir gingen die *Connaught Road* entlang und stiegen den Hügel zur Bahnstation hinauf, von wo aus wir mit der Drahtseilbahn den 45 Grad steilen Berghang hinauffuhren. Aus knapp 600 Metern Höhe hatten wir einen Blick auf den gesamten Hafen und auf die in der Ferne liegenden *New Territories*. Es war der romantischste Anblick meines Lebens.

»Was ist dir am wichtigsten, Kätzchen?«, fragte Paul unvermittelt. Als er mich so plötzlich duzte und mich Kätzchen nannte, hatte ich das Gefühl, er hätte dies schon immer getan.

Nach einem Moment des Überlegens antwortete ich schüchtern: »Güte.«

Wir gingen wortlos und Händchen haltend die *Old Peak Road* entlang durch Bambus- und Farnwälder hindurch, bis wir auf die andere Seite des Berges kamen und Macao und dahinter das chinesische Festland sehen konnten. Paul hob einen kleinen, scharfen Stein auf und ritzte in einen Felsen:

'62
PW

»Und nun du.« Er gab mir den Stein, legte seine Hände um meine Taille und hob mich so hoch, dass ich meine Initialen neben seinen einritzen konnte.

Plötzlich wurde durch einen Windstoß mein Kleid hochgeweht. Als Pauls Arm meine Beine hinunterstrich, um es festzuhalten, glitt ich langsam an ihm herunter und drehte mich lächelnd in seine Umarmung hinein. Die Bewegung hätte nicht natürlicher sein können. Jeder Anblick, jeder Geruch, jeder heilige Garten meiner Reise durch Asien hatte mich zu diesem Augenblick hingeführt. Als Paul mich küsste, erbebte ich wie noch nie in meinem Leben. In diesem Augenblick erhaschte ich einen ersten Blick auf eine grenzenlose Liebe, die niemals enden würde.

Am Nachmittag sollte ich mit unserer Reisegruppe eine Bootsfahrt zur anderen Seite der Insel machen und dort am frühen Abend im historischen *Repulse Bay Hotel* essen. Ich sehnte mich danach, bei Paul zu bleiben, aber ich wollte meine Eltern weder enttäuschen noch ihnen schon jetzt erzählen, was geschehen war. Paul sagte, er würde auf dem *Victoria Peak* klettern gehen, und ich sollte nach ihm Ausschau halten. Stunden später saß ich in romantische Gedanken versunken im Bug eines Ausflugsschiffes. Als es sich der Rückseite des *Victoria Peak* näherte, sah ich Paul, der mir vom höchsten Punkt aus zuwinkte – etwa 150 Meter über der Stelle, an der wir unsere Initialen in den Fels geritzt hatten. Ich sprang auf und winkte ihm ebenfalls zu.

Als das Ausflugsschiff am Abend zurückkehrte, wartete am Pier schon ungeduldig ein strahlender Paul von Welanetz. In der Hand hielt er ein Päckchen mit einem Geschenk für mich. Es war das Buch, das er an jenem wunderbaren Morgen in der englischen Buchhandlung gekauft hatte: Die *Rubàijat* von Omar Chajjam.

Auf dem blauweißen Umschlag, den er offensichtlich abgenommen und in seine Reiseschreibmaschine eingespannt hatte, stand:

’62
PW
DW

Ich verspüre Dir gegenüber mehr Zuneigung, als ich je werde sagen können. Eine Seite bietet nur wenig Platz für die vielen liebevollen Gedanken, die sich stets mit großer Zärtlichkeit und in sorgsam gewählten Worten ausdrücken wollen.

Paul

Was für ein Träumer, dachte ich. Aber auf seine Art war er genau richtig für mich. Ich war so glücklich, dass es ihn gab. Als wir später am Abend in der kleinen Cocktailbar des Hotels tanzten, verschmolzen unsere Körper miteinander, als ob jeder von uns schon immer ein Teil des anderen gewesen war.

Am nächsten Tag nahmen wir wieder die Drahtseilbahn, wanderten anschließend die Rückseite des *Victoria Peak* hinunter und picknickten neben einem Reservoir. Wir konnten weder die Augen noch die Hände voneinander lassen.

Er erzählte mir an jenem Tag von seinen Reisen und ich erfuhr, dass er als Folge seiner Wanderlust die Welt viermal umrundet hatte. Mit seiner tiefen, wohlklingenden Stimme zitierte er aus dem Gedächtnis das Gedicht »Names are Ships« von Don Blanding:

Namen! Die Verlockung der Namen der Länder,
weckt Gedanken an fremde Gewänder.
Häfen, Paläste und Einbäume,
Namen sind Schiffe für Träume.
Pago Pago, Suva, Java,
Schwüle, Lotos und Lava,
alles, was sich ein Träumer wünscht …

Aber Paul war weit mehr als nur ein Träumer. Er war Schauspieler gewesen und an der Akademie der dramatischen Künste in New York ausgebildet worden, wo er die präzise Art des Sprechens gelernt hatte, die mir bei unserer ersten Begegnung aufgefallen war. Er war auch Maler und hatte von seinem Stiefvater, einem Graphiker, gelernt. Stolz zeigte er mir Fotos von einem Wandgemälde, das er in einer Kirche gemalt hatte.

Außerdem war er ein richtiger Naturbursche, stark und robust, und doch vornehm und kultiviert. Er hatte das weiße Nashorn im afrikanischen *Oomfalozi* Nationalpark gejagt, aber nicht, um es zu töten, sondern um es zu betäuben, damit es problemlos umgesiedelt werden konnte. Seine traditionellen Jagdabenteuer endeten an dem Tag, an dem er eine trächtige Hirschkuh geschossen und sich geschworen hatte, nie wieder zu töten. Ich war von den Geschichten seiner Abenteuer im südafrikanischen Dschungel fasziniert.

»Was machst du am liebsten?«, fragte er.

Manchmal machte es mir unbändige Freude, einen Klub zu gründen oder für die Kinder der Nachbarschaft eine Aufführung zu organisieren oder auf der Straße Limonade oder Kekse zu verkaufen. Ich hatte zwei Träume: Erstens einen wunderbaren Mann zu heiraten, der mich verehren und niemals wütend werden würde, und zweitens ein Restaurant zu eröffnen, wo ich die Spaghetti meiner Mutter servieren würde. Es sollte ein Ort für Familien sein, an dem sie Freude an meinem Essen und ihrer Gesellschaft hatten. Mein Lieblingsspiel, das ich allein in meinen Zimmer spielte, war Köchin.

Mimi – meine Mutter – liebte es zu kochen. Die Küche war ihr Heiligtum und unser Zufluchtsort, weil mein Vater sie niemals betrat. Ich liebte es, am Küchentisch zu sitzen und so zu tun, als schriebe ich Rezepte auf Kartei-

kärtchen, die ich dann in meinen hölzernen Karteikasten tat – so wie ich es bei meiner Mutter gesehen hatte. Manchmal bettelte ich darum, helfen zu dürfen. Dann band mir Mimi eine Schürze um und zeigte mir etwas Neues, zum Beispiel wie man Walnüsse für den Schokoladenkuchen knackt und zerhackt.

Aber mehr als alles andere liebte ich es, Mimi bei der Zubereitung ihrer Spaghettisauce zu helfen. Wenn die scharf gewürzte Tomatensauce vor sich hin köchelte und ab und zu etwas davon auf den weißen Emailleofen spritzte, tat ich ein wenig davon auf eine Untertasse, öffnete den daneben stehenden Gefrierschrank, tat die Untertasse auf die Packungen tiefgefrorenen Gemüses, schloss die Tür, und wartete ungeduldig darauf, dass die Sauce so weit abgekühlt war, dass ich sie kosten konnte. Wenn wir die Sauce gemacht hatten, bestand meine Aufgabe darin, das Bündel Spaghetti zu halten und sie in den riesigen Topf mit kochendem Wasser fallen zu lassen. Ich fand es toll, wie sich die dünnen Spaghetti wie Sonnenstrahlen ausbreiteten und gegen die Topfwände fielen.

»Meine Leidenschaft ist das Kochen«, antwortete ich. »Eigentlich habe ich schon immer den Wunsch gehabt, zu kochen und für andere Essen zuzubereiten.« Ich erzählte ihm, dass ich es als Kind geliebt hatte, auswärts essen zu gehen. Da ich nicht wusste, dass mein Vater dafür bezahlen musste, dachte ich, die Kellnerinnen seien Engel, die uns aus reiner Güte alles servierten, was wir haben wollten. Fragte man mich, was ich denn werden wollte, wenn ich groß war, antwortete ich immer: »Entweder Filmschauspielerin oder Kellnerin!«

Ich war mir nicht sicher, ob diese Geschichten Paul langweilen würden, und sah ihm forschend ins Gesicht. Da sich sein Interesse deutlich zeigte, fuhr ich fort.

»Mein Lieblingsspielzeug war ein Bestellblock. Ich stand

am Tisch und tat so, als würde ich Bestellungen aufnehmen. Dann riss ich den Zettel ab und knallte ihn auf das Bücherregal, das ich so gestellt hatte, dass es mein Zimmer in zwei Hälften teilte. Dann rannte ich in meine Fantasieküche, zerbrach unsichtbare Eier in einer Fantasiebratpfanne und wendete die unsichtbaren Bratkartoffeln. Irgendwie hat es sich immer gut angefühlt, für andere Nahrung zuzubereiten.«

Danach erzählte Paul jedermann, dass ich eine wunderbare Köchin wäre, obwohl er mein Essen noch nie probiert hatte. Ich liebte es, wie er an mich glaubte.

Einer von Pauls Träumen war, eines Tages mit einem eigenen Segelboot um die Welt zu segeln. Ich war bereit, ihm zu folgen – überallhin. Wäre er nicht 14 Jahre älter gewesen als ich – und dementsprechend reifer –, wäre er wohl augenblicklich mit mir durchgebrannt.

Aber wir hatten Probleme – große Probleme. Ich würde in drei Tagen abreisen und bereits eine Woche vor meinen Eltern zurück nach Los Angeles fliegen, weil ich bei der Hochzeit einer Freundin Brautjungfer spielen sollte. Pauls Firma war in London beheimatet. Zwischen uns lag die halbe Welt. Wir würden einander wochenlang nicht sehen können. Aber das war irgendwie auch gut, denn wir beide brauchten Zeit, um über vieles nachzudenken.

»Wenn die Dinge anders wären …«, fragte er mich an jenem Abend, »und wenn sich dies als dauerhaft erweist, würdest du dich dann mit mir zusammentun? … Für 100 000 Jahre und länger?«

Ich zögerte keinen Augenblick: »Aber ja. Definitiv ja!«

Da Paul mir nicht gerade den üblichen Heiratsantrag machte, kann ich mich noch so genau an seine Worte erinnern. Die Blicke, die wir uns nach seiner Frage und meiner Antwort zuwarfen, offenbarten, dass wir beide wussten, dass die Dinge schon bald anders sein würden und dass wir füreinander bestimmt waren.

Natürlich hatte keiner von uns meine Eltern vergessen. Paul war sensibel genug, um ihre Sorgen im Hinblick auf die plötzliche Romanze ihrer Tochter mit einem älteren Mann zu verstehen. Aber ich wusste, dass alles gut sein würde. Mutter, die Paul in dem Augenblick verzaubert hatte, als er ihr bei einem Straßenhändler geröstete Kastanien kaufte, spürte mein Glück und äußerte die Bedenken, die sie möglicherweise hatte, nicht. Mein Vater ignorierte das Ganze und brummelte irgendetwas wie: »Das gibt sich schon wieder.«

Die letzten Tage in Hongkong vergingen wie im Fluge. Paul und ich müssen wohl durch jede Straße der Stadt gelaufen sein. Ich fing an, ihn Tiger zu nennen – wegen des Tigerbalsams, den ich für ihn tragen musste. Er nannte mich nach wie vor Kätzchen und ich liebte es, weil ich mich so verletzlich, unschuldig und zärtlich geliebt fühlte. Er sagte, ich wäre ein zarter Schmetterling und er würde mein Beschützer sein. Er schickte mir Rosen aufs Zimmer und dazu eine Karte, auf der er mit Tinte einen Tigerschwanz gezeichnet hatte, auf dessen Spitze ein Schmetterling saß. Wir kauften uns Eheringe und ließen »*'62 PW DW – 100 000 Jahre und länger*« eingravieren.

Am Abend vor meinem Abflug brachte ich endlich das Gespräch auf meine Vorahnung. Ich erzählte Paul, dass ich immer gewusst hatte, dass er eines Tages zu mir kommen würde. Ich sagte weiter, dass ich schon vor meiner Ankunft in Hongkong wochenlang in einer merkwürdigen Stimmung gewesen war – innerlich ganz ruhig und absolut sicher, dass ich das Richtige getan hatte, als ich meine alte Beziehung noch vor meinem Abflug beendet hatte, und dass etwas absolut Wunderbares geschehen würde. Und es war tatsächlich geschehen.

»Sag mir, was uns die Zukunft bringen wird«, bat er.

»Ich weiß, dass wir uns immer lieben werden. Ist es gefährlich, dir meine Gefühle so offen zu zeigen? Ich möchte sie nämlich niemals vor dir verbergen müssen.«

»Ich werde auch meine nicht vor dir verbergen. Deshalb sollte ich dir etwas sagen. Erinnerst du dich noch, als du an eurem ersten Abend hier mit deinen Eltern beim Abendessen warst? Auch ich muss dich erkannt haben, denn ich stand auf und folgte dir zum Fahrstuhl. Ich wäre mitgefahren, aber die Tür ging direkt vor meiner Nase zu.«

An meinem letzten Tag in Hongkong fand Paul auf der Straße eine Münze. Er sagte, das wäre Joss, ein gutes Omen für die Zukunft (zumindest in Hongkong). Von dem Tag an ließ Paul gelegentlich Münzen fallen – damit sich das Glück, das er hatte, auch auf andere ausbreiten konnte.

Sechs Tage nach unserer ersten Begegnung verabschiedeten wir uns am Flughafen *Kai Tak*. Paul hielt mich eng umschlungen und versprach, hart zu arbeiten, Geld zu sparen und mich in ein paar Wochen in Beverly Hills zu besuchen. Dann würden wir Hochzeitspläne schmieden.

Er sah mich eindringlich an. »Sag: ›Ich verspreche es.‹«

»Ich verspreche es.«

Wir verabredeten, uns täglich einen Liebesbrief zu schreiben.

Der Flug von Hongkong nach Los Angeles dauerte 20 Stunden. Ich starrte durch mein Spiegelbild im Fenster hindurch ins Leere und rief mir die Erinnerungen der vergangenen Woche ins Gedächtnis. Sie waren wie Postkarten, die mir aus einem anderen Leben geschickt worden waren.

Bei der Hochzeit meiner Freundin in einer kleinen Kirche in Beverly Hills hörte ich dem ernsthaft gesprochenen Ehegelöbnis aufmerksam zu. Ich konnte es kaum erwarten, denselben Schwur mit Paul zu leisten, hatte mich aber damit abgefunden, so lange zu warten, wie es eben sein musste. Ich malte mir aus, dass ich von nun an nur noch großartige, emotionale Briefe schreiben und zwischendurch zum Briefkasten

stürzen würde, um Pauls Liebesbriefe in Empfang zu nehmen. Tatsächlich kamen bald Telegramme und Briefe an – manchmal mehrere an einem Tag. Auf den Umschlägen und dem Briefpapier standen romantische Zitate und bezaubernde Zeichnungen von Tigern und Kätzchen. Und dann kam ein Telegramm:

Kann nicht schlafen. Komme heim zu dir.

Paul hatte arrangiert, dass er auf seinem Rückflug nach London einige Tage Station in Kalifornien machen konnte. In nicht einmal drei Tagen würde er in Los Angeles ankommen!

Und so fing unsere Geschichte, die aus der Verzweiflung voneinander getrennter Liebender geboren wurde, richtig an.

Meine Eltern waren noch in Hongkong, als ich zum Flughafen fuhr, um Paul abzuholen. Hatte ich Angst, dass unsere ekstatischen Erlebnisse nur ein Urlaubsflirt gewesen sein könnten? Aber in dem Augenblick, in dem ich Paul wiedersah, schmolz ich dahin. Seine Ausstrahlung war noch männlicher und lebendiger als in meiner Erinnerung und seine Freude und Zuneigung noch offensichtlicher. Ich war mir sicher, dass unser Glück ewig währen würde.

Wir stiegen in mein Auto und fuhren auf Kaliforniens berühmtem Highway 1 nach Norden. Die schmale Straße folgt dem Küstenverlauf und schlängelt sich auf atemberaubende Weise zwischen dem Meer zur Linken und den steilen Klippen zur Rechten dahin. Da es mitten in der Woche und zudem November war, hatten wir den Highway fast für uns allein und hielten oft an den Aussichtspunkten an, um den Blick zu genießen.

Als wir in Big Sur ankamen, wo die riesigen Redwoodbäume direkt ins Meer zu marschieren scheinen, kam uns die Gegend so unentdeckt vor wie zu den Zeiten des portugiesi-

schen Entdeckers Juan Cabrillo. Der kleine Ort Carmel war in dichten Nebel gehüllt und es roch nach brennendem Holz, als wir auf der Suche nach einer Unterkunft die schmalen Straßen auf und ab spazierten. Im *Vagabond's House*, das nach einem Gedicht von Don Blanding benannt ist, mieteten wir uns schließlich ein gemütliches Zimmer mit Kamin. Die Besitzer erzählten uns, dass der Dichter früher einmal dort gelebt hatte.

Während der nächsten drei Tage, in denen wir uns liebten und schliefen, prasselte der Regen gegen die Fenster. Wenn wir durch Carmel spazierten, gingen wir manchmal in eine Teestube oder suchten Galerien auf, wo ich unter Pauls Anleitung Kunst mit neuen Augen zu sehen begann. Weil wir uns nicht sicher sein konnten, wann wir uns wiedersehen würden, war uns jeder Augenblick kostbar. Paul zitierte Robert Frost:

Diese Wälder sind lieblich, dunkel und groß.
Aber ich habe ein Versprechen zu halten,
es sind noch Meilen, bis in des Schlafes Schoß.

Und schon eine Woche später musste er abreisen, um wieder seinen Geschäften nachzugehen.

»Ich habe keine andere Wahl, Kätzchen. Aber ich verspreche dir zurückzukommen. Ich sehe jetzt, dass der Sinn meines Vagabundenlebens war, dich zu finden und zu lieben.«

Drei Wochen später kam er am Silvesterabend zurück und überraschte mich mit einem Blumenstrauß, den er beim Blumenhändler speziell für diesen Abend bestellt hatte. Er war kunstvoll aus dunkelroten und blassrosa Babyrosen gebunden, zwischen die weißes Schleierkraut gesteckt war. Das Bouquet wurde von gekräuselter Spitze zusammengehalten, um die zu Schleifen gebundene Seidenbänder geschlungen waren. Ich kam mir vor wie eine Braut und hielt sein wunderschönes Geschenk den ganzen Abend über fest, während wir das Jahr

1963 willkommen hießen. Wir beschlossen, am 2. November zu heiraten, genau ein Jahr nach dem Tag, an dem wir uns kennen gelernt hatten, und malten uns unsere gemeinsame Zukunft in den rosigsten Farben aus.

Und in den nächsten 26 Jahren sollte unser Traum tatsächlich in Erfüllung gehen, auch wenn die Zukunft, die wir uns erschufen, völlig anders war als die, die wir uns an jenem Abend erträumt hatten, völlig anders als alles, was wir uns damals hätten vorstellen können – aber noch erfüllter.

Ich betastete die verblichenen Seidenbänder des Blumenstraußes, bevor ich die auf der Decke vor mir verstreuten Fotos und Briefe wieder einsammelte, sie in die Schachtel tat, den Deckel schloss und bis zum nächsten Mal wieder in der Schublade verstaute. Und dann schlief ich ein.

Kapitel 3

Als ich aufwachte und mich aus dem Schlaf emporkämpfte, versuchte ich mich zu erinnern, welcher Tag heute war und welches Jahr wir hatten. Einen Augenblick lang hoffte ich, dass der Schmerz der letzten Zeit irgendwie längst vergangen sein mochte. Als ich aus dem Fenster schaute, sah ich, dass es schon Nachmittag war. Dichter Nebel hatte sich entlang der Küste breit gemacht und mein Haus wie in einen Kokon gehüllt.

Ich hatte seit Tagen kaum etwas gegessen und war auch jetzt nicht hungrig. Die Mahlzeiten waren 25 Jahre lang ein Erlebnis gewesen, das ich stets mit Paul geteilt hatte, und allein zu essen interessierte mich nicht. Was mich allerdings interessierte, war das Tagebuch, das neben dem Sessel lag, in den ich mich so gerne kuschelte, schrieb und ins Feuer sah.

Tagebuchschreiben ist so, als ob man sich mit seiner besten Freundin unterhalten würde. Selbst wenn sie nur dasitzt und absolut nichts sagt, so tut es doch gut, sich einfach jemandem zu offenbaren, der einem zugetan ist.

Mein altes Tagebuch war ein privater Ort, an dem ich un-

zählige Stunden damit verbracht hatte, meine chaotischen Gedanken niederzuschreiben, ohne sie ordnen oder für jemand anders schönschreiben zu müssen. Das Tagebuch gehörte nur mir, es war nur für mich gedacht. Zwar hielt ich es vor Paul nicht geheim, da wir voreinander keine Geheimnisse hatten, aber Paul wusste, dass das Tagebuch nur für meine ganz privaten Gedanken da war, und er respektierte das.

Tagebuchschreiben schien mich immer aus dem üblichen Gedankenwirrwarr in einen anderen Bewusstseinszustand hineinzubringen. Ich ging völlig im Prozess auf und wurde so empfänglich für Antworten, die ich brauchte, für Lösungen, nach denen ich suchte. Ich fing an, die Weisheit des höheren Selbst zu spüren, jenes Teils von uns, der das Leben wie ein leidenschaftsloser Beobachter sieht und sich nicht in das alltägliche Drama hineinziehen lässt. Dieser Teil von mir erschien mir immer grenzenlos – so grenzenlos wie der Nachthimmel mit seinen Myriaden Sternen. Dies schien mir das Reich des Webers der Träume, des Sängers der Mythen, des Schöpfers des Universums zu sein – also der Kräfte, die sich in der Stille des Geistes verbergen und sich in Schönheit, Anmut, Güte und Mitgefühl offenbaren.

Ich erinnerte mich dankbar daran, wie ich vor zehn Jahren zum ersten Mal dieses Geschenk bekommen hatte, als Paul und ich an der Universität von Kalifornien in Los Angeles einen Kurs im Tagebuchschreiben belegt hatten.

August 1979

Unsere Lehrerin, die Psychologin Frances Heussenstamm, erklärte uns, dass wir durch Tagebuchschreiben den Kontakt zu unserer Intuition herstellen könnten, wodurch wir nicht nur *mehr* Informationen, sondern vor allem *andere* Informationen erhalten würden als die, die uns der Intellekt liefern kann.

Sie sagte, durch das Tagebuchschreiben würden wir einen Dialog zwischen verschiedenen Aspekten unseres Selbst in Gang setzen und auf intuitive Weise Dinge entdecken, die wir auf keine andere Art lernen könnten.

Ich war besonders von ihrer Aussage fasziniert, dass wir auf diese Weise mit einem unendlich weisen inneren Lehrer kommunizieren könnten. Da ich bereits Erfahrungen mit intuitiven Eingebungen gemacht hatte, begeisterte mich die Aussicht, diese Quelle des Wissens und der Erkenntnis nun ganz bewusst anzuzapfen.

Als Vorbereitung auf das eigentliche Tagebuchschreiben bat Frances uns, die Augen zu schließen, unsere Atmung zu verlangsamen und nach innen zu gehen, wo wir an einen Ort des erweiterten Bewusstseins kommen würden. Dort, so sagte sie, würden wir möglicherweise die Anwesenheit eines »weisen Wesens« spüren – unseren inneren Lehrer. Wenn wir so weit wären, sollten wir das Wesen begrüßen und warten. »Wenn es spricht«, fuhr sie fort, »schreibt einfach auf, was immer es sagt. Lasst die Unterhaltung laufen, wohin sie will. Nehmt euch so viel Zeit, wie ihr braucht.«

Paul und ich gingen mit den anderen Kursteilnehmern aus dem Gebäude hinaus in den Skulpturengarten, wo jeder von uns einen ruhigen, abgeschiedenen Ort fand, an dem wir unser Experiment beginnen konnten. Nachdem ich mich hingesetzt hatte, lud ich, wie Frances es vorgeschlagen hatte, meinen inneren Lehrer ein, sich zu zeigen und mit mir zu kommunizieren. Ich war gespannt, was passieren würde.

Irgendwann schrieb ich in mein Tagebuch: *Hallo, mein Lehrer.*

Dann notierte ich, was ich in meinem Kopf hörte: *Hallo …*

Diana: *Es fällt mir schwer, dich mir vorzustellen, kannst du mir dabei helfen?*

Lehrer: *Entspanne dich, Diana. Du musst dich nicht anstrengen.*

Einige Minuten vergingen. Ich wollte unbedingt etwas sehen oder hören.

Diana: *Bitte beschreibe dich.*

Lehrer: *Ich bin golden.*

Diana: *Golden? So wie der Oscar?*

Plötzlich kam mir das alles unsäglich albern vor. Ich schaute mich um, um zu sehen, ob Paul und die anderen sich ebenso blöde vorkamen wie ich mir. Aber dann erkannte ich, dass das keine Rolle spielte. *Also, ein Teil von mir ist skeptisch und kommt sich albern vor*, sagte ich mir. *Na und? Mal sehen, was passiert.*

Ich verlangsamte wieder meine Atmung. Einige Augenblicke später sah ich vor meinem inneren Auge eine uralte Buddhastatue mit einer Krone auf dem Kopf. Ich sah mich neben einem kleinen Teich sitzen. (Wie ich später herausfand, wird der Buddha in Thailand häufig so dargestellt.)

Diana: *Kannst du mir noch andere Bilder zeigen?*

Sofort sah ich, dass der Teich kühl und kristallklar war. Aus seiner Mitte erhob sich ein weißer Felsen, der mit grünem Moos bewachsen war. Ein wunderschön glänzender Goldfisch schwamm im Teich umher.

Lehrer: *Du bist der glänzende Goldfisch. Die Sonne scheint auf den weißen Felsen und erhellt ihn. Der weiße Felsen symbolisiert die Wahrheit; das Moos, das Mysterium. Es liegt in deinem Wesen, dich zwischen den beiden hin- und herzubewegen.*

Ich war verblüfft. Die Aussage des Lehrers war so schlicht, und doch fasste sie etwas über mich zusammen, von dem ich wusste, dass es wahr war. Aber ich hatte nie zuvor versucht, es in Worte zu fassen.

Woher weiß mein Lehrer das?, fragte ich mich.

In meinem Kopf hörte ich: *Schließlich bin ich dein Lehrer.*

Während des weiteren Dialogs erfuhr ich, dass dieser Teil meines Geistes ein Ort der Zuflucht, Andacht und Erkennt-

nis für mich sein könnte. Ich konnte fragen, was ich wollte, und darauf eine Antwort erhalten und so geführt werden. Es war, als würde ich ein Diktat vom höchsten Teil meines Selbst aufnehmen. Ich wusste, es würde da sein, wann immer ich Kontakt aufnehmen wollte.

Die Entdeckung eines inneren Ortes von solcher Schönheit und Weisheit berührte mich tief und gab mir ungeahnte Kräfte. Mit derselben intuitiven Einsicht, die mich zu Paul geführt und auch andere Wendepunkte in meinem Leben angekündigt hatte, wusste ich, dass mir hier etwas geschenkt worden war, das für mein weiteres Leben von großer Bedeutung sein würde.

Ich sagte zu Paul immer, dass für mich Tagebuchschreiben so ist, als ob man einen Berg ersteigt und oben an einem stillen Ort hoch über den Wolken der Verwirrung ankommt. Dort – in meiner Mitte, zu Hause – konnte ich all die Fragen stellen, die meinem Verstand unbeantwortbar erschienen, und einfach still dasitzen und auf die Antworten meiner Intuition warten. Paul konnte stets sehen, welchen Unterschied eine Stunde Tagebuchschreiben für mich machte. Auch er profitierte davon und ermutigte mich, mehr Zeit an diesem stillen inneren Ort zu verbringen.

Jahre später, als Paul mich bat, während seiner Krankheit doch um seinetwillen fröhlich zu sein, nahm das Schreiben eine neue Qualität an. Es war nicht nur eine Gelegenheit zuzuhören, sondern wurde auch zu dem einzigen Ort, an dem ich meine Verzweiflung und Trauer frei ausdrücken konnte. Auf den Seiten meines Tagebuchs beschrieb ich meine Ängste, beklagte mich darüber, wie anstrengend es war, die Organisation allein zu führen, drückte meine Sorgen aus und all die vielen Zweifel, die mir ständig durch den Kopf gingen.

Jetzt saß ich im Schneidersitz in Pauls Decke gehüllt in meinem Sessel und begann mit meiner gewohnten Routine. Erst

zündete ich eine Kerze an, dann gab ich meine Absicht bekannt, mich dem weisesten Teil meines Selbst zu öffnen. Ich ließ meinen Atem langsamer werden und stellte mir vor, dass alles Negative in mir durch Wirbelsäule und Beine nach unten und aus den Füßen in die Erde geleitet wird, wo es sich tief im Erdinnern harmlos in Nichts auflöst. Dann bat ich die heilende Energie der Erde durch meine Füße aufzusteigen und rief die liebevolle Energie Gottes an – des Großen Geistes, wie ich die höchste Macht nannte, an die ich immer fest geglaubt habe –, mich von oben mit goldenem Licht zu überschütten, damit ich getröstet und vor Schaden bewahrt würde.

Nachdem ich etwa zehn bis fünfzehn Minuten still meditiert hatte, spürte ich, worauf ich gewartet hatte: den Impuls, mein Tagebuch auf einer neuen Seite aufzuschlagen. Mit meinem Lieblingsfüller setzte ich zuerst das Datum ein und dann schrieb ich und schrieb und schrieb. Dabei bewertete ich nichts, zog keinen Gedanken vor, lehnte kein Gefühl ab. Ich schrieb einfach über alles, was in den letzten Tagen geschehen war, um es aus mir herauszulassen. Sobald ich spürte, dass dieser Prozess abgeschlossen war, stellte ich meistens eine Frage oder bat um Führung und wartete dann still auf die Antwort.

Aber an diesem Morgen verspürte ich den Drang, einen Dialog mit Paul zu beginnen, ohne dass ich es vorher beabsichtigt hatte. In der Vergangenheit hatte ich im Tagebuch alle möglichen Dialoge geführt, meistens die, die Frances uns gelehrt hatte. Aber mir war gar nicht wohl bei dem Gedanken, einen Tagebuchdialog mit Paul zu beginnen, der Liebe meines Lebens, dem Mann, den ich hatte leben und sterben sehen.

Nach einigen Momenten der Unentschlossenheit, in denen ich nicht wusste, was ich als Nächstes tun sollte, schrieb ich: *Sag mir bitte, wie es dort ist, wo du bist.* Dann lehnte ich mich mit dem Füller in der Hand im Sessel zurück und wartete hoffnungsvoll. Auf was, wusste ich nicht.

Zu meinem Erstaunen begann ich Worte zu spüren. Seine Worte.

Ich verspürte eine ungeheure Freiheit, als das Gewicht des Körpers von mir abfiel. Alles ist leichter. Wenn du mir dein Bewusstsein öffnest, dann kann ich in dich hineinfließen und dir so nahe sein, wie wir es früher waren. Ich fühle mich überhaupt nicht von dir getrennt.

Ich konnte kaum glauben, was ich da in meinem Kopf hörte. Paul war bei mir! Tränen der Erleichterung liefen mir die Wangen hinunter. Ich schrieb: *Ich bin so dankbar, dass du nicht mehr leidest.*

Er antwortete: *Und ich bin so dankbar, dass du mich nicht mehr leiden sehen musst. Dich zu verlassen war schlimmer als die Schmerzen, schlimmer als meine Angst vor dem, was ich für das Ende hielt. Dies ist ein vollkommen neuer Anfang für dich und für uns beide. Zweifle niemals daran, dass ich jeden Augenblick für dich da bin. Schärfe deine Augen und Ohren für mich. Hüll dich in meine Liebe wie in eine warme, kuschelige Decke. Nun können wir uns sogar noch mehr lieben, weil wir uns nicht mehr mit der physischen Welt, der Illusion des alltäglichen Lebens, befassen müssen. Auf diese Weise bei dir zu sein ist rein, grenzenlos und echt.*

Im Spiegel an der Wand sah ich eine Frau, die vor Liebe strahlte. Ich hing an jedem seiner Worte und bat ihn: *Erzähl weiter.*

Wir sind nicht unsere Körper … Wir sind nicht unsere Körper … Wir sind nicht unsere Körper.

Seine Worte hallten in meinem Kopf wie ein Mantra wider.

Der Tod ist überhaupt nicht das, was ich erwartet hatte. Ich dachte, alles würde aufhören. Nie wieder Freude oder Trauer, nie wieder Sonnenaufgänge oder Sonnenuntergänge, nie wieder Kind sein. Einfach nur das Freizeichen in der Leitung, dann ewige Stille.

Ich fragte ihn, wie es denn war.

Ich experimentiere mit dieser neuen Form, so wie ich immer gerne mit der materiellen Welt experimentiert habe. Ich kann in Gedankenschnelle überall sein. Du hast mich doch beim Aufwachen gespürt. Ich war bei dir, als du geschlafen hast. Und du warst bei mir, auch wenn du dich nicht daran erinnerst.

Statt der tiefen Ruhe, die sich normalerweise beim Tagebuchschreiben einstellte, drehte sich mir nun der Kopf. Diese Informationen waren so neu, dass ich Zeit brauchte, um sie zu verdauen. Ich beschloss, spazieren zu gehen, um die Gedanken in meinem Kopf zu ordnen.

Die Pause tat mir gut. Auf meinem Spaziergang wurde mir klar, dass meine Verwirrung entstanden war, weil ich mich zwischen zwei scheinbar miteinander unvereinbaren Realitäten befand und rivalisierende Kräfte und Wünsche unter einen Hut bringen musste. Ich wollte ja über die großen Themen von Leben und Tod nachdenken, musste mich aber auch auf die kleinen, im Augenblick wichtigen Dinge des täglichen Überlebens kümmern. Ich brauchte unbedingt Zeit, damit meine Psyche heilen konnte, musste aber Geld verdienen und ein gut gehendes Geschäft führen. Lexi sollte eigentlich ihre Ausbildung fortsetzen, aber ich wollte sie auch bei mir haben. Ich sehnte mich danach, sie zu trösten und ihr eine gute Mutter zu sein, aber gleichzeitig wünschte ich mir, überhaupt keine Verantwortung übernehmen zu müssen. Und dann das größte Paradox von allen: *Paul war weg und doch war er bei mir.* War ich also eine allein stehende oder eine verheiratete Frau? Es war alles so furchtbar ungewohnt und verwirrend, besonders weil wir seit unserer Begegnung in Hongkong erst ein einziges Mal über einen längeren Zeitraum voneinander getrennt gewesen waren.

Januar 1963

Nach unserer wunderbaren Silvesterfeier mussten wir der Realität ins Auge sehen, dass Paul mich wieder verlassen würde. Er arbeitete ja in London und bereiste von dort aus die ganze Welt. Er flog überallhin, wo es einen Markt für englischsprachige Lehrbücher gab. Was sollte ich nur tun, wenn er weg war? Die Antwort kam beinahe sofort. Eine Freundin mit dem seltsam schönen Namen Mary Memory rief mich an und erzählte, dass sie den Winter in Paris verbringen wollte. Ihre Eltern würden es ihr nur erlauben, wenn ich mitkäme. Ob ich wohl mir ihr zusammenziehen wolle?

Ich brauchte nicht lange darüber nachzudenken. Mary und ich kannten uns seit etwa zehn Jahren, seit wir im Internat in derselben Klasse waren. Ich war mir sicher, dass wir gut miteinander auskommen würden. Und Paris war nur zwei Flugstunden von London entfernt. Als ich Paul bei einem unserer häufigen Telefonate davon erzählte, war er hellauf begeistert. Ich sagte ihm, er könne mir an das Büro des *American Express* in Paris schreiben, bis Mary und ich eine Wohnung gefunden hatten.

Mittlerweile machte sich meine Mutter immer mehr Sorgen wegen unserer fortgesetzten Beziehung. Sie mochte Paul, solange er nur ein Urlaubsflirt gewesen war, aber nun, da ich ihn heiraten wollte, veränderten sich ihre Gefühle. Sie machte sich nicht nur Sorgen, weil er älter war, sondern auch, weil er schon einmal verheiratet gewesen war. Sie bat mich, es mir noch einmal zu überlegen. Ich konnte zwar ihre Bedenken verstehen, war mir meiner Sache aber total sicher. Ich sagte ihr, ich war davon überzeugt, das Richtige zu tun. Sie und Papa hofften zweifellos, dass mein Ausflug nach Paris dazu beitragen würde, Paul zu vergessen.

Mary und ich kamen im Januar 1963 in Paris an und fan-

den eine kleine Wohnung in der Nähe des *Gare St. Lazare*. Mary hatte einige Bekannte hier, die uns der gesellschaftlichen Elite vorstellten. Aber das half uns nicht dabei, uns die Zeit zu vertreiben. Die Wahrheit war, dass sich keine von uns besonders gut anpasste. Ich ging zu ein paar Kursen an der Kochschule *Le Cordon Bleu*, aber der Unterricht war natürlich auf Französisch, und ich interessierte mich damals auch noch nicht sonderlich für die klassische französische Küche. Da der Winter extrem kalt war, verbrachten wir die meiste Zeit in unserer Wohnung und bemühten uns nach Kräften, warm zu bleiben.

Jeden Tag packte ich mich dick ein, fuhr mit der Metro die zehn Minuten zum *Place de la Madeleine*, ging dann das kurze Stück zum Büro des *American Express* und wartete dort mit vielen anderen Amerikanern in einer langen Schlange auf meine Post. Fast jeden Tag kamen Briefe von Paul, die er zu meiner großen Überraschung aus Lagos in Nigeria geschrieben hatte. Er seinerseits hatte seit meiner Ankunft in Paris noch keinen einzigen Brief von mir erhalten. Das bedeutete, dass er keine Ahnung hatte, wo ich war. Ich hoffte, er würde meine Briefe bald bekommen und so erfahren, wo ich war, aber in den nächsten Tagen wurde der Ton seiner Briefe immer besorgter und die Tiger auf den Umschlägen sahen immer aufgeregter aus. *Was soll ich nur tun?*, schrieb er. *Wie soll ich dich bloß finden?*

Und wieder rettete uns das Schicksal! Paul hatte die plötzliche Eingebung, *American Express* in Paris anzurufen, und bat die Angestellte, eine Diana Webb auszurufen. Ich war zwar nicht da, aber meine Freundin Mary war da, weil sie ihre Post abholen wollte. Sie nahm den Anruf an. Kurze Zeit später waren Paul und ich zumindest am Telefon wieder vereint und verabredeten, uns am nächsten Wochenende zu sehen.

Während der nächsten Monate kam Paul drei- oder viermal nach Paris – jeweils für ein paar Tage. Im Flüsterton – um

Mary nicht zu stören – fragten wir uns, ob wir wohl jemals eine eigene Wohnung haben würden. Wir gingen an jenen eiskalten, grauen Tagen überallhin, über alle Brücken, auf die Spitze von *Montmartre* und zum *Place du Tertre*, wo Künstler mit Ohrenwärmern, die Hände über Becken mit glühender Holzkohle gestreckt, ihre Bilder ausstellten. Paul saugte alles in sich auf. Er verkörperte das männliche Ideal, das in unzähligen Liebesromamen verherrlicht wird, aber mit einem Unterschied: Ihn gab es wirklich. Mit der Stimme, dem Körper und dem Gesicht eines Filmstars und dem gütigen, liebevollen Herzen eines Dichters war er einfach unwiderstehlich, und die Maler liebten es, ihm ihre Werke zu zeigen, auch wenn sie wussten, dass er nichts kaufen würde.

Pauls Besuche gingen stets zu schnell zu Ende, da er immer wieder in irgendeine Stadt irgendwo auf der Welt musste. Er arbeitete schwer, um das Geld für unsere Hochzeit zusammenzubekommen.

In einem Brief aus Griechenland schrieb er: *Ich hoffe, du weißt, was du tust, wenn du dich mit mir einlässt. Man hat erwartet, dass du reich heiraten und ein Leben im Luxus führen würdest. Bei mir gibt es aber keine Garantien, außer der, dass ich dich von ganzem Herzen lieben werde – und mehr als das.*

Paul war von etwas erfüllt, das er für das Wertvollste überhaupt hielt – Hoffnung. Hoffnung war es auch, die ihn eines Tages dazu brachte, mir von seinem Plan zu erzählen, nach Neuseeland zu fliegen, um dort einen neuen Markt zu erschließen. Das würde – so sagte er stolz – seinen Umsatz erheblich vergrößern und damit auch sein Einkommen. Ich teilte zwar seinen Stolz mit ihm, war aber gleichzeitig entsetzt, dass wir uns nun so lange nicht sehen würde – vermutlich mindestens einige Wochen lang.

Wie sollte es funktionieren, mich zu heiraten, sich mit mir in Kalifornien niederzulassen und mit mir zu leben, wenn er

ständig um die Welt reiste, um neue Märkte zu erschließen? Aufgrund seines romantischen Wesens hielt Paul zwar alles für möglich, aber dieses Mal erkannte selbst er, dass sich etwas ändern müsste.

Wir kamen gemeinsam zu dem Schluss, dass diese Veränderung seinen Job beträfe. Er würde seine Stelle aufgeben und sich nach unserer Hochzeit in Kalifornien einen Job suchen. Ich würde also einen Mann heiraten, der arbeitslos war.

Nach fünf Monaten verließ ich Paris und kehrte nach Beverly Hills heim. Dort begann sofort die Schlacht um die Kontrolle über die Hochzeitsfeierlichkeiten. Ich wollte eine kleine Feier, meine Eltern eine große. Schließlich einigten wir uns auf einen Kompromiss. Die Hochzeit selbst würde klein ausfallen: 40 Teilnehmer, nur die Familie und enge Freunde. Der Empfang hingegen würde riesig sein: eine Gala für 300 Leute, die drei Wochen später, nach unserer Rückkehr aus den Flitterwochen, stattfinden sollte. Paul und ich würden auf den Tag genau ein Jahr nach unserer ersten Begegnung am 2. November 1963 in einer kleinen Kirche in Beverly Hills heiraten.

Knapp eine Woche vor der Hochzeit kam Paul endlich in Los Angeles an. Er hatte im letzten Jahr abgenommen und ich machte mir Sorgen um ihn, weil er mir so dünn erschien.

Dass Paul keine Stelle hatte, passte Papa angesichts der Pläne, die er für mich hatte und von denen er mir seit meiner Kindheit erzählt hatte, überhaupt nicht. »Diana«, hatte er in Anspielung auf den Reichtum, den er im Lauf seines Berufslebens angehäuft hatte, immer wieder gesagt, »du wirst dir niemals die Finger schmutzig machen müssen.«

Ein paar Tage vor der Hochzeit bekam Papa einen seiner Wutanfälle. »Paul kann mich mit seinem charmanten Getue nicht zum Narren halten. Er ist doch bloß ein Glücksritter. Wenn der Priester fragt, ob einer der Anwesenden etwas ge-

gen die Heirat vorzubringen hat, und sagt: ›So möge er jetzt sprechen oder auf ewig schweigen‹, kannst du darauf wetten, dass ich etwas sagen werde.«

Nicht atmen, Diana, nicht fühlen. Es wird vorbeigehen.

Dann kam mein Bruder Gene, der Paul noch nicht kennen gelernt hatte, den ganzen Weg von der Columbia Universität in New York, wo er seinen Doktor machte, zu uns. Er war empört, dass er so weit reisen musste, um bei einer Eheschließung Trauzeuge zu sein, die »höchstens zwei Wochen halten wird«. Von Seiten meiner Familie bekam ich also nicht besonders viel Unterstützung. Selbst meine Mutter bekam immer mehr Zweifel, je näher der Termin rückte.

Paul war mein Fels in der Brandung und ich hielt mich an ihm fest.

Den Tag unserer Hochzeit begannen wir auf traditionelle Weise, so dass ich meinen zukünftigen Ehemann erst sah, als ich am Arm meines Vaters durch den Mittelgang der Kirche auf ihn zuging. Papa war bleich und wirkte erschöpft, aber ich strahlte und war mir vollkommen sicher, dass ich das Richtige tat.

Ich habe ein Foto von diesem Augenblick, dem aufregendsten Moment meines jungen Lebens, das für immer und ewig auf der Vorderseite meines Hochzeitsalbums einlaminiert ist.

Als der Priester die gefürchtete Frage stellte, hielten Paul und ich einander fest an den Händen und wagten kaum zu atmen. Aber mein Vater blieb ruhig. Als er uns segnete, sagte der Priester: »Eure Ehe wird eure spirituelle Praxis sein.« Sagte er so etwas zu jedem Paar? Ich wusste es nicht, aber es hörte sich an, als ob er uns gerade unsere Bestimmung verkündet hätte.

Nach dem Empfang zogen wir uns um und entflohen durch einen Hagel aus Reiskörnern. Wir begannen unsere Flitter-

wochen 130 Kilometer nördlich von Los Angeles im *Santa Barbara Biltmore Hotel*, das wir ein paar Tage vorher besucht hatten, um genau das richtige Zimmer für unsere Hochzeitsnacht zu reservieren. Der Manager hatte uns mit Engelsgeduld die verfügbaren Räume gezeigt, und schließlich hatten wir das richtige gefunden: Zimmer 230 im ersten Stock. »Und wie lange werden Sie bleiben?«, hatte er gefragt. »Nur eine Nacht«, hatten wir ihm strahlend geantwortet.

Es wurde eine perfekte Hochzeitsnacht, denn unser Ehegelöbnis hatte unser Vertrauen ineinander noch vertieft. Ich kann mich an jede Einzelheit erinnern, auch, dass ich mich geborgen und geliebt fühlte und mir sicher war, dass Paul mich auf ewig verehren würde. Ich nahm auch mich selbst zum ersten Mal auf völlig andere Art wahr – auf sehr sinnliche Art.

Wir fuhren wieder den Highway 1 entlang nach Carmel, das immer unser liebster Ferienort bleiben würde, und mieteten dort ein kleines Häuschen. Wir hatten ein gemütliches Wohnzimmer mit Kamin, eine Küche und ein Schlafzimmer. Dort sättigten wir unsere Sinne mit zärtlich liebevollem Sex, den wir nur unterbrachen, um an der herrlichen Seeluft spazieren zu gehen, zu essen und zu schlafen. Wir taten aber noch etwas, das niemand von einem frisch verheirateten Paar erwartet hätte. Da Paul wusste, dass ich mehr über Kunst erfahren wollte, kauften wir in einem Laden im Ort einige Zeichenutensilien, und er brachte mir an mehreren sehr romantischen Abenden die Grundlagen des Zeichnens bei.

Als unsere Zeit in Carmel um war, kehrten wir in die kleine Wohnung zurück, die wir im damals noch ländlichen San Fernando Valley, nur ein paar Kilometer von Hollywood entfernt, gemietet hatten. Es war der 21. November, der Tag vor unserer großen Feier.

Am nächsten Morgen war ich gerade beim Friseur, als sich die Nachricht verbreitete, dass Präsident Kennedy in Dallas ermordet worden war. Im ersten Schreck wollte ich die Feier

absagen, aber meine Mutter wollte nichts davon wissen. Immerhin hatten sie bereits für 3 000 Dollar Blumengestekke als Dekoration gekauft. Mit einem unguten Gefühl im Bauch gab ich schließlich nach. Aber wer würde in der Stimmung für ein Fest sein? Würde überhaupt jemand kommen?

Der Nachmittag zog sich in die Länge, während wir vor dem Fernseher saßen und versuchten, zu verstehen, was wir auf dem Bildschirm sahen: Kennedys Tod, die Verhaftung eines jungen Mannes mit schütterem Haar in einem Theater, die First Lady, noch voll vom Blut ihres geliebten Mannes, neben seinem Nachfolger, als dieser den Amtseid ablegte.

Paul und ich fühlten uns in den Minuten vor dem Eintreffen der Gäste – falls überhaupt welche kommen würden –, einfach schrecklich. Verlangten wir zu viel? Hatte meine Mutter mit ihrer Sorge um Dekorationen im Wert von 3 000 Dollar jeden Bezug zu jener Realität aus Schock, Schmerz und Tod verloren, der wir uns plötzlich alle gegenübersahen?

Aber alle Eingeladenen kamen zur Feier und es wurde trotz des vorangegangenen Schreckens ein wunderschöner Abend. Vielleicht wollten wir auf diese Weise ausdrücken, dass das Leben und die Freude stärker sind als der Tod. Dennoch waren wir uns an jenem Abend unserer Sterblichkeit nur zu bewusst und daher entschlossen, das Leben, das uns noch vergönnt war, zu feiern.

Die Erinnerung an diese Feier vermischt sich mit dem Gedenken an die nationale Tragödie, die uns am selben Tag heimsuchte. Es war Zufall und hatte nichts zu bedeuten, aber noch immer gefriert mir das Blut in den Adern, wenn ich daran denke, wie das tragische Ende des jungen Präsidenten mit unserem Neuanfang zusammenfiel.

Kapitel 4

Diana, wir sollten diese Sache mit dem Tod vielleicht ganz anders sehen …«

Das hatte ein Freund nach der Beerdigung zu mir gesagt und meine Entdeckung, dass ich mit Paul kommunizieren konnte, bestätigte seine Worte. Aber jetzt wurde mir klar, dass es bei einem Sterbefall ja nicht nur um den Verstorbenen geht, sondern auch um die Hinterbliebenen.

Mein Mann war nach 25-jähriger Ehe gestorben und ich war allein, hatte eine Organisation zu leiten und zerbrach mir den Kopf, wie ich mein Leben und mein Herz zusammenhalten sollte. *Wer* war ich ohne Paul? *Was* war ich ohne Paul? Er hatte immer gesagt, dass wir wie siamesische Zwillinge waren. Der Gedanke hatte mir durchaus gefallen, denn im übertragenen Sinn war es ja wirklich so.

Für viele Paare bedeutet verheiratet sein, dass sie sich jeden Abend ein paar Minuten lang sehen und am Wochenende vielleicht ein paar Stunden. Aber Paul und ich waren tatsächlich jeden Augenblick zusammen, und so wollten wir es auch haben. Natürlich saßen wir nicht den ganzen Tag da und

starrten uns verliebt in die Augen. Wir arbeiteten schwer, aber wir arbeiteten zusammen und hatten uns auf eine Arbeitsteilung geeinigt, die reibungslos funktionierte. Wenn einer von uns eine bestimmte Aufgabe nicht übernehmen wollte, sprang der andere ein. Gelegentlich hatten auch wir – wie jedes Paar, das so eng zusammenarbeitet – Schwierigkeiten zu überwinden, aber wir lösten die Probleme jedes Mal. Wir waren ein effizientes, produktives Team gewesen. Paul hatte Freude an den Einzelheiten, er löste Probleme, indem er sie detailliert durchdachte. Ich dachte mehr in großen Zusammenhängen und liebte die Arbeit mit Menschen. Dass wir uns so gut ergänzten, war ein Teil unseres Erfolgs gewesen. Auch andere konnten sehen, wie gut wir zusammenpassten.

Aber wie sollte ich jetzt nur zurechtkommen, da Paul nicht mehr an meiner Seite war? Lexi konnte mir eine Zeit lang helfen, aber sie hatte ihrem Vater versprochen, dass sie ihren Universitätsabschluss machen würde. Ihre Ausbildung noch weiter hinauszuzögern wäre ihr gegenüber nicht fair gewesen. Und wie würde es finanziell aussehen? Ich wusste nicht, wie sich Pauls Tod auf die Mitglieder von *Inside Edge* auswirken würde. Wir hatten eine Hypothek auf unser Haus aufgenommen und ich würde es wohl verkaufen müssen, weil die Raten zu hoch waren, als dass ich sie allein hätte zahlen können. Aber eines machte mir Mut. Unser Freund Joe Broderick, der die Hypothek abgewickelt hatte, hatte darauf bestanden, dass wir uns versichern ließen, falls einem von uns etwas zustoßen sollte. Ich wusste nicht genau, wie sich das jetzt auswirken würde, nahm aber an, dass dies für meine Zukunft wichtig wäre. Dennoch standen große Fragen an. Wohin sollte ich ziehen? Was sollte ich tun? Wer würde ich sein? Wie würde ich mich nun definieren?

Am folgenden Dienstag klingelte der Wecker um halb vier Uhr morgens – also mitten in der Nacht. Dies mag sich für die meisten Menschen schrecklich anhören, aber nicht für

mich. Ich war daran gewöhnt, dreimal pro Woche lange vor Sonnenaufgang aufzustehen, seit Paul und ich 1985 beschlossen hatten, mit dem Bücherschreiben aufzuhören und eine Organisation zu gründen, die wir *Inside Edge* nannten.

Inside Edge veranstaltete in den drei kalifornischen Städten Beverly Hills, Newport Beach und La Jolla von halb sieben bis halb neun Uhr ein Frühstückstreffen. Dazu luden die örtlichen Sektionen prominente Redner ein, die den Mitgliedern bahnbrechende Ideen über das menschliche Potential präsentierten.

Ich spürte schon die energiegeladene Stimmung der etwa 200 Mitglieder, die an diesem Morgen in Beverly Hills anwesend sein würden. Es war noch dunkel, als ich die palmengesäumte Auffahrt zum *Beverly Hills Hotel* hinauffuhr. Um halb sechs Uhr morgens war die Hotellobby noch fast völlig leer, aber der große Saal, den wir gemietet hatten, war schon von Leben erfüllt. Ich begrüßte Mary Charles, meine beste Freundin, die an diesem Morgen die Moderatorin sein würde. Mary, eine lebhafte Frau, deren Begeisterung sich stets auf andere übertrug, war dafür verantwortlich, in den verschiedenen Sektionen Moderatoren auszubilden. Ich gab ihr den Plan für diesen Morgen und eine Liste der Mitglieder, die heute Ankündigungen machen würden, das Thema der Tischrundendiskussionen und eine Aufstellung der Aktivitäten der *Edge*.

Vielleicht lassen sich die Ziele von *Inside Edge* am einfachsten so zusammenfassen: Jedes Mitglied soll darin unterstützt werden, seine Fähigkeiten zu erkennen, Verantwortung zu übernehmen und dementsprechend zu handeln. Dank der Unterstützung durch die Gruppe können die Mitglieder sehr schnell ihre Ziele erreichen. Zahlreiche bekannte Schriftsteller, Forscher, Psychologen, Lehrer und andere Prominente – darunter Lynn Andrews, Ken Blanchard, Harold Bloomfield, Nathaniel Branden, Steven Halpern, Barbara Marx Hubbard, Shari Lewis, Dan Millman, Carl Simonton, Patricia Sun, Je-

remy Tarcher, Dennis Weaver – standen wie wir so früh auf, um an unseren Versammlungen teilzunehmen und auf ihnen zu sprechen.

Es herrschte ein ausgesprochen günstiges Klima für das, was man heute *networking* nennt. Obwohl den Mitgliedern ausdrücklich davon abgeraten wurde, auf den Veranstaltungen geschäftlich tätig zu sein, ist natürlich klar, dass derartige Verbindungen hergestellt werden, wann immer sich eine Gruppe kluger, ehrgeiziger, innovativer Menschen trifft. Es entstanden aber auch tiefe Beziehungen, von denen heute noch viele florieren.

In dieser Atmosphäre sollte die Grundlage für einige erstaunliche Leistungen gelegt werden. Viele Autoren, die heute berühmt sind, begannen ihre Karriere dank der Unterstützung von *Inside Edge*. Die Psychologin Susan Jeffers, eines unserer ersten Mitglieder in Beverly Hills, hatte auf unseren Treffen so große Unterstützung für eine Buchidee bekommen, dass sie ein Konzept schrieb und dieses zu ihrer eigenen Überraschung auch verkaufte. Als ihr Buch »Selbstvertrauen gewinnen. Die Angst vor der Angst verlieren« ein internationaler Bestseller wurde, waren wir alle so stolz, als hätten wir es selbst geschrieben. An dem Tag, an dem sie aufgeregt zu den Mitgliedern sprach – es war ihr erster öffentlicher Auftritt –, standen wir alle auf und jubelten ihr zu, denn sie hatte genau das getan, was alle von uns tun wollten: Sie war über ihre Grenzen hinausgegangen und hatte ihren Traum mit Leben erfüllt. 1991 hatte Susan bereits drei Bestseller geschrieben.

Louise Hay, Autorin des Bestsellers »Heile deinen Körper«, die inzwischen eine ganze Reihe von Büchern veröffentlicht hat, kam am Anfang ihrer Karriere fast immer zu unseren Treffen in Beverly Hills. Das tat auch Barbara de Angelis, die später eine eigene Rundfunksendung moderieren und mehrere Bestseller schreiben würde.

Eine Geschichte über die machtvolle Atmosphäre von *In-*

side Edge sollte geradezu legendär werden. An jenem Morgen hieß der Redner Jack Canfield – ein Mann, den Paul und ich seit langem für seine Arbeit innerhalb des kalifornischen Schulsystems bewundert hatten, wo er daran arbeitete, das Selbstwertgefühl der Schüler zu stärken. Obwohl Jack ein viel beschäftigter Mann war, fungierte er als einer unserer Berater und stellte seine Zeit immer großzügig zur Verfügung.

Mark Victor Hansen, ein anderer bekannter Redner und Direktoriumsmitglied der Sektion Orange County, der gekommen war, um Jack zu hören, saß zu meiner Linken.

Nach Jacks Vortrag gab es Gelegenheit, ihm Fragen zu stellen. Jemand fragte, ob er nicht ein Buch mit den inspirierenden Geschichten schreiben wolle, die er an diesem Morgen erzählt hatte. Er antwortete, dass er bereits Geschichten für ein solches Buch sammelte und bald daran arbeiten würde.

Als Jack an unseren Tisch zurückkehrte, lehnte sich Mark Victor Hansen zu ihm hinüber und sagte: »Ich helfe dir, das Buch zu schreiben.«

»Was?«, erwiderte Jack ungläubig.

»Das Buch, das du schreiben willst. Ich werde es mit dir gemeinsam schreiben.«

»Das wirst du?«

»Klar!«, antwortete Mark.

Als ich später ging, saßen Jack und Mark immer noch am selben Tisch und unterhielten sich angeregt über etwas, das wahrscheinlich etwas mit »ihrem« Buch zu tun hatte. Dieses Gespräch führte zur Veröffentlichung von »Hühnersuppe für die Seele«, das zum meistverkauften Buch aller Zeiten werden sollte und von dem heute weltweit über 55 Millionen Exemplare verkauft worden sind.

Als ich an jenem Morgen mit den Mitarbeitern sprach und auf meinem Tisch Namenskärtchen für den Redner und seine Gäste platzierte, kam eine Frau auf mich zu, die anscheinend

zum ersten Mal auf einer unserer Versammlungen war. In der Hand hielt sie drei abgenutzte, viel gelesene Kochbücher, die Paul und ich geschrieben hatten.

»Oh, Frau von Welanetz«, begann sie lebhaft, »ich bin heute hier, weil ich Sie einmal persönlich kennen lernen wollte. Würden Sie bitte diese Bücher signieren? Sie sind einfach wunderbar. Ich benutze sie ständig. Ich habe jeden Tag Pauls und Ihre Fernsehsendung gesehen. Sie beide sind einfach so wunderbar.« Plötzlich hielt sie inne, weil sie sich ihres Fauxpas bewusst wurde. »Also, was ich sagen will ... Sie waren so ... Also ...«

Ich lächelte sie an und sagte: »Danke. Es ist schon gut, auch ich habe Mühe, mich daran zu gewöhnen.«

Ihre Erleichterung zeigte sich auf ihrem Gesicht, als sie erklärte: »Was ich eigentlich sagen will, ist, dass ich die Sendung eigentlich nur angeschaut habe, weil ich Sie beide sehen wollte. Sie schienen immer so verliebt und so glücklich zu sein. Sie hatten sicher eine wunderbare Beziehung.«

Wie so viele Menschen, denen ich in dieser Zeit begegnete, wollte sie mir etwas Aufmunterndes sagen, mich aber nicht verletzen, so dass ihr die rechten Worte nicht kamen. Ich wiederum wollte ihrer Sensibilität gegenüber sensibel sein, sie aber nicht mit meinem Kummer belasten. Aber ich wollte auch nicht so tun, als ob alles in bester Ordnung war. Der beste Kompromiss schien zu sein, so ehrlich und offen wie möglich auf ihr Mitgefühl zu reagieren. Wie ich noch entdecken sollte, war es nicht leicht, eine Witwe im Rampenlicht zu sein.

Nachdem die Präsentation vorbei war, blieben viele Leute noch eine Stunde, um sich miteinander zu unterhalten. Diese Gespräche waren meistens eher persönlicher als geschäftlicher Natur, weil es hier ja nicht um Vernetzung im beruflichen Bereich ging. Wir wollten auf keinen Fall zu einem Basar für Selbstdarsteller und Auftragssuchende werden. Deshalb wiesen wir darauf hin, dass wir den Austausch von Geschäfts-

karten nicht gerne sahen. Unser Stab brachte den neuen Mitgliedern behutsam unseren Verhaltenskodex bei: Die Anwesenden waren gekommen, um inspirierende Redner zu hören und einander dabei zu unterstützen, ihre Träume zu verwirklichen.

Mary und ich hatten unsere Arbeit gleichzeitig abgeschlossen. Sie wartete darauf, dass ich meine Gespräche beenden würde. Während die anderen Mitarbeiter die Ausrüstung zusammenpackten, setzten wir uns in eine Ecke der Hotellobby.

»Ich habe Neuigkeiten«, begann sie unsicher. »Sie sind bittersüß. Ich werde zu Don nach Kauai ziehen.«

Mit »Don« war Don Kelly gemeint, ein Mann, den Mary am vergangenen Thanksgiving auf einem Seminar in Kauai kennen gelernt hatte. Ich war ihm bisher noch nicht begegnet und wusste nur, dass er mit Perlen und Schmuck handelte und dass er in Mary verliebt war – und sie in ihn. Um sich besser kennen zu lernen, flogen sie mehrmals pro Monat die lange Strecke über den Pazifik. Nun wollten sie gemeinsam etwas Beständigeres erschaffen.

Für Mary schien dies die perfekte Lösung zu sein. Nach einer schmerzhaften Scheidung wollte sie mehr denn je dem richtigen Mann begegnen und das haben, was Paul und ich hatten: große Liebe und echte Partnerschaft. Aus dem, was sie mir erzählte, schloss ich, dass sie dies alles in Don gefunden hatte.

Ich konnte meine widerstreitenden Gefühle angesichts dieser Veränderung im Leben meiner besten Freundin nicht verbergen. Einerseits war ich entzückt, dass sie diesen wunderbaren Mann getroffen hatte und ihn liebte, andererseits war ich traurig, dass sie nicht mehr da sein würde – besonders während dieser schweren Zeit.

»Ich fühle mich schrecklich schuldig, dass ich wegziehe. Ich weiß ja, wie schwierig es gerade jetzt für dich ist …«, begann sie.

Ich gönnte Mary ihr Glück von ganzem Herzen, fragte mich aber, warum sich für mich gleich alles auf einmal verändern musste.

Als ich nach der Versammlung auf dem Sunset Boulevard nach Hause fuhr, kam ich direkt an der Villa meiner Eltern vorbei, in der ich gelebt hatte, bis ich Paul geheiratet hatte. *Immer noch da*, dachte ich. Zu Hause angekommen zog ich mir bequeme Trainingshosen an und setzte mich an den Schreibtisch. Womit sollte ich angesichts des Stapels unbeantworteter Briefe und der vielen Nachrichten auf dem Anrufbeantworter bloß anfangen? Ich war noch nicht bereit, mich wieder in die Arbeit zu stürzen, weil ich immer wieder über die Veränderungen in meinem Leben nachdenken musste. Wann hatte ich jemals so vielen Unwägbarkeiten auf einmal gegenübergestanden? Als ich die Decke, die ich für Paul vor so langer Zeit gemacht hatte, auf einem Sessel liegen sah, fiel mir eine Periode meines Lebens ein, in der ich mich bemüht hatte, herauszufinden, wer ich eigentlich war.

Ein Amateurpsychologe, der meine Kindheit kennt, wäre sicherlich überzeugt gewesen, dass ich einen jähzornigen, gewalttätigen Mann heiraten würde, der mich als Fußabtreter benutzen würde. Schließlich ist es das, was viele Frauen tun: Sie heiraten eine Kopie ihres Vaters. Warum ich das nicht tat, werde ich wohl nie ganz verstehen. Aber vielleicht habe ich es ja in gewisser Weise doch getan – nur eben genau umgekehrt. Da ich die negativen Eigenschaften meines Vaters zur Genüge kannte, suchte ich mir jemanden aus, der in jeder Beziehung das genaue Gegenteil war.

Aber wenn ich über die mächtigen Kräfte nachdenke, die Paul und mich immer enger aneinander gebunden haben und die unsere Liebe immer stärker haben werden lassen, dann glaube ich nicht, dass er jemand ist, den ich mir einfach »ge-

wünscht« habe, damit er meine Träume erfüllt. Ich glaube, hier waren magische Kräfte und kosmische Mächte am Werk. Ich glaube, dass sich zwischen uns ein außergewöhnliches Schicksal entfaltete, in dem zwei Spieler auf dem Feld der Zeit – zwei Seelen – unvermeidlich zueinander hingezogen wurden, weil sie einfach zueinander gehörten. Ich vermute, dass meine Träume eine Widerspiegelung meines Schicksals sind – und nicht umgekehrt.

November 1963

Paul war so ganz anders als Papa. Er war ausgeglichen, verlässlich, stets liebevoll und zärtlich. Erst in seinen Armen lernte ich, einem anderen Menschen vollständig zu vertrauen. Die Nähe, die er mir schenkte, war genau das, wonach ich mich in meiner Kindheit gesehnt hatte. Paul war nicht nur mein Mann, er war auch der gütige, beschützende Vater, den ich nie hatte. Wir teilten alles miteinander – außer den Erinnerungen an seine Erfahrungen während des Koreakrieges. Er sagte mir, dass das, was er dort hatte tun müssen, um zu überleben, zu schmerzvoll war, um sich daran zu erinnern. Als ich ihn drängte, mir trotzdem davon zu erzählen, machte er mir unmissverständlich klar, dass er niemals davon sprechen würde. Und das tat er auch nie.

Am Anfang unserer Ehe blickten wir beide voller Optimismus in die Zukunft. Paul wusste, dass er bald Arbeit finden würde – wahrscheinlich als Verkäufer –, aber seine wahre Leidenschaft galt seinen Erfindungen, die er patentieren lassen wollte, und ich glaubte, meine Erfüllung würde darin liegen, eine perfekte Hausfrau und Mutter zu sein. Das bedeutete allerdings, dass wir beide einige Dinge lernen mussten. Zum einen hatte ich schon bald gemerkt, dass ich aufgrund meiner privilegierten Kindheit nicht einmal wusste, wie man

sauber macht. Paul musste es mir zeigen. Da ich bald entdeckte, dass Staubwischen keinen besonderen Spaß macht, verbrachte ich den Großteil meines Tages damit, meine Nase in Kochbücher zu stecken. Ich fand heraus, dass ich Freude daran hatte, mir alle möglichen Menüs auszudenken. An unserem ersten Thanksgiving ein paar Wochen nach unserer Hochzeit lehnte ich die Einladung meiner Familie ab, weil ich versuchen wollte, nur für uns zwei einen kleinen Truthahn zuzubereiten. Ich ließ die Sauce anbrennen und brachte nur klumpiges Kartoffelmus zustande, aber an unserem eigenen kleinen Küchentisch schmeckte uns dennoch alles hervorragend.

Ich erinnere mich nicht genau, wann die Realität sich in meine perfekte Welt drängte. Vielleicht als mir klar wurde, dass Paul sich zwar wie ein Verkäufer benehmen konnte, aber dass er keiner sein wollte. Aber was wollte er eigentlich? Er wollte Dinge erfinden. Seine wahre Berufung war die eines Träumers. Aber ich machte mir keine großen Sorgen, da ich wusste, dass mir in neun Jahren ein Trustfund ausgezahlt werden würde.

Paul hatte angefangen, sich ernsthaft nach einer Stelle umzusehen, und ging untadelig in Seidenhemd, Anzug und Krawatte zu den Vorstellungsgesprächen. Ich lehnte mich gegen das Waschbecken und sah ihm zu, wie er sich rasierte, bevor er das Haus verließ. Ich liebte jede Minute mit ihm. Während des Tages entdeckte ich überall Zettel, die er mir hinterlassen hatte – unter einem Kissen, in meinen Schuhen oder unter einer Kaffeetasse. Einen Zettel mit einem Satz, den er mir oft schrieb, habe ich noch in meiner Schachtel: *Dir gehört mein ganzes Herz – und ein halbes noch dazu.*

Schließlich fand er eine Stelle als Verkäufer bei Herman Miller, einer Firma, die teure, ultramoderne Möbel entwarf und herstellte. Da wir uns aufgrund des Angestelltenrabatts nun moderne Möbel leisten konnten, zogen wir in eine neue

Wohnung in der Nähe und richteten sie schön und nicht sehr teuer ein. Zum Glück gab es ja Ratenzahlung.

Paul war handwerklich sehr begabt. Er war gut darin, mit den Händen zu arbeiten, und konnte einfach alles reparieren. Während unserer gesamten Ehe mussten wir niemals Geld für Reparaturen ausgeben. In unserem Extrazimmer baute er Schreibtische und Regale direkt in die Wand und verbrachte dort viele Abende über seinen Tüfteleien. Er fing auch an, ernsthafter darüber nachzudenken, welche Ideen er patentieren lassen wollte, zum Beispiel ein elektrisches Tranchiermesser oder Gazepflaster (lange bevor jemand an so etwas gedacht hätte).

Paul war immer daran interessiert herauszufinden, wie etwas funktioniert. Einmal fuhr ich ihn zum Zahnarzt, wo ihm ein Weisheitszahn gezogen werden sollte. Nach dem Eingriff führte ihn die Zahnarztgehilfin in einen Nebenraum, wo er darauf warten sollte, dass die Narkose nachließ. Als sie 20 Minuten später nach ihm sah, stellte sie zu ihrem Entsetzen fest, dass er die gesamte Gegensprechanlage auseinander genommen und alle Teile ordentlich auf das Bett gelegt hatte. Sie geriet in Panik und rannte zum Zahnarzt. Paul versicherte ihnen in seinem benebelten Zustand, dass er alles sofort wieder zusammenbauen würde. Und das tat er auch.

Ein anderes Mal musste Paul wegen einer kleineren Operation zwei Nächte im Universitätskrankenhaus verbringen. Ich übernachtete bei meinen Eltern, weil sie ganz in der Nähe wohnten. Als ich ihn morgens besuchen wollte, zeigte mir mein Vater eine ungewöhnliche Schiffsuhr, die er seit 40 Jahren hatte, die aber – wie er extra noch sagte – nicht funktionierte. Er hatte sie bereits zweimal zur Reparatur gebracht, aber niemand hatte sie zum Laufen bringen können. Da mein Vater wusste, wie sehr Paul Schiffe – und das Herumbasteln – liebte, dachte er wohl, ihm würde das Unmögliche gelingen. Ich zeigte sie Paul, als er gerade aus der Narkose erwachte,

und innerhalb einer halben Stunde hatte er sie auseinander genommen, wieder zusammengesetzt und zum Laufen gebracht. Und heute, 30 Jahre später, läuft sie immer noch.

Eine von Pauls komplizierteren Ideen war sehr futuristisch. Ich glaube, sie ist inzwischen sogar verwirklicht worden. Es war eine komplizierte Maschine, die Büsten »schnitzen« oder »modellieren« sollte. Zuerst sollte ein holografisches Abbild der betreffenden Person gemacht werden, dann sollte ein Holzstück oder Marmorblock in die Maschine eingespannt werden. Daraufhin würde ein computergesteuertes Schneidegerät, das sich mit hoher Geschwindigkeit bewegt, die Büste zurechtschneiden und sich dabei genau an die Vorlage des Hologramms halten. So würde ein genaues Abbild des Originals entstehen.

In jenem Jahr machten wir unsere Weihnachtskarten selbst. Paul schnitzte geduldig ein Bild von Fenwick, unserem kleinen Yorkshireterrier, in ein Stück Linoleum, das wir dann als Stempel benutzten, um die grünen Karten zu bedrucken.

Kurz vor Weihnachten kamen wir in einem Einkaufszentrum an einem Nähmaschinenladen vorbei. Ich erwähnte, wie gerne meine Mutter und meine Großmutter genäht hatten. Auch Pauls Mutter hatte Freude daran gehabt. Er fand, es wäre doch toll, wenn ich es auch lernen würde, da es uns aus finanziellen Gründen nicht möglich war, mir so viele Kleider zu kaufen, wie ich es gewöhnt war. Wir kauften die Maschine auf Raten (wie alles andere auch) und dazu genügend Stoff, um meiner Mutter zu Weihnachten eine Schürze daraus zu nähen.

Mein erster Nähversuch lief nicht besonders gut. Ich mühte mich stundenlang damit ab, das richtige Säumen zu lernen, und wurde schnell ungeduldig, als mir beim Aneinanderlegen der Stoffstücke der Faden riss. Ich kam mir so tollpatschig vor, dass ich den Stoff wütend hinschmiss. »Ich hasse das! Ich hab keine Lust weiterzumachen!«, rief ich verärgert aus.

Wir sahen uns an. Paul wusste offensichtlich nicht, was er sagen sollte. Schließlich fragte er: »Und was erwartest du nun von mir?«

Erst wurde ich nur rot und konnte kein Wort hervorbringen, dann schnauzte ich ihn an: »Vielleicht etwas Sympathie oder etwas Verständnis?«

»Zum Beispiel? Soll ich sagen: ›Gut, dann mach es eben nicht fertig!‹ Oder möchtest du hören, dass du es fertig machen sollst?«

Er sah mich enttäuscht an. »Diana, ich kann dich lieben, aber ich kann dir doch nicht sagen, was du tun sollst, wenn du wütend bist. Das musst du schon selbst herausfinden.«

Ich war völlig verblüfft. Ich hatte die Verantwortung auf ihn abschieben wollen und er hatte es nicht zugelassen. Da seine Worte mich wie ein Schlag getroffen hatten, setzte ich mich hin und spürte, wie mich Wellen des Schmerzes durchfluteten. Ich hatte meinen Helden, meinen Beschützer, meinen Seelenpartner enttäuscht. Später fragte ich mich, ob dies eigentlich das erste Mal gewesen war, dass jemand, den ich liebte, daran geglaubt hatte, dass ich etwas zustande bringen konnte. Die Lehrer in der Schule wussten, dass ich begabt war, weil ich mühelos lernen konnte, wenn mich ein Thema interessierte, aber sie merkten in meinen Zeugnissen oft an: »Diana ist zu mehr fähig.« Da meine Depression in jenen Jahren alles bis auf gelegentlich aufflackernde Begeisterungsschübe ausgelöscht hatte, tat ich mich nur selten positiv hervor. »Diana bringt niemals etwas zustande!« Diese Worte wurden zu einer sich selbst erfüllenden Prophezeiung, und ich konnte meine nicht zu Ende gebrachten Projekte nicht mehr zählen.

Aber jetzt traf Pauls offensichtliche Enttäuschung auf ein Gefühl der Leere in mir, das sich zum ersten Mal in Entschlossenheit wandelte. Noch am selben Abend schwor ich mir, die Schürze fertig zu nähen. Zunächst noch widerwillig, weil ich wütend auf ihn war, dass er mir diesen Teil von mir

gezeigt hatte. Paul saß neben mir, während ich mich ungeschickt abmühte, die verschiedenen Stoffteile aneinander zu heften.

»Ein Mann namens Mies van der Rohe hat einmal erklärt, dass Gott in den kleinen Dingen lebt«, sagte er zu mir. An jenem Abend hatte ich zum ersten Mal Freude daran, feine, gleichmäßige Nähte zu produzieren. Und als ich schließlich die Schürze für meine Mutter bügelte und sie in Geschenkpapier einwickelte, da fühlte ich mich geradezu, als hätte ich einen wichtigen Sieg errungen.

Ich entdeckte die Leidenschaft wieder, die ich als Kind für alle Formen der Handarbeit wie Häkeln, Stricken und Stikken gehabt hatte. Es faszinierte mich, wie Muster entstanden, wenn ich die Fäden ineinander webte und miteinander verschlang. Auch unsere Seelen wurden so miteinander verwoben, während wir die Abende in unserer kleinen Wohnung verbrachten, ab und zu redeten, aber uns meistens einfach in der Gegenwart des anderen wohl fühlten – in einer Stille, die keine Worte brauchte. Ich brachte alle meine Handarbeitsprojekte zum Abschluss.

Paul tüftelte an seinem Schreibtisch vor sich hin, zündete uns ab und zu eine Zigarette an, machte technische Zeichnungen für seine Patentanmeldungen und für die Prototypen der Dinge, die er erfunden hatte – wie das elektrische Tranchiermesser, das Gazepflaster und einen drehbaren Bürostuhl. Er hoffte, dass ihm diese Erfindungen Erfolg bringen würden, damit er uns davon ernähren könnte. Die Ideen sprudelten nur so aus ihm heraus und wir gaben das wenige Geld, das wir hatten, für Patentanmeldungen aus. Wäre es mir lieber gewesen, wenn er nicht seinem Herzen gefolgt wäre und sich auf »normalere« Projekte beschränkt hätte? Eigentlich nicht. Ich liebte ihn über alles und glaubte fest daran, dass sich alles zum Guten wenden würde.

Aber da keiner von uns auch nur die geringste Geschäfts-

oder Marketingerfahrung besaß, war es nahezu unmöglich, Prototypen seiner Erfindungen herzustellen oder an die Leute zu kommen, die sie herstellen konnten. Wir waren naiv genug, um auf Zeitungsannoncen hereinzufallen, in denen versprochen wurde, Erfindern dabei behilflich zu sein, ihre Ideen zu entwickeln und zu vermarkten.

Aber abgesehen davon, dass Paul seine Erfindungen nicht verkaufen konnte, waren die ersten Jahre unserer Ehe absolut idyllisch. Ich wurde eine leidenschaftliche Köchin und probierte jeden Abend ein neues Rezept an Paul aus. Montagabends besuchte ich einen Kochkursus bei Gregoire Le Balch, dem Küchenchef des *Beverly Hilton Hotels*.

Gregoire war Franzose und zeigte unserem aus 20 Personen bestehenden Kurs, wie man klassische französische Gerichte zubereitet. Während Paul Büromöbel verkaufte, verbrachte ich viel Zeit damit, die richtigen Kalbsknochen zu finden, sie mit Gemüse anzubräunen, das Ganze stundenlang auf kleiner Flamme vor sich hin köcheln zu lassen, dann aus dieser Brühe eine raffinierte *Sauce Espagnole* zu machen, die ich dann als Grundlage für eine ganze Reihe noch komplizierterer Saucen benutzte. Ich perfektionierte meine Kochkünste, indem ich für Paul, mich und einige ganz besondere Freunde kochte. Alle liebten mein Essen – aber ich hatte damals noch keine Ahnung, wohin das eines Tages führen würde.

Manchmal musste Paul über Nacht geschäftlich wegbleiben. Von einer dieser Reisen kam er mit einem albernen knallroten Feuerwehrhelm zurück, zu dem ein batteriegespeistes Mikrofon gehörte, das meine Stimme verstärkte, wenn ich hineinsprach. An unserem ersten Hochzeitstag hatte ich einen Tisch bei *Perinos* reserviert, einem berühmten Restaurant in Los Angeles, und hatte mir in Erwartung seiner baldigen Heimkehr von der Arbeit ein glänzend schwarzes Negligé angezogen. Als ich Schritte hörte, die sich der Wohnung näherten, setzte ich den Helm auf, riss die Tür auf und sagte in mei-

ner verführerischsten Stimme ins Mikrofon: »Hallo Hübscher!« Gleich darauf war mein Gesicht ebenso rot wie das des Mannes, der mir Blumen liefern wollte.

Paul kam ein paar Minuten später, und nachdem ich ihm mit aufgerissenen Augen von diesem Fiasko erzählt hatte, fingen wir so an zu lachen, dass wir den ganzen Abend nicht wieder aufhören konnten. Wir lachten, als wir uns liebten, als wir die Reservierung stornierten und als wir dann schließlich in Chinatown essen gingen. In einem Fotoautomat fingen wir unsere gute Laune auf vier Fotos für einen Vierteldollar ein.

Kapitel 5

Zehn Tage seit Pauls Tod und schon scheint das Haus auseinander zu fallen …

Solange Paul lebte und selbst während seiner Krankheit benahm sich unser Haus. Aber kaum war die Beerdigung vorbei, da spielte die Technik verrückt. Erst brach der Warmwasserkessel und das Wasser ergoss sich in die Eingangshalle. Ich machte einen Anruf und wurde bald von einem »Hausarzt« gerettet, der mit seinem Werkzeugkasten und einem neuen Heizkessel kam. Aber das sollte nur der Anfang sein. Ich hatte nämlich auch Probleme mit der Stromversorgung und mit dem Abwasser. Selbst der Staubsauger gab seinen Geist auf. Dann beschloss der Kühlschrank, kaputt zu gehen. Bilder fielen von den Wänden. Das Regal über meinem Schreibtisch löste sich aus der Wand und die Bücher stürzten krachend auf den Boden. Meine gute Freundin Bobbie Probstein kam eines Nachmittags vorbei, sah das Chaos und stellte sofort eine astrologische Diagnose: »Einer deiner Planeten«, gab sie mit ernster Miene bekannt, »befindet sich offensichtlich im Haus des großen Tohuwabohu. Vielleicht sollten wir ihm ein Opfer darbringen.«

Paul hatte sich immer um das Haus gekümmert. Nun schien es um ihn zu trauern.

In meiner Naivität erzählte ich einem der Handwerker, dass ich das Gefühl hatte, auch das Haus würde sich in Trauer befinden. Der Ausdruck auf seinem Gesicht war genau so, wie ich es eigentlich hätte vorhersehen können. Erst weiteten sich seine Augen vor Erstaunen, dann verengten sie sich misstrauisch zu Schlitzen. Er legte den Kopf zur Seite und sah mich aufmerksam an. Schließlich sagte er: »Hmmm … Eine interessante Theorie …«

Als er ging, hörte ich, wie er die Titelmelodie von *Akte X* summte.

Aber nicht nur die Technik des Hauses brach zusammen. Mir fiel auch auf, wie sehr ich unser Heim während Pauls Krankheit vernachlässigt hatte. Die Sofakissen mussten genäht werden, der Wäschekorb quoll über mit Dingen, die dringend geflickt werden mussten, die Schubladen waren ein einziges Chaos. Das Haus brauchte eindeutig ein Großreinemachen.

Lexi und Lauren DiRemigio, unsere Büroleiterin, kamen zu dem Schluss, dass Pauls Büro ausgeräumt werden könnte, um Platz für die Akten von *Inside Edge* zu schaffen. Außerdem schlugen sie vor, Pauls Werkzeuge und Zeichengeräte für wohltätige Zwecke zu spenden. Es würde keinen Sinn machen, diese Dinge jetzt einzulagern und sie später wieder auszusortieren, wenn ich das Haus verkaufte. Als ich sie mir alle noch einmal ansah, kamen Erinnerungen an die wunderbaren Stunden hoch, die wir miteinander, in unsere Projekte vertieft, verbracht hatten.

Frühjahr 1967

Ich nahm fünf Jahre lang Kochunterricht bei Gregoire und passte die Rezepte, die ich von ihm gelernt hatte, nach und nach meinem eigenen Geschmack an. Je mehr meine Kenntnisse der französischen Küche zunahmen, desto mehr nahm auch unser Bauchumfang zu. Das Problem wurde gelöst, als wir uns äußerst strenge Ernährungsrichtlinien verschrieben. Zum ersten Mal war ich daraufhin so schlank, wie ich schon immer sein wollte. Also hörte ich vorübergehend auf zu kochen und fing an, meine Kleider abzuändern.

Dadurch, dass ich meine Kleider änderte, wurden meine Nähkünste immer besser. Schon bald hatte ich genug Selbstvertrauen, um Schnittmuster und Stoffe zu kaufen und meine eigenen Kleider zu nähen. Etwa ein Jahr später schritt ich zu Designermustern fort und schließlich sogar zu komplizierter Haute Couture. Paul war den ganzen Tag über fort und wenn er nach Hause kam, saß ich oft noch in meinem Unterrock an der Nähmaschine.

Als meine Mutter merkte, dass mein Interesse am Nähen zunahm, schenkte sie mir ein rotes Lackkästchen aus China, in dem ihre Mutter Stoffreste, Spitzen und Verzierungen gesammelt hatte – ein echter Schatz. Ich stellte es auf das Regal neben die Nähmaschine, und wann immer mein Blick darauf fiel, musste ich daran denken, wie gern ich bei Oma zu Besuch gewesen war und dass sie alle Gardinen und Vorhänge aus Chintz, Satin und Organdy selbst gemacht hatte. Wenn ich sie besuchte, machte sie mir aus den Stoffresten im Kästchen Rüschenkleider für meine Puppen.

Ich bettelte sie an, mir zu zeigen, wie man strickt und häkelt. Es faszinierte mich zuzusehen, wie beim Stricken und Häkeln alles mit einem wollenen Ball beginnt und daraus schnell etwas völlig anderes wird. Wie aus dem Nichts heraus schienen Muster, Gewebe und Schönheit zu entstehen.

Während ich mich also abmühte, keine Maschen fallen zu lassen, erzählte mir Oma, dass meine Mutter als junge Frau Mannequin bei Frau Goodrich gewesen war, der Besitzerin eines exklusiven Modegeschäfts in Los Angeles. Frau Goodrich reiste einmal im Jahr nach Paris, wo sie die neuesten Modekreationen einkaufte und davon für ihre Kundschaft Kopien anfertigte. Die reichen Damen der feinen Gesellschaft gaben sich bei ihr die Klinke in die Hand. Sie erlaubte meiner Mutter, einige der neuesten Kreationen über Nacht mit nach Hause zu nehmen, wo sie dann Muster zurechtschneiden und ihre eigenen Kopien machen konnte. Meine Mutter, die von meiner Großmutter das Talent für Feinarbeit geerbt hatte, war so gut im Schneidern, dass sie die kompliziertesten Designermuster kaufte, ihren eigenen Touch hinzufügte und immer unglaublich elegante Kleider hatte. Manchmal saßen Oma und sie stundenlang in gemütlicher Stille beisammen und nähten. Von diesen beiden Frauen lernte ich, wie befriedigend es ist, schöne Dinge zu erschaffen, und den stillen, beinahe meditativen Charakter der Handarbeit zu schätzen.

Von Oma lernte ich auch, auf die Liebe zu vertrauen. Eines Tages warnte meine Mutter sie vor einem ihrer Pensionsgäste, der mit der Miete in Rückstand geraten war. »Der haut womöglich über Nacht ab, ohne zu zahlen«, schimpfte sie.

»Das Risiko gehe ich ein«, erwiderte Oma. »Ich glaube lieber an das Gute in den Menschen, als ihnen zu misstrauen.«

Paul ermunterte mich, meiner neu gefundenen Leidenschaft nachzugehen und meine eigenen Kleider zu nähen. Aufgrund seiner Sensibilität als Künstler hatte er einen Blick für gutes Design. Er schätzte besonders klassische, elegant geschnittene Kleider – den Audrey-Hepburn-Look – und ich verließ mich völlig auf seinen guten Geschmack. Der drückte sich auch in den vielen Geschenken aus, die er mir mitbrachte. Ein

Paar Ohrringe in Form von weißen Margeriten mit einer gelben Mitte wurden meine Lieblinge – und seine. In jenen Tagen trug ich sie jeden Tag. Wann immer es nötig wurde, reparierte er sie, bis sie eines Tages völlig auseinander fielen.

Ich sehe diese Zeit heute als unsere glücklichste an. Wir waren von großer Hoffnung für die Zukunft erfüllt und die Freude, die wir aneinander hatten, wuchs und wuchs.

Meine Freundin Frances Pelham, die Lexis Patentante werden sollte, wollte nähen lernen und bat mich, es ihr beizubringen. Da auch einige andere Freundinnen, denen ich geholfen hatte, Modenschauen für wohltätige Zwecke zu organisieren (auf denen ich selbst Kleider vorführte), interessiert waren, gab ich Nähunterricht. Dabei war es unvermeidlich, dass mich die Teilnehmerinnen fragten: »Was riecht denn da so gut?« Als ich ihnen damals erklärte, was da gerade gekocht, gegrillt, geröstet oder gebacken wurde, hatte ich keine Ahnung, dass dieses spontane Interesse knapp ein Jahr später dazu führen würde, dass ich auch noch Kochunterricht gab.

Aber zuerst waren es nur Nähkurse. Dabei geschah etwas von außerordentlicher Wichtigkeit: Ich erkannte, dass ich die geborene Lehrerin war. Ich hatte Freude daran, anderen Menschen meine Ideen vorzustellen, und sie hatten Freude daran, sie zu hören. Es befriedigte mich ungeheuer und ich hörte eine innere Stimme sagen: »Siehst du, Papa, ich bringe nicht nur etwas zustande, jetzt unterrichte ich sogar.«

Während ich Partys veranstaltete und Nähunterricht gab, fiel mir auf, dass sich ein Thema immer wiederholte: Wann immer ich Menschen um mich herum versammelte, fühlte ich mich außerordentlich zufrieden – als ob ich genau dafür geboren worden wäre. Wie ich in den nächsten Jahren immer deutlicher erkannte, nahmen die Träume und Fantasien meiner Kindheit langsam Gestalt an.

Auch andere neue Interessen entstanden. Als wir eines Ta-

ges in einem Schreibwarengeschäft waren, stand ich völlig fasziniert vor einer wunderschönen elektrischen Schreibmaschine. Paul meinte: »Lass sie uns kaufen – aber nur unter der Bedingung, dass du eines Tages ein Buch darauf schreibst.«

Ich war schockiert. Die Vorstellung, ein Buch zu schreiben, war ungeheuerlich. Schließlich war das etwas, was Schriftsteller tun.

»Ich bin doch keine Schriftstellerin«, protestierte ich.

»Nähen konntest du auch nicht, Kätzchen.«

Ich sah Paul an und wurde ganz aufgeregt. Getrieben von dieser Energie stellte ich mir leise die Frage, wohin das wohl alles führen würde. Schließlich antwortete ich: »Gut. Ich verspreche es!«

In der folgenden Woche hatte ich die schlimmste Erkältung meines Lebens und war so groggy, dass ich kaum aufstehen konnte. Aber wenn ich nicht gerade schlief, frischte ich meine Tippkünste aus der Highschool wieder auf. Das erste, was ich schrieb (von den unzähligen Fingerübungen einmal abgesehen), war ein Beitrag für einen Wettbewerb, den eine Frauenzeitschrift veranstaltete. Der erste Preis waren elektrische Lockenwickler, die ich zu meiner völligen Verblüffung gewann. Ich hatte tatsächlich etwas gewonnen, weil ich mich als Schriftstellerin betätigt hatte!

Der schönste Teil des Tages war immer noch der Augenblick, wenn Paul von der Arbeit kam. Entweder aßen wir zu Hause oder bei Antonio, unserem italienischen Lieblingsrestaurant, wo ein großer Teller Spaghetti nur 2,20 Dollar kostete. Den kostbaren Rest des Abends verbrachten wir in unserer kleinen Wohnung und blieben dabei oft sehr spät auf. Mir war es meistens egal, wie lange wir aufblieben, aber obwohl Pauls Arbeitszeit als Möbelverkäufer flexibel war, war ein geregelter Zeitablauf für ihn sehr wichtig. Außerdem war er in Bezug auf digitale Uhren abergläubisch. Wenn die Zahlen in dem Augenblick, in dem er auf die Uhr schaute, auf-

einander folgten – wie bei 12.34 Uhr oder 1.23 Uhr –, war das für ihn ein positives Omen.

Paul ermutigte mich, allem und jedem nachzugehen, das mein Interesse weckte. Seine bedingungslose Unterstützung war eine Gottesgabe, die mir half, die emotionalen Knoten meiner Kindheit zu lösen. Die Gnade seiner Liebe zu mir und seine große Güte schienen mir Beweis genug, dass mir das Universum wohlgesonnen war. Nun war ich dabei herauszufinden, wer ich eigentlich war und was ich überhaupt wollte. Ich träumte bereits davon, zu unterrichten und zu schreiben, und auch davon, Menschen in irgendeiner Weise zusammenzubringen. Wie sehr sich das doch von dem unterschied, was ich mir bei unserer Hochzeit erträumt hatte. Damals war es in mir leer gewesen, weil ich an ein bequemes Leben gewöhnt war, in dem ich für nichts Verantwortung übernehmen musste. Ich hatte nicht einmal gewusst, wie man sauber macht oder einen Faden einfädelt.

Paul war dabei, eine Firma zu gründen, die die Raumplanung für Büros übernehmen sollte. Es dauerte nicht lange, da hatte er erste Klienten. Da seine Firma Potential zu haben schien, wurde eine große Versicherung auf sie aufmerksam, die sie möglicherweise kaufen wollte.

Als wir etwa fünf Jahre lang verheiratet waren, fanden wir es beide an der Zeit, eine Familie zu gründen.

Dies war zur selben Zeit, als meine Mutter endlich genug von meinem Vater hatte und die Scheidung einreichte. Mimi, die sich ganz in unserer Nähe eine kleine Wohnung gemietet hatte, war begeistert, dass ein Enkelkind unterwegs war, und half uns, die Anzahlung auf ein Haus in North Hollywood zu leisten. Paul entwarf gemeinsam mit seinem Freund Dave Duplanty, einem Architekten, eine großzügig angelegte französische Küche, die die vorhandene winzige Küche, das Esszimmer und die Veranda ersetzen sollte.

Schon bald hatte ich meine Traumküche, in der ich all die Kochkünste anwenden konnte, die ich gelernt hatte. Einige davon würden sich auf überraschende Weise bezahlt machen. In all den Jahren, in denen ich Unterricht bei Gregoire genommen hatte, hatte es ein Gericht gegeben, das mich immer enttäuscht hatte: sein Grand Marnier Soufflé. Eines Tages brachte ich während meiner Schwangerschaft im Unterricht den Mut auf, ihm das zu sagen. Ich fügte hinzu, dass sein Rezept nicht so gut wäre wie meines. Er forderte mich gutmütig heraus, vor die Klasse zu treten und das Gericht nach meinem Rezept zuzubereiten, während er seines machte. Dies war meine erste Erfahrung vor einer richtigen Klasse und zu meiner Freude wurde mein Soufflé zum Sieger erklärt.

Kurz nachdem die Küche fertig gestellt war, bekam das Haus einen neuen Bewohner – einen schwarzen Pudel. Wir hatten seit Jahren kein Haustier mehr gehabt, weil wir Papa, als er so furchtbar einsam war, unseren kleinen Terrier Fenwick geschenkt hatten – der eigentlich sowieso ihm gehört hatte. Vor einiger Zeit hatten wir Colette, den Hund einer Freundin, in unser Herz geschlossen. Am Muttertag warfen Paul und meine Mutter ihr Geld zusammen, um mir Colettes Schwester zu kaufen. (Die beiden machten immer Witze darüber, wer mir welche Hälfte gekauft hatte.) Ich gab ihr den Namen Misty und liebte sie außerordentlich, weil ich das Gefühl hatte, sie wäre das wunderbarste Tier auf der Welt. Sie schien immer genau zu wissen, was ich fühlte, kuschelte sich beim Nähen an meine Beine und blickte mich aus ihren traurigen Hundeaugen wie ein schmachtender Liebhaber an.

Wenn ich heute an das Haus in North Hollywood denke, sehe ich immer den riesigen Lorbeerbaum vor mir, der direkt vor der Küche wuchs. Im Juni war er von knallrosa Blüten bedeckt, die in meine Einkaufstüten regneten und mir wie ein himmlischer Segen auf den Kopf fielen. Mir ging es wunderbar, ich fühlte mich lebendig und kraftvoll und doch von in-

nerem Frieden erfüllt wie eine Madonna. Paul verehrte mich, seine Liebe wurde noch tiefer und hingebungsvoller. Ich war mir sicher, dass dieses Kind das erste von fünf sein würde, dass ich das reine Mutterglück erleben würde, wenn ich es in den Armen hielt, und dass ich auf ewig glücklich und zufrieden sein würde. Ich hatte nicht die geringste Ahnung, wie anstrengend Elternschaft wirklich ist.

Lisa Frances, die wir immer nur Lexi nennen würden, wurde am 10. Juli 1968 geboren. Die Wehen waren kurz, aber intensiv. Paul stand während der Geburt neben dem Bett und wurde fast wahnsinnig, weil er nichts tun konnte, um mir zu helfen. Unser kleines Mädchen hatte es gleich am Anfang seines Lebens schwer. Und ich? Statt mich im Mutterglück zu suhlen, verfiel ich in eine tiefe Depression.

In jenen Tagen wurde nur wenig über die düsteren Gefühle junger Mütter geschrieben und gesprochen und darüber, wie schwer die Gewöhnung an die neue Rolle sein kann. Die Frauenzeitschriften waren voll mit Aktivitäten für die glückliche Hausfrau und ich hatte das Gefühl, ein schlechter Mensch zu sein, weil mir alles zu viel war. Es war ein Schock.

Die nachgeburtliche Depression war ebenso verheerend wie die Depressionen, die mich als Teenager überwältigt hatten. Aber nun war ich auch noch deprimiert, dass ich deprimiert war. Ich fühlte mich schuldig, weil ich unglücklich war, obwohl ich einen Mann hatte, der mich auf Händen trug, und das Baby, das ich mir so sehr gewünscht hatte.

Dies war auch die Zeit einiger kleiner, aber wichtiger Veränderungen. Als ich Lexi eines Tages stillte, sah ich im Spiegel, dass der Zigarettenrauch mich und mein Baby einhüllte. Die tatsächliche Schädlichkeit des Rauchens war damals nicht bekannt, obwohl Paul und ich Zigaretten spaßeshalber als Sargnägel oder Krebsstängel bezeichneten. Aber nun fragte ich mich plötzlich: *Was fällt dir eigentlich ein, dein Kind so zu gefährden?* Ich hörte auf der Stelle auf zu rauchen. Paul nahm

sich vor, ebenfalls damit aufzuhören, aber da die Entwöhnung
und die Gewöhnung an die neuen Elternrollen dazu führte,
dass wir einander manchmal an die Gurgel gingen, beschloss
er zu warten, bis ich es geschafft hatte. Er sollte zehn Jahre
lang warten. Wahrscheinlich zehn Jahre zu lang.

Mit dem Rauchen aufzuhören war wahrscheinlich das
Schwierigste, was ich je getan hatte, obwohl ich es schon nach
drei Wochen tatsächlich geschafft hatte. Abgesehen davon,
dass es mir danach toll ging, gab es mir ein ungeheures Selbst-
vertrauen, aber auch eine gewisse nervöse Energie, die mich
dazu zwang, ständig etwas mit den Händen zu tun.

Statt mich also auszuruhen, wenn Lexi ihr Mittagsschläf-
chen hielt, setzte ich meine wiedergewonnene Energie ein, um
Crêpes zu machen, die ich einfrieren würde. Da ich drei Brat-
pfannen gleichzeitig auf dem Gasherd hatte, goss ich den Teig
in die erste, wendete die Crêpe in der zweiten, nahm die Crê-
pe aus der dritten und legte sie auf einen Stapel, wo ich sie mit
Butter bestrich. Dieser Rhythmus ließ mir keine Zeit, eine Zi-
garette anzuzünden – selbst wenn ich eine gewollt hätte. Ei-
ne weiter reichende Konsequenz dieser Aktivitäten war aller-
dings folgende: Eine Freundin, die mich besuchte und von
dem, was sie sah, völlig fasziniert war, bat mich, ihr beizu-
bringen, wie man Crêpes macht. Und das war der Anfang mei-
nes Kochunterrichts.

Ich ließ meine Bekannten wissen, dass ich Kochunterricht
geben und zunächst zeigen würde, wie man Omelettes, Souff-
lés und Crêpes macht. Schon bald versammelten sich mehre-
re Frauen um meinen Küchentisch und Herd. Sie waren be-
geistert und erzählten ihren Freundinnen davon. Es dauerte
nicht lange, da bekam ich Anrufe von völlig Fremden aus ganz
Los Angeles, die von meinen Kursen gehört hatten und mit-
machen wollten. Paul kaufte Klappstühle, so dass in der Kü-
che zehn Personen auf einmal Platz hatten. Ich gab vier- oder
fünfmal in der Woche morgens oder abends Kochunterricht.

Da ich nicht alle Interessenten annehmen konnte, gab es bald eine lange Warteliste.

Nachdem ich zuerst die Grundlagen unterrichtet hatte, gab ich bald Kochkurse für Partys. Die waren damals »in« und es war wichtig für eine Frau, eine Hand voll Gerichte kochen zu können, die im Voraus zubereitet werden konnten, damit sie sich als Gastgeberin unter die Gäste mischen konnte.

Ich genoss die kameradschaftliche Atmosphäre dieser ersten Kurse, in die ich schon bald immer mehr ethnische Speisen aus allen Teilen der Welt einschloss. Ich verlangte damals zwischen sechs und zehn Dollar pro Kursus, von denen wir den größten Teil für Kochbücher, Lebensmittel, Kochtöpfe, Bratpfannen und französische Kochutensilien ausgaben, dank derer die Kurse professioneller wirkten.

Montags nahm ich einen kleinen Korb von der Veranda und ging mit Misty und Lexi zum Blumenstand an der Ecke. Für nur zwei Dollar füllte ich den Korb mit Margeriten und Wiesenblumen. Da ich es liebte, genau die richtige Atmosphäre zu schaffen, brachte ich Stunden damit zu, unser Esszimmer so zu dekorieren, dass die Umgebung zu den Speisen passte, die am betreffenden Tag auf dem Unterrichtsplan standen. Paul unterstützte mich und war froh, dass ich alles mit solcher Leidenschaft tat.

Auch unsere Tochter erblühte. Sie liebte Mamie, die Babysitterin, die ich engagiert hatte, damit sie an den Tagen, an denen ich morgens Kochkurse gab, auf sie aufpasste. Mamie brachte Lexi oft zur Küchentür, von wo aus sie den versammelten Frauen zuwinkte. Ständig klingelte das Telefon, weil Leute Reservierungen machen wollten oder kulinarische Fragen hatten.

Da zu den Abendklassen nicht nur Frauen, sondern auch Männer kamen, gesellte sich Paul zu uns, gab Ratschläge in Bezug auf die Wahl des richtigen Weins und zeigte, wie man Salate macht. Dank seiner künstlerischen Begabung erschuf

er Garnierungen, die wirklich außergewöhnlich waren. Dies waren seine ersten Schritte auf diesem Gebiet. Er lernte, beobachtete und übte, bis er selbst ein vollkommener Lehrer geworden war. Auch seine Raumplanungsfirma entwickelte sich prächtig.

Aber so glatt und ungestört unser Leben auf den ersten Blick auch erscheinen mochte, so war dies doch gleichzeitig der Beginn einer schwierigen finanziellen Phase. Keiner von uns hatte die nötige Ausbildung, um ausreichend Geld zu verdienen, und zudem fehlte uns beiden der nötige Biss, um im Geschäftsleben erfolgreich zu sein. Außerdem machte sich keiner von uns Gedanken darum, wie wir Geld sparen und für die Zukunft vorsorgen könnten.

Paul legte alles in die Entwicklung seiner kleinen Raumplanungsfirma. Als dann plötzlich die Rezession einsetzte, lief diese nicht mehr so gut. Die Versicherung, die mit ihm verhandelt hatte, um seine aufstrebende Firma zu kaufen, überlegte es sich noch einmal und stellte die Verhandlungen sechs Monate später ganz ein.

Ich unterrichtete einen Kurs nach dem anderen, wiederholte einige noch einmal und erhöhte meine Preise. Da ich pro Woche dreimal am Morgen und zweimal am Abend unterrichtete, half uns das Geld sehr, weil sich gleichzeitig Pauls Einkommen ständig verringerte. Zu meiner großen Überraschung kamen eines Tages ein paar Fernsehproduzenten mit der Idee auf uns zu, gemeinsam eine Kochsendung zu machen. Ich war begeistert, aber die Monate vergingen und es wurde nichts daraus.

Paul war am Boden zerstört. Nicht nur, weil seine Firma einging, sondern auch weil er mit seinen Erfindungen kein Geld machen konnte. Meine Kochkurse, die einiges an Geld einbrachten, konnten uns nicht ernähren. Wir versanken immer tiefer im Schuldensumpf, um die Firma so lange über Wasser zu halten, bis sie verkauft werden konnte. Gleichzeitig war Papa in eine lang andauernde gerichtliche Auseinanderset-

zung verwickelt, bei der das gesamte Familienvermögen auf dem Spiel stand – nicht nur sein Geld, sondern auch das meiner Mutter und das aus dem Trustfund, den Papa vor Jahren für Gene und mich eingerichtet hatte.

So stand es um uns, als wir eines Morgens im Jahr 1971 plötzlich von einem gewaltigen Knall aufgeweckt wurden und uns in kompletter Dunkelheit in einem Haus wiederfanden, das auseinander zu fallen schien. Instinktiv rannten wir an den Ort, den Paul für den Fall eines Erdbebens als den sichersten bestimmt hatte – zu dem Türrahmen von Lexis Zimmer.

Der Boden benahm sich wie eine Achterbahn und wir konnten uns nur mit Mühe am Türrahmen festklammern. Lexis Bettchen war nur einen Meter weit weg, aber das Beben war so extrem, dass wir nicht zu ihr konnten. Zum Glück sah ich, dass sie dort, wo sie war, einigermaßen sicher war. Glücklicherweise dauerte das Erdbeben weniger als eine Minute. Lexi verschlief die ganze Aufregung und erwachte lächelnd und zufrieden gurrend.

Das nachfolgende innere Beben dauerte viel länger. So wie der Tag, als ich meiner Intuition gefolgt war und mich von meinem Freund getrennt hatte, oder der, als Paul mich über das Büro des *American Express* in Paris ausfindig gemacht hatte, so war auch dieser Morgen ein Tag, an dem das Schicksal unsere Karten neu gemischt hatte und alles für uns anders wurde. Der Schaden am Haus war angesichts der Schwere des Bebens nur leicht. Wir mussten zerbrochenes Geschirr und Gläser aufräumen, aber das Fundament hatte gehalten und auch der Swimmingpool hatte keinen materiellen Schaden erlitten. Aber in Paul und mir war etwas zerbrochen. Wir fühlten uns plötzlich furchtbar verletzlich. Wenn so etwas direkt unter unseren Füßen zu einem Zeitpunkt geschehen konnte, an dem sich unsere finanzielle Situation zuspitzte, was könnte dann noch alles auf uns zukommen?

Wir fingen an, alles, was wir taten, in Frage zu stellen – auch unseren Lebensstil. Wie wollten wir jetzt eigentlich leben, wirklich leben, wo wir gesehen hatten, wie uns alles in Sekundenschnelle genommen werden konnte?

Während wir noch überlegten, was zu tun war, ging Pauls Firma ein und damit auch jede Sicherheit in Bezug auf die Zukunft.

Kapitel 6

Z*wei Wochen und zwei Tage seit Pauls Tod … ein trüber, kalter Morgen.*

Nachdem die Versammlung von *Inside Edge* vorüber war und ich mich von Mary verabschiedet hatte, wartete ich vor dem Hotel auf den Parkjungen, der mir mein Auto bringen und die Ausrüstung einladen sollte. Da sah ich, wie sich mir die groß gewachsene schlanke Gestalt von Tim Piering näherte. Tim, ein ehemaliger Marineinfanterist, der seit langem die Kampfkünste praktizierte, bewegte sich mit einer Mischung aus militärischer Korrektheit und kriegerischer Wachsamkeit. Er war mittlerweile verheiratet, hatte zwei Kinder im Teenageralter – einen Sohn und eine Tochter – und arbeitete seit dem Ende seiner militärischen Laufbahn als Grundstücksmakler und Unternehmensberater. Er konnte wie kaum ein anderer Menschen motivieren und ihnen helfen, sich von negativen und zerstörerischen Verhaltensmustern zu befreien. Außerdem hatte er mehrere Bücher darüber geschrieben, wie man das Beste in sich selbst hervorbringt. Für Paul und mich war er nicht nur ein Freund gewesen, sondern auch Lehrer, Berater und Vertrauter.

Tim hatte Paul während dessen letzter Tage häufig im Krankenhaus besucht und ihn dabei unterstützt, seine ganze verbleibende Geisteskraft darauf zu verwenden, den Krebs zu bekämpfen, der ihn seiner Energie und seines Lebens beraubte. Tim war sich nur zu bewusst, unter welch großem emotionalem Stress ich stand.

»Wie geht es dir?«, rief er mir schon von weitem zu.

»Gut«, erwiderte ich gewohnheitsmäßig. Als mir dann gleich darauf aber klar wurde, mit wem ich sprach, verbesserte ich mich: »Mies. Schlecht. Scheußlich. Ich bin deprimiert. Das ist es wohl, was man Trauer nennt. Ich fühle mich schrecklich. Ich vermisse ihn so.«

Er nahm meine Gefühle stumm zur Kenntnis. Dann sagte er: »Weißt du, etwas körperliche Bewegung könnte dir gut tun. Auf diese Weise kriegst du zumindest den Stress aus dem Körper. Gehst du manchmal ins Fitnessstudio?«

»Nein, nie.« Ich hörte mich so deprimiert an, dass ich versuchte, das Gesagte durch einen Witz zu relativieren. »Ich bin wie Garfield, der Kater. In Bezug auf Sport habe ich dieselbe Theorie wie er. Wenn ich den Drang verspüre, mich zu bewegen, dann lege ich mich hin, bis der Anfall vorbei ist.«

Er lächelte mich mitfühlend an. »Dies wäre vielleicht eine gute Gelegenheit, ein paar alte Angewohnheiten zu durchbrechen.«

»Was zum Beispiel?«

»Alles, was dich zurückhält. Dazu gehört auch, der Trauer zu helfen, deinen Körper zu verlassen. Etwas körperliche Betätigung könnte dir helfen, wieder in Schwung zu kommen. Ich komme mit, wenn du willst.«

Ich hatte ein solches Vertrauen zu Tim, dass ich zustimmte.

»Wir könnten doch am Dienstag nach der Versammlung ins Fitnessstudio gehen und danach zu Mittag essen. Ich habe nämlich noch ein paar andere Ideen, wie du besser mit diesen Gefühlen umgehen könntest.«

»Na gut«, antwortete ich, »ich werde es zumindest einmal versuchen – glaube ich.«

Aber ich war eigentlich nicht wirklich dazu bereit. Merkwürdig war nur, dass ich auch nicht *nicht* dazu bereit war. Ich befand mich in einem dumpfen Gemütszustand, in einer Art Niemandsland zwischen Pauls Tod und der Zukunft, und gab mich einfach in die Hände eines Menschen, dem ich vertraute. Ich war gewissermaßen bereit, überall hinzugehen, mich in jede Richtung zu bewegen, wenn sie auch nur halbwegs vernünftig zu sein schien – und selbst dann, wenn sie unvernünftig war. Ich erkannte, dass von nun an *alles* neu sein würde. Da Paul und ich geheiratet hatten, als ich 22 gewesen war, stellte es mich vor gänzlich neue Probleme, meinen Weg allein zu gehen. Es machte mir Angst, aber ich sah es auch als eine Herausforderung an – zumindest in den Momenten, in denen die Trauer, die mich überwältigt hatte, etwas nachließ.

Da ich auch weiterhin tagtäglich mit Paul kommunizierte, glaubten einige Freunde und Familienmitglieder, dass ich seinen Tod leugnete. Ich versicherte ihnen, dass ich dies ganz gewiss nicht vorhatte. Es war so – ich sprach mit ihm nach wie vor öfter als mit jedem anderen Menschen. Und auch er sprach mit mir – in seiner unverwechselbaren, einfühlsamen Art. Und dennoch war uns beiden klar, dass sein Tod uns trennte, wie eine unsichtbare Wand aus Glas. Meine Trauer war so groß! Wie also konnte ich seinen Tod leugnen, wenn die Trauer so übermächtig und so real war, dass ich sie manchmal kaum aushalten konnte? Mein Schmerz während seiner Krankheit hatte mich schon eine ganze Weile auf seinen Tod vorbereitet. Ich hatte schon lange getrauert. Ich hatte zugesehen, wie er verfiel; ich hatte ihn gepflegt und war im Augenblick seines Todes bei ihm gewesen.

Jeden Tag kamen Beileidsbekundungen, die mich trösten sollten. David Whyte, ein bekannter Dichter, schickte mir eines seiner Gedichte mit dem Titel »The Well of Grief«.

Der Brunnen der Trauer

Die, die nicht im stillen Brunnen
der Trauer versinken wollen,

und nicht durch die Schwärze dorthin gehen,
wo wir nicht mehr atmen können,

werden nie die labende Quelle finden,
das verborgene Wasser, kalt und klar,
oder in der Dunkelheit die Münzen,
von denen geworfen,
die sich etwas anderes gewünscht.

Ich schrieb ihm, dass ich fest entschlossen war, Gewinn aus meinem Verlust zu ziehen. Und er antwortete so:

Liebe Diana,
ich verstehe zwar, in welchem Sinn du dir wünschst, aus deinem Verlust »Gewinn« zu ziehen, aber um ein Gedicht von Rilke auf deine Situation anzupassen, möchte ich dir Folgendes mit auf den Weg geben:

Der Sieg lockt diese Frau nicht,
und so wächst sie,
indem sie entscheidend geschlagen wird
von ihr ständig überlegenen Wesen.

Ich verstand nicht sofort, was David mir damit sagen wollte. Ich war damals einfach noch nicht so weit.

Da ich mich nicht für die Art von Mensch hielt, der bei jedem Problem gleich zusammenbricht, fand ich, dass ich auch in meiner Trauer stark sein sollte. Ich sah sie als ein Problem, das gelöst werden sollte und gelöst werden konnte. Ich hatte

vor, die Trauer zu besiegen. Ich würde gewinnen. David versuchte mir auf seine sanfte Art zu sagen, dass die Trauer kein Feind ist, der besiegt werden muss, sondern einfach ein Zustand äußerster Verletzlichkeit, den ich in meinem eigenen Interesse respektieren musste; ein schwieriges Gefühl, dem ich mich hingeben musste, damit die Trauer ihre Aufgabe erfüllen konnte, nämlich mich zu heilen und zu läutern. Seine Sicht der Dinge war wunderschön und wohl gemeint, aber ich war noch nicht bereit, mich auf diese Weise hinzugeben.

Sommer 1971

Nach dem Erdeben war Paul und mir klar, dass etwas geschehen musste. Paul fand, dass wir etwas Abstand brauchten und Urlaub machen sollten. Wir hatten von Freunden gehört, dass man in einigen Künstlerkolonien in Mexiko sehr gut und billig leben konnte. Mexiko schien uns ein geeigneter Ort zu sein, um wieder festen Boden unter den Füßen zu finden und die Gerichtsentscheidung in Papas Rechtsstreit abzuwarten.

Also beluden wir unseren VW-Bus und fuhren in eine kleine Stadt in Zentralmexiko. San Miguel de Allende liegt knapp 300 Kilometer nordwestlich von Mexiko-Stadt und ist wegen seiner Kolonie amerikanischer Künstler und Schriftsteller und für seine Kunstschulen berühmt. Für die Mexikaner gilt der Ort seit 1810 als Geburtsstätte der staatlichen Unabhängigkeit. Wir sahen ihn auch für uns als perfekte Geburtsstätte an.

»Halli hallo! Auf nach Mexiko!«, sangen Paul, Lexi und ich, als wir auf staubigen Straßen gen Süden fuhren. Misty, die den Kopf aus dem Fenster steckte, betrachtete fasziniert die Aussicht.

Da wir uns San Miguel von den Bergen her näherten, hielten wir bei El Mirador, einem Aussichtspunkt, an, um das Panorama zu genießen. Mit den Augen konnten wir dem Highway folgen, der sich in eine gepflasterte Landstraße verwan-

delte, die direkt zur Ortsmitte führte, wo wir im Herzen der Stadt auf dem zentralen Platz *El Jardín* die rosa Türmchen der Kirche *La Parroquia* bewundern konnten. Von dort aus gingen enge gepflasterte, von ausgebleichten pastellfarbenen Mauern umsäumte Straßen in alle Richtungen ab. Ein grünes Fleckchen, das von fliederfarben blühenden Palisanderbäumen umgeben war, hieß der französische Park. Die zwei Meter große Kirchturmglocke läutete mit schreienden Eseln und krähenden Hähnen um die Wette.

Es dauerte einen Monat, bis wir direkt am französischen Park einen zweigeschossigen Neubau (möbliert für 150 Dollar im Monat) und ein Hausmädchen (Anita, 12 Dollar die Woche) gefunden hatten. Ich belegte zwei Kurse – Spanisch und Makramee – am Institut Allende, einer der besten Kunstschulen Mexikos. Paul schrieb sich in einem Bildhauerkurs an der Bellas Artes ein und mietete sich ein kleines Studio, das einmal Jose Mojíca, dem berühmten mexikanischen Opernsänger und Filmstar, gehört hatte. Für Lexi fanden wir einen Kindergartenplatz in der zweisprachigen John-F.-Kennedy-Schule, und Misty wartete geduldig an der Haustür, bis sie Nachmittags nach Hause kam und mit ihr spielte.

Paul konzentrierte sich ganz auf seine Bildhauerei, während ich mich zur schlechtesten Makrameekünstlerin des ganzen, aus 30 Frauen bestehenden Kurses entwickelte.

Ich war so untalentiert, dass ich um eine grundsätzliche Frage nicht herumkam. *Selbst falls ich Makramee eines Tages perfekt beherrschen sollte, was würde ich dann damit anfangen?*

Auf der Suche nach einer Antwort sah ich mich gezwungen, mir genauer anzuschauen, wohin uns unser Weg führte. Führte er überhaupt irgendwohin? Paul hatte schon immer die Angewohnheit, einfach etwas Neues anzufangen, wenn ihm etwas nicht gelang. Er schien so selbstsicher, aber hinter seiner scheinbar ehrgeizigen Fassade verbarg sich ein unbe-

schwerter, sanftmütiger Mann, der vielleicht manchmal zu unbeschwert war und der sich wie ein Blatt im Wind treiben ließ. Hätte ich es nur gewollt, so hätte ich diesen Charakterzug auch schon eher sehen können, aber ich hatte ihn bisher einfach nicht wahrnehmen wollen. Ich zog es vor, in Paul einen perfekten, zielstrebigen, hochgradig motivierten Mann zu sehen, der alles zu Ende brachte, was er anfing. Tatsächlich hatte er *mir* ja beigebracht, Dinge zu Ende zu bringen – und zwar auf unnachahmliche Weise, als ich angefangen hatte zu nähen –, aber nun wurde mir klar, dass dies ein typischer Fall dafür war, dass ein Lehrer andere Menschen das lehrt, was er selbst zu lernen hat.

Jetzt aber tauchten auch andere Fragen auf. *Was in aller Welt tun wir hier bloß? Sollten wir nicht geeignete Schritte unternehmen, um uns eine sinnvolle Zukunft zu erschaffen, statt einfach nur darauf zu warten, dass das Leben uns einholt?*

Ich schaute mir mein eigenes Leben genauer an. Ich hatte gerne Kochunterricht gegeben und nun war ich hier in Mexiko ebenso ein Blatt im Wind wie Paul und lernte, wie man Pflanzenhänger aus Makramee macht.

Als ich eines Abends allein zu Hause war, brach meine Frustration plötzlich aus mir heraus. Schreiend fragte ich Gott: »Was soll ich tun? Was soll ich denn nur tun?«

Später wurde mir klar, dass in diesem Augenblick eine mächtige Energie in mir erwachte. Ich wollte, dass sich etwas verändert. Nicht nächsten Monat, nicht nächste Woche und auch nicht morgen, sondern jetzt auf der Stelle! Und wie ich noch herausfinden sollte, führt eine solche Dringlichkeit immer zu dramatischen Resultaten.

Ich ließ die scheinbar unbeantwortbare Frage im Raum stehen. Und innerhalb weniger Minuten kam die Antwort! *Schreib ein Kochbuch!* Darauf wäre ich nie gekommen, es musste ein Gedanke aus irgendeinem unerforschten Teil mei-

nes Gehirns sein. Aber da war er nun! Und ich merkte, dass es eine tolle Idee war. Ich würde ein Kochbuch schreiben, und zwar mit den Partyrezepten, die ich bereits gelehrt hatte.

Die Idee begeisterte mich. Ich hatte ja noch alle Rezepte aus den Kursen der vergangenen zwei Jahre und besaß noch meine elektrische Schreibmaschine. Und wenn man die gewundene Treppe in den zweiten Stock hinaufging, fand man dort einen winzigen Raum, der Platz genug für einen Schreibtisch und einen Stuhl bot.

Paul fand die Idee toll und half mir, mein »Büro« nach oben zu verlegen.

Ich hatte keine Ahnung, wie man ein Buch schreibt oder es gestaltet. Ich wusste nicht einmal, dass ein Manuskript mit doppeltem Zeilenabstand geschrieben sein sollte. Aber das spielte keine Rolle, denn mein Entschluss stand fest. »Diana bringt nie etwas zustande«, gehörte der Vergangenheit an. Ich konnte etwas schaffen und ich wusste es. Schließlich hatte ich Nähen gelernt und Nähunterricht gegeben; schließlich hatte ich Kochen gelernt und Kochunterricht gegeben. Ich konnte auf einige Leistungen zurückblicken – nur nicht im Makramee.

Ich fing also an, das Buch zu schreiben. Von einer amerikanischen Frau, die ich auf dem Markt traf, wurde ich gebeten, doch einer Gruppe überwiegend amerikanischer Frauen beizutreten, die abwechselnd Kochunterricht gaben und das eingenommene Geld dem örtlichen Waisenhaus stifteten. An den Tagen, an denen ich die Gruppe unterrichtete, fiel mir wieder auf, warum mir das Unterrichten so viel Freude bereitet hatte. Wenn sich Menschen um einen Tisch herum versammeln, entsteht sofort eine kameradschaftliche Atmosphäre, in der man leichter von seinen Hoffnungen und Träumen erzählen kann. Wir alle blühen auf, wenn wir die Begeisterung und Unterstützung anderer spüren!

Ein anderes wichtiges Ereignis geschah im März an meinem 30. Geburtstag, zu dem Paul mir das Buch »Muscheln in meiner Hand« von Anne Morrow Lindbergh schenkte. Die Autorin sprach mir aus dem Herzen. Dieses sehr introspektive Buch spielt in Captiva, dem nördlichen Teil der Insel Sanabel vor der Westküste Floridas, wohin sich die Autorin allein und fern von ihrer großen Familie und ihren Verpflichtungen als Frau und Mutter zurückgezogen hatte. In einer Reihe von Essays beschreibt sie die Details und die symbolische Bedeutung der Muscheln, die sie auf ihren einsamen Strandwanderungen findet, und bringt sie mit ihrem Sein als Frau und zu ihrer Beziehung in Verbindung. In den Essays ermutigt sie Frauen, die Schönheit eines jeden Schrittes auf dem Lebensweg zu entdecken, und in ihrer sanften Dringlichkeit half sie mir, mehr als irgendjemand jemals zuvor, mein eigenes Wesen kennen zu lernen.

Paul unterstützte meine neue Innenschau und als wir uns eine Zeit lang an einen abgelegenen Strand in Mexiko zurückzogen, ging er morgens mit Lexi schwimmen und fischen, während ich meine eigenen Muscheln sammelte und darüber nachdachte, was mir wichtig war und was für ein Leben ich eigentlich führen wollte. Mit Lindberghs Methode begann ich, eine bestimmte Frage immer und immer wieder zu stellen und dann jeden Gedanken an die Antwort loszulassen. Stunden oder Tage später kam mir dann plötzlich die betreffende Erkenntnis. Ich sagte Paul, es wäre so, als ob man einen Hefeteig an einen warmen Ort stellt, wo er dann mit der Zeit aufgeht. Die Zeit ist es, die uns weise macht.

Das Leben in Mexiko war interessant. Weil wir wussten, dass dies eine Übergangsphase war, gestatteten wir uns den Luxus einer gewissen chaotischen Beliebigkeit. Wir versuchten nicht, unser Leben in strenge Abläufe zu zwängen, obwohl mich das Schreiben des Kochbuchs zwang, eine Art kreative Ordnung aufrechtzuerhalten – was mir allerdings Freu-

de machte. Und damals fragte ich mich zum ersten Mal in meinem Leben, wovor Papa mich eigentlich schützen wollte, als er gesagt hatte, dass ich mir niemals die Finger würde schmutzig machen müssen.

Unsere Odyssee in Mexiko fand ein plötzliches Ende, als ich unerwartet einen Anruf von meiner Mutter erhielt. Sie sagte mir, dass Papa im Krankenhaus sei und sterben würde. Innerhalb weniger Stunden saß ich im Flugzeug nach Los Angeles, um in dieser schweren Stunde bei ihm zu sein. Paul und ich wussten instinktiv, dass wir unsere Idylle aufgeben mussten.

Als ich das Krankenzimmer meines Vaters betrat, lag er im Koma. Er schnarchte leise vor sich hin, als ob er sich nur ein wenig ausruhen würde. Als ich ihn ansah, wurde ich traurig, weil mir klar wurde, wie wenige schöne Momente wir miteinander geteilt hatten und wie selten er echte Güte uns gegenüber gezeigt hatte. Papa hatte daran geglaubt, dass »Sicherheit« am allerwichtigsten war und dass Liebe durch Geld ersetzt werden konnte.

Nachdem Mimi sich von ihm hatte scheiden lassen, war aus ihm ein einsamer, unglücklicher Mann geworden. Als die Altersdemenz schließlich dazu führte, dass er nicht einmal mehr Zahlen addieren konnte, spürte er, dass sich sein Leben dem Ende näherte. Als seine Fähigkeit, sich in der rationalen Finanzwelt zurechtzufinden, verschwunden war, hatte sein Leben seinen Sinn verloren. Mit Menschen hatte er nie viel anfangen können.

Trotz seines unberechenbaren Verhaltens hatte ihm – auf seine eigene Art und Weise – etwas an seiner Familie gelegen. Deshalb hatte er sein Leben lang schwer gearbeitet, nicht nur um uns zu versorgen, sondern auch um uns eine sichere Zukunft zu ermöglichen. Ich hatte immer das Gefühl, dass er eigentlich liebevoller hatte sein wollen, dass sein größtes Un-

glück aber darin bestand von einer tiefen Angst davor erfüllt zu sein, irgendjemandem zu trauen.

Mutter war nett und liebevoll zu ihm gewesen, nachdem sie ihn verlassen hatte. Papa war immer überrascht und dankbar, dass sie ihm half. Aber nichts an ihm hatte sich jemals wirklich verändert.

Als Mutter und ich drei Tage nach meiner Ankunft morgens in sein Zimmer gehen wollten, hielt uns eine Krankenschwester an und sagte mit mitfühlender Direktheit: »Herr Webb ist vor ein paar Minuten von uns gegangen.«

Von uns gegangen … das sollte wohl heißen, dass er gestorben war.

Ich versuchte, traurig zu sein, fühlte mich aber merkwürdigerweise von der Nachricht nicht sonderlich berührt. Ich ging an sein Bett, legte meine Hand auf seine Wange und verabschiedete mich. Es kam mir alles sehr mechanisch vor. Ich tat einfach das, was von mir erwartet wurde.

Mutter und ich sorgten dafür, dass sein Körper nach *Forest Lawn* überführt werden würde. Wir riefen noch vom Krankenhaus aus meinen Bruder Gene an, der mittlerweile ordentlicher Professor an der Universität von Washington in Seattle geworden war. Er kam am nächsten Tag an. Mutter und er gingen zum Bestattungsunternehmen, damit er sich verabschieden konnte. Ich war allein in Papas Haus in der Küche beim Abwaschen, als ich plötzlich hinter mir seine Anwesenheit spürte.

»Vergib mir«, sagte er.

Ich hielt inne, drehte mich aber nicht um. Ich hätte beinahe laut herausgelacht, weil ich zu jener Zeit nicht daran glaubte, dass ein Toter mit mir kommunizieren könnte. Ich hatte ja keine Ahnung, dass ich dies viel später noch so oft und intensiv erleben würde.

»Vergib mir«, sagte er noch einmal – und bestimmter.

Ich wirbelte herum, sah aber niemanden. Und doch war ich mir irgendwie sicher – auch wenn es noch so unlogisch erschien –, dass er tatsächlich da war.

»Gut! Ich vergebe dir!«, schrie ich ihn verbittert an und brach in Tränen aus. »Aber nicht deinetwegen, sondern um meinetwillen! Es tut zu weh, dich so zu hassen. Bleib uns einfach vom Leib!« Mein Wutausbruch überraschte mich selbst und ich fragte mich, ob ich wohl jemals meinen Frieden mit ihm machen würde.

Da ich mich wieder in der energiegeladenen Atmosphäre von Los Angeles befand und nicht mehr in einer verschlafenen mexikanischen Kleinstadt, fühlte ich mich inspiriert, mein Buchprojekt voranzutreiben. Ich schickte das Manuskript an einen Verlag in Los Angeles, der mir in San Miguel von einem Freund empfohlen worden war. Dies sollte ja Teil unseres Neuanfangs sein. Der Programmchef des Fernsehsenders ABC traf sich mit mir, um Pläne für eine Kochsendung zu diskutieren. Er machte mir zwar keinen Mut, aber zumindest zeigte unser Gespräch, dass überhaupt etwas geschah.

Nach Papas Beerdigung flog ich nach Mexiko zurück. Drei Wochen später kehrten Paul, Lexi, Misty und ich in unserem alten VW-Bus nach Beverly Hills heim. Gene war wieder an der Universität und hatte es mir überlassen, mich um den Nachlass zu kümmern. Und so zogen Paul, Lexi und ich in die alte Villa, die ich immer gehasst hatte. Der Unterhalt des Hauses würde bis zum Verkauf aus Papas Vermögen bezahlt werden. Obwohl viele Leute uns unserer scheinbar angenehmen Lebensumstände wegen beneidet hätten, konnten wir es kaum erwarten, dort herauszukommen und wieder unser eigenes Leben zu führen. Das Haus schien immer noch von Papas Zorn erfüllt zu sein.

Das jahrelange Unglück meiner Mutter spiegelte sich in der

glanzlosen Inneneinrichtung wider, aber die altmodische Küche war immerhin groß genug, dass ich dort meinen Kochunterricht wiederaufnehmen konnte. Ich plante eine neue Reihe von Kochkursen und verschickte Einladungen an meine alten Schülerinnen.

So machten wir nach außen hin zwar den Eindruck, als ob wir ein sorgloses Leben führten, aber wir hatten kein ausreichendes Einkommen, um diesen Lebensstandard aufrechtzuerhalten. Also machte sich Paul auf Arbeitssuche. Zum Glück mussten wir keine Miete zahlen und der Unterhalt des Hauses würde so lange aus der Erbmasse bezahlt werden, bis die Vermögensverhältnisse geregelt werden konnten, was nicht möglich war, solange der Rechtsstreit nicht abgeschlossen war. Wir brachten Lexi in den örtlichen Kindergarten.

In zwei Jahren sollte der Trustfund, der für Gene und mich eingerichtet worden war und der nichts mit der Erbschaft zu tun hatte, uns zur Verfügung stehen. Mein Vermögen würde groß genug sein, um etwas davon zu investieren und uns ein Gefühl der Sicherheit zu geben. Dennoch wollten wir meine Kochkurse vorantreiben und alles, was daraus hervorgehen würde – Bücher, möglicherweise eine Zeitungskolumne oder sogar eine Fernsehsendung.

Mein Vater war kaum gestorben, da fing meine Mutter an auszugehen. Obwohl sie seit fünf Jahren geschieden waren, war Mimi ihm auf ihre Weise immer treu geblieben. Aber nun verliebte sie sich Hals über Kopf in einen Witwer namens Jack Schneider. Da sie völlig in ihrer neuen Liebe aufging, nahm sie nicht mehr an meinem Leben teil. Ich vermisste sie.

Außerhalb des Schlafzimmerfensters befand sich im Schutz des Giebels ein winziges Nest mit vier Eiern darin. Die Vogelmutter flog immer davon, wenn ich dem Nest zu nahe kam. Die Aussicht auf neues Leben hatte mich so in ihren Bann geschlagen, dass ich jeden Tag die Fortschritte der kleinen Vö-

gel überprüfte und Paul auf den neuesten Stand brachte. Als schließlich vier winzige Küken ausschlüpften und unermüdlich nach ihrer Mutter krähten, war ich so begeistert, als ob ich sie selbst ausgebrütet hätte. Paul und ich versicherten einander, dass dies ein gutes Omen für die Zukunft sei.

Aber eines Morgens, als Paul gerade Lexi zur Schule brachte, geschah etwas, das sich noch lange Zeit auf uns auswirken sollte.

Wenn ich jetzt zurückblicke, sehe ich, dass dieses Ereignis an Wichtigkeit nur noch von meiner ersten Begegnung mit Paul und von Lexis Geburt übertroffen wurde. Aber während diese beiden Ereignisse mein Leben auf wunderbare Weise veränderten, schien dieses eine einzige Katastrophe zu sein. Tatsächlich war dies aber der Moment, in dem ich ernsthaft begann, aus meinem Kokon der Unreife zu schlüpfen, in dem ich, das kleine Mädchen, das sich »nie die Finger würde schmutzig machen müssen«, mich unbewusst mein ganzes Erwachsenenleben lang versteckt hatte. Meine normale Alltagsrealität sollte zusammenbrechen und eine völlig neue Diana wie Phönix aus der Asche emporsteigen.

Das Telefon klingelte und ein Mann fragte nach meiner Mutter. Ich erklärte ihm, dass sie eine andere Nummer hatte, die ich ihm geben würde, wenn er mir sagte, wer er war.

»Sind Sie die Tochter? Diana?«

»Ja.«

Seine Stimme klang unheilverkündend, als er sich als einer der Anwälte zu erkennen gab, denen mein Vater mehr als eine Viertelmillion Dollar gezahlt hatte, damit sie seine Verteidigung im Rechtsstreit um ein obskures, kompliziertes Problem mit verschiedenen Bankvorschriften übernahmen.

»Ich fürchte, ich habe sehr schlechte Nachrichten für Sie. Der Tod Ihres Vaters hat es dem Richter leicht gemacht. Er hat gegen ihn entschieden. Er wird Ihrer Mutter zwar erlauben, ihr Geld zu behalten, aber der Trustfund, der für Sie und

Ihren Bruder eingerichtet wurde, wird aufgelöst, um daraus die umstrittenen Gelder zurückzuzahlen. Es tut mir Leid.«

Ich brach fast zusammen. Während ich im Schlafzimmer auf und ab lief, versuchte ich, nicht in Panik zu geraten. So hart mein Vater sonst auch gewesen war, die finanzielle Sicherheit für seine Familie war immer sein Hauptanliegen gewesen. Ich musste nicht lange nachdenken, um zu erkennen, wie viele Gelegenheiten ich verpasst hatte, weil ich geglaubt hatte, mir sei ein Leben in Reichtum und Luxus vorherbestimmt. Mir wurde plötzlich klar, dass das, was ich als meine Rettung gesehen hatte – »du wirst dir nie die Finger schmutzig machen müssen« –, nun mein Untergang zu sein schien.

Völlig verängstigt versuchte ich mich abzulenken und neue Hoffnung zu finden. Also ging ich zum Fenster, um mir das Nest anzuschauen und das neue Leben darin. Aber das Nest war blutbeschmiert. Eine Katze oder ein Raubvogel hatten es verwüstet. Ich war am Ende, lehnte mich gegen die Wand, sah wie blind aus dem Fenster und rutschte langsam zu Boden. Unsere Lage schien aussichtslos. Ich saß lange Zeit wie benommen da, ohne mich zu bewegen, und überlegte, wie ich es Paul sagen sollte. Wir mussten schnell eine Lösung finden, da das Haus bald verkauft werden würde. Wovon sollten wir bloß leben?

Aufgewühlt rannte ich im Schlafzimmer auf und ab. Zum zweiten Mal in meinem Leben bettelte ich laut: »Gott! Sag mir, was wir tun sollen! Was sollen wir denn bloß tun?«

Ich setzte mein panisches Gerenne fort, aber schon einige Augenblicke später hörte ich die Antwort – nicht mit den Ohren, sondern aus den Tiefen meines Wesens: »Entscheide dich freiwillig für Einfachheit.« Jahre später würde dieses Motto bekannt werden, nachdem Duane Elgin ein Buch gleichen Inhalts veröffentlicht hatte. Aber ich hörte 1973, ganze acht Jahre vorher, wie meine innere Stimme dies zu mir sagte.

Ich schrieb die Worte auf, weil ich spürte, dass sie die Antwort waren, die ich brauchte – die wir beide brauchten. Ihre wahre Bedeutung sollte mir allerdings erst nach und nach klar werden.

Paul war sprachlos vor Entsetzen, als ich ihm von dem Gerichtsurteil erzählte. Danach gingen wir wie Schlafwandler durch unser Leben. Nach ein paar Tagen rissen wir uns aber zusammen und beschlossen, alle unsere inneren Reserven zu mobilisieren. Dank des Geldes von den Kochkursen hatten wir ein paar Monate Zeit, um uns etwas zu überlegen. Dann kam mein Buch zurück. Der Verlag hatte es abgelehnt. Ich musste an die kleinen Vögel denken und fragte mich: »Was nun? Was haben die Worte bloß zu bedeuten?«

Entscheide dich freiwillig für Einfachheit. Das ist leichter gesagt als getan. Aber ich spürte, dass dieses Motto die Antwort auf all unsere Probleme war. Aber wie sollten wir lebenslange Gewohnheiten ändern? Dies war eine der grundlegenden Fragen, mit denen jeder von uns irgendwann einmal konfrontiert wird. *Wie soll ich mich ändern? Woher weiß ich, was ich ändern soll? Wie kann ich trotz meiner lebenslangen Gewohnheiten ein anderer Mensch werden?*

Paul kam sich wie ein Versager vor, weil es ihm nicht gelungen war, seine Ideen zu vermarkten. Was war zu tun? Wir beide spürten, dass meine Kochkurse der Ausweg waren. Wir schickten das Manuskript unaufgefordert an einen zweiten Verlag.

Meine Mutter, die bis über beide Ohren in Jack verliebt war, bot keinerlei emotionale Unterstützung an. Ihre Reaktion auf die Gerichtsentscheidung zeigte sich hauptsächlich in ihrer Erleichterung, dass ihre Finanzen davon nicht betroffen waren. Eines Tages rief sie mich an, um mir zu erzählen, dass Jack und sie nach Las Vegas »durchgebrannt« waren.

Das Manuskript kam wieder zurück. Auch dieser Verlag hat-

te mich nicht ermutigt, weiter daran zu arbeiten. Da aber das Interesse am häuslichen Kochen und am Veranstalten von Partys zuzunehmen schien, versuchten wir herauszufinden, in welche Richtung sich mein Kochunterricht entwickeln könnte.

Wir hatten keine Zeit zu verschwenden. Wir würden vom Verkauf der Hauseinrichtung keinen Cent sehen, solange die Erbmasse nicht aufgeteilt war, und das würde erst geschehen können, wenn das Haus verkauft war. Mutig beschlossen wir, uns in die Welt hinauszuwagen, ohne den Verkauf des Hauses abzuwarten. Es gab ohnehin wenig von Wert, das veräußert werden konnte.

Das Haus war schon einige Zeit auf dem Markt gewesen, und obwohl während dieser Zeit der schleichenden Rezession viele Neugierige da gewesen waren, hatten wir keine Angebote bekommen. Der Treuhänder musste das Haus schließlich auf einer Auktion versteigern. Für ein Paar, das wir durch den Kochunterricht kennen gelernt hatten, war Papas Villa das absolute Traumhaus. Sie gaben ein niedriges Gebot ab, das angenommen wurde. Das Haus gehörte ihnen. Zwei Jahre später wurde es auf das Zehnfache des Preises geschätzt, den sie bezahlt hatten. Gutes Timing für sie, schlechtes für uns.

Wir nahmen das Angebot von Ira und Theresa Kaplan an, die wir ebenfalls in einem Kochkursus kennen gelernt hatten, den Winter in ihrer Blockhütte am Lake Arrowhead zu verbringen, bis wir wieder Boden unter den Füßen gefunden hätten. Wir würden nur die laufenden Kosten zahlen müssen. Dank ihrer Güte und Großzügigkeit hatten wir die perfekte Übergangslösung gefunden.

Es stellte sich als ein grässliches Unterfangen heraus, alle in 25 Jahren angesammelten persönlichen Dinge auszuräumen. Papa, der schon die großen Verluste der Weltwirtschaftskrise überwunden hatte, hatte sich nur selten dazu durchringen können, etwas wegzuwerfen. Im August 1973

war es sengend heiß, besonders an unserem letzten Tag im Haus. Im Wettlauf mit der Zeit räumten wir es so schnell wie möglich aus. In den letzten beiden Tagen war ich nicht nur hektisch, sondern auch wütend gewesen. Ich konnte es kaum erwarten, endlich zu verschwinden. Die Hitze war mir zu viel, die Arbeit war mir zu viel und der Druck ebenfalls. Es gab einfach zu viel emotionalen Müll – alten und neuen.

Als wir gerade dabei waren, die Küche auszuräumen, gab Paul plötzlich bekannt, dass er jetzt genug von meiner schlechten Laune hatte. Ich hätte ihn erwürgen können und brüllte ihn an, mich bloß in Ruhe zu lassen. Er fragte, warum ich nicht aufhören konnte, meine Wut an anderen auszulassen, warum ich mich nicht in den Griff kriegen konnte. Warum konnte ich nicht so vernünftig sein wie er, damit wir endlich fertig würden? Ich gab schnippisch zurück, dass es mir Leid täte, dass ich nicht so perfekt war wie er, und wenn ihm eine Reinigungsmaschine lieber wäre als eine Frau, dann sollte er doch in den Laden gehen und sich einen Roboter kaufen. Er meinte dazu nur, er könne ganz gut ohne meinen Sarkasmus leben.

Das brachte das Fass zum Überlaufen! Ich schaute auf den Tisch, auf die Dinge, die wir gerade einpackten. Da standen die Champagnergläser, die wir für 75 Dollar das Stück gekauft hatten. Ich dachte kurz, *Ich wünschte, sie hätten 75 000 Dollar das Stück gekostet*, dann schmiss ich eines an die Wand, wo es klirrend zerbrach. »Ist dir das lieber als mein Sarkasmus?«, kreischte ich. »Ist dir das lieber, als von mir zu hören, wie ich das hier alles hasse? Ich hasse, was mit uns geschieht. Ich hasse es, dass dieser ganze Müll all die scheußlichen Erinnerungen an mein Leben in diesem Haus hochbringt. Ich hasse es, dass wir alles verloren haben. Das Haus ist ein Müllhaufen, hier drinnen ist es heiß wie in einem Backofen, und nun kommst du mir auch noch so selbstgerecht daher. Du sagst, du hättest die Schnauze voll von meiner schlechten Laune? Ich hab auch die Schnauze voll! Da können wir doch gleich

beide Gläser loswerden, oder?« Um meine Worte zu unterstreichen, schmiss ich auch das zweite Glas an die Wand und zwar mit noch mehr Schwung als das erste. Ich sah mit manischem Vergnügen zu, wie es dort in tausend Stücke zerbrach.

Lexi sah uns von der Küchentür aus völlig entsetzt zu. Paul stand wie angewurzelt.

Ich rannte aus der Küche und knallte die Tür hinter mir zu.

Wir waren am Tiefpunkt unserer Ehe angelangt.

Kapitel 7

August 1973

Die kleine Blockhütte befand sich circa 130 Kilometer östlich von Los Angeles, auf halber Strecke zwischen den beiden Ferienorten Blue Jay und Arrowhead Village. Unsere Fahrt dorthin fand in völliger Stille statt. Auch in den nächsten Tagen befand ich mich noch im Schockzustand, lag einfach in der Hängematte und starrte durch die Bäume hindurch in den Himmel.

Ich fühlte mich einfach schrecklich, besonders da mir derartige Ausbrüche nur zu vertraut waren. Ich war ja mit einem Vater aufgewachsen, der seine Familie nach Belieben terrorisierte. Ich hatte mir geschworen, dass ich nie so sein würde, dass von mir niemals Gewalt ausgehen sollte, dass ich die Menschen, die ich liebte, niemals in Schrecken versetzen würde. Folglich hatte ich ein Leben lang meine Gefühle im Zaum gehalten und jede Neigung unterdrückt, meine Emotionen wie mein Vater an anderen Menschen auszulassen.

Aber jetzt war ich zu ihm geworden, als ich meine eigene

Familie terrorisiert hatte. Ich wusste nicht mehr weiter. Meine Angst und Verwirrung wurden noch von der schrecklichen Frage gesteigert, was der Verlust meiner Erbschaft für uns bedeuten würde. Der Stress, Papas Haushalt aufzulösen und mich mit seiner angesammelten Hinterlassenschaft zu befassen, hatte das Fass zum Überlaufen gebracht und meine Gefühle ins tiefste Chaos gestürzt. Meine Mutter, die mich bisher immer unterstützt hatte, war nirgends in Sicht. Die Stimmung war dermaßen angeheizt, dass ich einfach explodieren musste.

Paul und Lexi gingen mit Misty spazieren, machten das Essen und überließen mich mir selbst.

Ich versuchte, meine Gedanken und Gefühle zu ordnen, spürte aber nur eine große Leere. Es schien, als ob sich mein Verstand vor sich selbst schützen wollte, indem er einfach aufhörte zu funktionieren. Ich lag in der Hängematte, starrte durch die Bäume und wusste, dass es mir irgendwann besser gehen würde – aber nicht, wann es so weit wäre. Ein Tag verging, dann noch einer … und noch einer.

Am Ende des dritten Tages kam Lexi vorsichtig auf mich zu. Sie sah mich forschend an, als wolle sie herausfinden, ob ich überhaupt noch da war. Ich sah sie an. Vorsichtig und mit unbewegtem Gesicht sagte sie: »Schau mal, Mami, was wir unterwegs gefunden haben.«

Mehr war nicht nötig. Ich brach sofort in Tränen aus und fing an zu schluchzen. Lexi verstand mich und wartete einfach geduldig und voller Liebe. *Ich danke Gott für meine wunderbare kleine Tochter*, dachte ich, zog sie an mich und hielt sie eng umschlungen. Ich weinte und weinte, bis alle meine Gefühle reingewaschen waren, dann rollte ich mich aus der Hängematte, stellte Lexi auf die Erde und kniete mich vor sie hin, um mit ihr auf Augenhöhe zu sein.

»Herzchen, du weißt doch, dass ich dich immer lieb hab?«

»Ich weiß«, antwortete sie.

»Ich war so wütend auf Papi.«

Sie nickte.

»Aber Gefühle fließen durch einen Menschen durch wie Wasser. Das weißt du doch. Dieses Mal hat es einfach ein bisschen länger gedauert, bis sie durchgeflossen sind. Jetzt geht es mir wieder besser.«

Ihr vertrauensvoller Blick brachte mich dazu zu lächeln.

»Wo ist Papi?«, fragte ich.

»Da drüben. Er wartet.«

Ich nahm ihre Hand und ließ mich von ihr führen.

Was ich gesagt hatte, stimmte zwar, aber natürlich war es nicht ganz so einfach. Gefühle fließen durch einen hindurch wie Wasser, aber dabei schaffen sie auch neue Läufe, überschwemmen Sandbänke und dringen an Orte vor, die vorher trocken waren. Die Flut geht zwar immer zurück, aber hinterher hat sich die Landschaft verändert. Als ich mit Lexi, dem Kind, das ich liebte, zu Paul ging, dem Mann, den ich liebte, wusste ich, dass wir über diese Veränderungen würden sprechen müssen. Nichts würde wie vorher sein.

Paul und ich umkreisten einander ein paar Tage lang. Unsere normale Spontaneität war verschwunden, wir waren vorsichtig, kontrolliert und zu höflich. Häufig kommunizierten wir durch Lexi, wobei wir so taten, als ob wir mit ihr sprachen, dabei aber genau wussten, dass uns der andere hörte. Auch Lexi war immer noch sehr betroffen. Ihre Gefühle schwankten zwischen Entspannung, Zornausbrüchen und launischem Schweigen hin und her, aber sie entfernte sich nie sehr weit von uns. Das zeigte uns, dass sie es schaffen würde. Paul und ich versuchten nicht, ihr Verhalten zu ändern oder es zu kontrollieren. Sie brauchte einfach Raum, um ihre Gefühle auszudrücken, und wir wollten ihn ihr geben. Abgesehen davon hatten wir selbst genug Probleme. Wir fingen an, wieder miteinander zu sprechen.

»Es liegt Schnee in der Luft.«

»Wann er wohl kommt?«

»Ich weiß nicht.«

»Wir brauchen wahrscheinlich Schneeketten.«

»Wahrscheinlich.«

»Ob der Winter wohl kalt wird?«

»Ich weiß nicht, wir sollten jemand fragen.«

So redeten wir um den heißen Brei herum.

Ich wusste, dass Paul darauf wartete, dass ich das Gespräch eröffnete. So war es bisher fast immer gewesen. Und jetzt war es besonders angebracht, da ich ja – wie wir beide wussten – diejenige war, die sich verändert hatte.

Die Gelegenheit ergab sich eines Tages, als wir Lexi morgens zum Schulbus geleitet hatten, der sie zum Kindergarten auf der anderen Seite des Sees bringen sollte. Nachdem wir ihr ein letztes Mal zugewinkt hatten, bevor der Bus um die Kurve fuhr, sagte ich: »Es tut mir Leid, dass ich explodiert bin, Paul. Es tut mir auch Leid, dass Lexi es mit ansehen musste.«

Er nickte nur.

»Es tut mir Leid, dass ich dich verletzt habe«, fuhr ich fort.

»Vielleicht hatte ich es verdient. Ich hatte ja keine Ahnung, wie wütend du warst.«

»Es war nicht, was du denkst. Es ging nicht ums Geld oder das Haus oder die Hitze. Es ging um uns. Wir müssen etwas ändern.«

Jetzt hatte ich seine volle Aufmerksamkeit. »Was willst du damit sagen?«

»Ich bin mir noch nicht sicher, aber irgendetwas muss sich ändern.«

»Weißt du was?«

Wir gingen ins Haus und setzten uns auf das Sofa – jeder in eine Ecke.

»Ich habe das Gefühl, wir stecken fest. Wir sollten uns

weiterentwickeln, aber ich habe nicht das Gefühl, dass wir das tun.« Ich holte tief Luft und fragte vorsichtig: »Wie viele deiner Erfindungen werden uns dieses Jahr Geld einbringen?«

»Wahrscheinlich keine.«

»Wir müssen uns überlegen, wie wir Geld verdienen können. Nun brauchen wir nicht mehr auf den Trustfund zu warten. Wir müssen selbst etwas unternehmen. Wenn wir nichts tun, wird überhaupt nichts geschehen.«

»Na gut, die Erfindungen brauchen eben ihre Zeit, das weiß ich. Aber dir schwebt wahrscheinlich etwas anderes vor.«

»Das stimmt, ich denke dabei an die Kochkurse. Ich mache sie gern und die Leute lieben sie. Und sie bringen Geld ein.«

»Das ist ja wunderbar, Liebling. Und wenn dann die Erfindungen anfangen, uns Geld einzubringen, dann ...«

»Paul, ich spreche davon, Geld für uns zu verdienen – für dich und mich und Lexi. Wir brauchen ein regelmäßiges Einkommen, auf das wir uns verlassen können.«

»So wie das Geld von deinen Kochkursen?«

»Ja.«

»Willst du damit sagen, dass *du* unser Geld verdienen willst?«

Ich nickte.

Er sah mir direkt in die Augen. »Aber das ist meine Aufgabe. Das ist der Job, den ich machen will. Ich möchte für dich und Lexi sorgen.«

Ich sah ihn offen an, ohne ihn herauszufordern. »Paul, so wie wir es jetzt machen, klappt es einfach nicht. Wir müssen uns etwas anderes überlegen.«

»Was willst du damit sagen?«

»Wir müssen der Tatsache ins Auge sehen, dass es mit uns bergab geht.«

»Also müssen wir etwas ändern. Aber was willst du? Möchtest du dich scheiden lassen? Willst du darauf hinaus?«

»Nein, wir brauchen keine Scheidung. Wir brauchen eine neue Vision und wir müssen etwas anders machen.«

»Woran denkst du dabei?«

»Paul, du weißt doch, wie ich bin. Manche Menschen verlieren den Mut und geben auf, wenn sie am Boden sind. Mich inspiriert das bloß. Es erinnert mich daran, wie viele Gelegenheiten es gibt. Ich glaube wir sollten uns eingestehen, dass die Kochkurse unsere Zukunft sind – nicht deine Erfindungen. Nicht einmal deine Jobs als Verkäufer.«

Seine Miene verdüsterte sich. Ich wusste, dass selbst der fortschrittlichste Mann am Boden zerstört ist, wenn er sich vorstellt, vom Einkommen seiner Frau leben zu müssen. Dennoch meinte ich ehrlich sein zu müssen, ganz gleich, wie viel Angst ich auch vor den Konsequenzen hatte.

Ich fragte: »Paul, liebst du mich?«

»Natürlich, Kätzchen. Mehr als alles auf der Welt.«

»Und ich liebe dich. Über alles. Und das ist es, was wir sind und was wir haben. Wir sind eine Seele. Hast du das nicht immer gespürt?«

»Ja.«

»Ich eben auch. Ich habe das seit dem Tag gefühlt, an dem wir uns begegnet sind. Also können wir versuchen, uns den Ideen anderer Menschen anzupassen, wie Mann und Frau sein sollten, oder wir können uns und unsere Beziehung neu definieren.«

Zum ersten Mal seit dem Beginn unserer Unterhaltung sah ich ein Glänzen in seinen Augen. Ermutigt fuhr ich fort: »Statt davon auszugehen, dass du oder ich darin versagt haben, irgendeine Rolle zu spielen, lass uns lieber unsere eigenen Rollen schreiben und sie spielen. Statt einfach aufzugeben, sollten wir uns realistisch anschauen, worin wir gut und wovon wir begeistert sind, und dann genau das tun. Das kann bedeuten, dass ich Kochunterricht gebe und du dafür sorgst, dass alles bis ins kleinste Detail stimmt. Das machst du doch gern.

Du weißt doch, wie man etwas zum Funktionieren bringt. Und ich weiß, wie man dem Publikum Ideen nahe bringt.

Du erforschst doch so gern die Geschichte bestimmter Speisen und machst Dekorationen, damit meine Gerichte im richtigen Licht präsentiert werden. Ich glaube, das Publikum würde lieber zwei Menschen sehen, die zusammenarbeiten und Freude daran haben, als nur einen allein. Vielleicht verbringe ich mehr Zeit im Rampenlicht als du, aber du wirst den Scheinwerfer bedienen. Wie findest du das?«

Er grinste. »Das macht Sinn.«

Ich lächelte zurück. »Ob Papa uns wohl beobachtet?«

»Warum?«

»Weil er dachte, dass du ein Glücksritter und Heiratsschwindler bist. Aber jetzt«, lachte ich, »habe ich kein Geld mehr. Was könnte dich jetzt wohl noch hier halten?«

»Ich glaube, ich liebe einfach, wie du Champagnergläser zerdepperst«, gab er lachend zurück.

Ich umarmte ihn. »Glaubst du, du kannst mich immer lieben, Paul?«

»Na ja, vielleicht 100 000 Jahre lang – oder noch etwas länger.«

»Ich dich auch«, sagte ich.

Und so fingen wir an, uns und unsere Beziehung neu zu definieren. Zusammen mit dem Frieden war auch eine neue Phase der Kreativität in unsere Ehe eingekehrt. Wir wussten, dass die Veränderungen nicht leicht sein würden. Wir würden all unsere gewohnten Standards aufgeben und unsere Erwartungen an unser gemeinsames Leben ändern müssen. Wir erinnerten einander daran, dass es auch für eine Raupe Momente des Zweifels geben muss, wenn sie merkt, dass sie als Raupe sterben muss, damit aus ihr ein Schmetterling werden kann.

Lexi, die erleichtert war, dass ich wieder da war – dass wir beide wieder da waren –, konnte es kaum erwarten, mir von

einer kleinen Insel zu erzählen, die sie und Paul hundert Meter vom Ufer entfernt entdeckt hatten.

»Pack den Picknickkoffer! Lexi bringt dich zum Anlegesteg. Dort treffen wir uns dann.«

Damit war Paul schon aus der Tür, um in der Stadt ein Boot zu mieten, mit dem er zum Steg hinüberrudern würde. In der Zwischenzeit durchstöberte Lexi den Kühlschrank und fing an, aus dem, was wir gerade dahatten, ein Festmahl zusammenzustellen. Später breiteten wir auf der Insel unter den Kiefern eine Decke aus, machten eine Flasche Wein auf und packten Lexis Erdnussbutter, Kräcker, Marshmallows und Obst aus. So fingen wir von vorn an – in einer veränderten Landschaft, auf einem anderen Weg, mit neuen Regeln und einem anderen Ziel –, auch wenn uns noch nicht klar war, wohin uns unser Weg führen würde.

Anfang Oktober war es bereits kalt, was für eine Südkalifornierin wie mich, die noch nie den Wechsel der vier Jahreszeiten erlebt hatte, ein echtes Vergnügen war. Ein Freund, den Paul in Arrowhead kennen lernte, wo er ein Modegeschäft hatte, schenkte mir haufenweise Stoffmuster – vor allem Tweed- und Plaidstoffe. Seine Frau zeigte mir, wie man sie zusammennäht, um daraus eine Flickendecke zu machen. Während ich die einzelnen Stücke nebeneinander legte und sie zusammennähte, fügten auch Paul und ich die Teile unseres Lebens wieder zusammen.

Jeden Tag gingen wir Hand in Hand über einen Teppich aus Kiefernnadeln durch den Wald, um unsere Post abzuholen. Noch einfacher hätten wir nicht mehr leben können. Ich arbeitete weiter an meinem Buch und schickte es aufs Geratewohl an verschiedene Verlage, aber immer wieder kam es mit dem Vermerk »abgelehnt« zurück. Jedes Mal ließ ich den Mut sinken. Aber immer nur vorübergehend, denn ich hatte ein neues Gefühl der Stärke und Verantwortlichkeit gewonnen.

Dennoch vergingen manchmal Wochen, bis ich den Mut aufbrachte, über Änderungen am Manuskript nachzudenken und es wieder zu verschicken. Hätten wir einen Flur gehabt, so hätte ich ihn mir mit den Ablehnungsbescheiden tapezieren können. Paul half mir, dem Buch den letzten Schliff zu geben, und fand heraus, welche Verlage überhaupt dafür in Frage kämen.

Manchmal gingen wir an den Wochenenden ins *Ice Chalet* im nahe gelegenen Ort Blue Jay zum Schlittschuhlaufen. Da Paul in seiner Jugend am *Rockefeller Center* in New York Eiskunstlauf unterrichtet hatte, war sein Können noch immer fast perfekt. Lexi und ich sahen fasziniert zu, wie er übers Eis glitt, plötzlich beschleunigte und sich drehte. So wie er es liebte, mich auf der Tanzfläche zu führen, so hielt er mich nun an den Händen und führte mich um die ganze Eisfläche. Dann war Lexi an der Reihe, an den starken Händen ihres Vaters Schlittschuhlaufen zu lernen, und als sie es konnte, war sie außer sich vor Begeisterung. Die Schönheit seiner Bewegungen erinnerte mich daran, dass Paul unzählige Talente besaß, zu denen nicht zuletzt seine Ausstrahlung gehörte. Diese Eigenschaft sollte entscheidend zu unserer Kochkarriere beitragen und unsere Auftritte von denen anderer unterscheiden.

Am Tag vor Thanksgiving schneite es leicht, was uns wie reine Magie vorkam. Weihnachten würde in diesem Jahr sehr einfach werden, und als das Fest näher rückte, fing ich an, bunte Stoffreste, die ich im Restekästchen meiner Großmutter gefunden hatte und von denen ich mich nicht hatte trennen können, zusammenzunähen. Ich zeichnete Muster und nähte Herzen in verschiedenen Größen, die ich dann ausstopfte und mit Spitze, Bändern und Knöpfen verzierte. Aus einem Rest roten Flanells nähte ich für Lexi und mich passende altmodische Nachthemden mit weißen Baumwollrändern. Ich fand eine Schachtel und packte die Flickendecke für Paul darin ein. Für dieses Weihnachtsfest gaben wir fast nichts aus, aber es

war eines unserer schönsten. Wenn das selbst gewählte Einfachheit war, dann hatte ich nichts daran auszusetzen.

Nach Thanksgiving schneite es nicht mehr, so dass der Boden bis zum Ende des Jahres ausgetrocknet und öde aussah. Am Tag vor Silvester kamen unsere »Vermieter« Theresa und Ira an. Ira bot Paul einen mäßig bezahlten Job an: Er sollte neue Produkte für Iras Galerie und Geschäft in Los Angeles entwerfen. Ein Grund zum Feiern! Wir entkorkten die Flasche Champagner, die wir für einen besonderen Anlass aufgehoben hatten, und veranstalteten einen spontanen Schneetanz vor dem Haus. »Möge es zum Wohle des örtlichen Skigebiets schneien! Möge Lexi den Schnee fallen sehen!«, sangen wir lachend.

Kurz danach fing es tatsächlich an zu schneien und hörte acht Tage lang nicht mehr auf. Zuerst war es einfach herrlich und wir brachten Lexi bei, sich auf den Rücken zu legen und ihre Arme auf und ab zu bewegen, um »Schneeengel« zu machen. Auf dem Weg zum Postamt knirschten unsere Stiefel durch das Weiß, das den ganzen Strand bedeckte. Aber noch bevor der Sturm aufhörte, war die Blockhütte fast völlig eingeschneit und die Zufahrt war von drei Meter hohen Schneeverwehungen bedeckt. Paul schaufelte jeden Tag einen Weg zur Straße frei.

Da im ganzen Land Benzinknappheit herrschte, verließ Paul jeden Morgen das Haus, um im nahe gelegenen San Bernardino Benzin zu kaufen, bevor er die zweistündige Fahrt nach Los Angeles antrat. Ein- oder zweimal pro Woche blieb er über Nacht in Iras Galerie, um Geld zu sparen. Das extreme Wetter machte das Leben unvorhersehbar. So unterbrach eines Morgens eine Lawine, die von unserem Dach abging, die Stromzufuhr. Die Straßen waren nicht mehr befahrbar. Paul machte ein Feuer, vor dem wir uns eng aneinander kuschelten, um warm zu bleiben. In jener Nacht schliefen Paul, Lexi, Misty und ich vor dem Kamin. Im Januar fiel so viel Schnee

in Lake Arrowhead, dass die ganze Gegend zum Katastrophengebiet erklärt wurde. Schließlich wurden wir evakuiert, bis die Straßen wieder geöffnet und die Stromzufuhr wiederhergestellt werden konnte. Das war das Ende der Schneetänze und des Wunsches, vier richtige Jahreszeiten zu erleben.

Als der Frühling kam und auch der Schnee schmolz, war Paul tagsüber unterwegs und verbrachte täglich vier Stunden mit der Fahrt von und nach Los Angeles. Nachdem Lexi morgens in den Schulbus gestiegen war, arbeitete ich an meinem Buch, bis sie mittags wieder nach Hause kam. Nachmittags machte ich Pläne für neue Kurse, die ich in Zukunft geben wollte.

Im Mai war Papas Nachlass endlich geregelt. Es würde noch Monate dauern, bis alles endgültig abgeschlossen war, aber wie wir dankbar feststellen konnten, würden wir nun doch eine Zeit lang ein geringes Einkommen aus seiner Hinterlassenschaft beziehen können. Da Paul ohnehin schon in Los Angeles arbeitete, wurde uns klar, dass die Zeit gekommen war, dorthin zurückzukehren.

Kapitel 8

Drei Wochen seit Pauls Tod. Mir ist einfach alles zu viel.

Eine der Herausforderungen meines Witwendaseins bestand darin, dass ich – ob es mir nun gefiel oder nicht – mit einigen schmerzhaften Realitäten konfrontiert wurde – zum Beispiel mit meiner prekären finanziellen Lage. Ich wusste, dass einige größere Veränderungen nötig sein würden und dass dazu auch der Verkauf unseres gemütlichen kleinen Hauses und damit der erste Umzug seit 14 Jahren gehörte. Auch kleinere Veränderungen waren angesagt. So musste ich zum Beispiel lernen, das Auto nicht nur zu fahren, sondern es auch instand zu halten.

Das Thema wurde akut, als Lexi, die bald zurück zur Uni gehen würde, mir eines Tages sagte, dass sie fürchtete, ich hätte keine Ahnung, wie man ein Auto richtig behandelt. Allein schon der Gedanke, irgendetwas Automechanisches zu lernen, rief in mir den dringenden Wunsch nach einem Nickerchen hervor.

Als Lexi noch zur Highschool ging, hatte sie ihren Vater

gebeten, ihr so viel über Autos beizubringen, dass sie einen Job an der Tankstelle bekommen könnte. Paul und ich vermuteten, dass sie es auf einen der Jungen abgesehen hatte, der dort arbeitete, aber das spielte keine Rolle. Zumindest machte sie sich auf sehr kreative Weise an ihn heran, und außerdem schien es eine gute Idee zu sein, dass sie lernte, mit Autos umzugehen.

Lexi wusste also einiges über Autos. Ihr Entschluss, mir ebenfalls das Nötigste beizubringen, wurde bekräftigt, als wir eines Morgens um drei Uhr aufstanden, um zu einer Versammlung von *Inside Edge* in San Diego zu fahren, die ich moderieren sollte.

Kurz bevor wir aus dem Haus gingen, hatte ich die plötzliche Eingebung, Kleider und Schuhe zum Wechseln mitzunehmen.

»Wofür sind die denn?«, fragte Lexi.

Ich sagte ihr, dies sei reine Intuition, also etwas, das ich nicht erklären konnte. Ich fügte hinzu, dass ich gelernt hatte, solchen Gefühlen Beachtung zu schenken.

Wir hatten kaum das Haus verlassen, als es zu regnen anfing. Nach etwa zwei Dritteln der Strecke hatten wir plötzlich eine Reifenpanne. Da wir uns auf einem Highway-Abschnitt befanden, der zur Marineinfanteriebasis Camp Pendleton gehört, gab es im Umkreis von 50 Kilometern weder Tankstellen noch Werkstätten. Und ein Autotelefon hatten wir auch nicht. Aber mein Liebling Lexi wusste, wie man einen Reifen wechselt – und das im strömenden Regen.

Als wir wieder unterwegs waren, zog sie die trockenen Kleider an, die ich mitgenommen hatte. Wir kamen gerade noch rechtzeitig in San Diego an.

Am nächsten Tag fuhr Lexi mit mir zur Tankstelle. Dort zeigte sie mir, wie man Benzin einfüllt, die Fenster putzt und den Ölstand überprüft. Außerdem zeigte sie mir, wie man einen Reifen wechselt.

So weit zu den kleinen Dingen. Das große Problem war, dass ich mich ernsthaft darum bemühen musste, das Haus zu verkaufen. Aber bevor ich es anbieten konnte, musste ich es zuerst noch herrichten. Lexi bot an, mir beim Aufräumen zu helfen. Aber damit war es nicht getan, denn das Haus musste insgesamt aufgepeppt werden. Ich bat meine liebe Freundin Candace, es sich einmal anzuschauen und mir zu helfen.

Ich hatte Candace, eine schöne, einnehmende Frau, 1980 kennen gelernt, als sie mit uns an einer Pilotsendung fürs Fernsehen gearbeitet hatte. Ihre Einstellung gegenüber dem Leben war eine des ständigen Staunens und ich hatte mich ihr gleich verbunden gefühlt und ihr sofort vertraut. Es war eine dieser Begegnungen, bei denen man eine völlig Fremde trifft, die einem wie eine alte Bekannte vorkommt, und bei denen sich das Herz so schnell öffnet, dass der Verstand keine Zeit hat, die Gefühle zu zensieren. *Dich kenn ich doch!*

Noch am selben Tag sagte ich zu ihr: »Wir beide werden sehr gute Freundinnen werden.« Und genauso geschah es. Auch heute bedeutet mir unsere Freundschaft noch sehr viel.

Candace, immer begeisterungsfähig und voller praktischer Ideen, war so liebenswürdig, mir zu helfen. Ich hatte die dekorativen Entscheidungen immer Paul überlassen, da er schließlich der Künstler in der Familie war. Nun hieß ich Candace als Mitglied des neuen Künstlerteams willkommen. Sie brachte gleich Farbproben und Stoffmuster mit. Aber zuerst musste ich noch aufräumen.

In einer Ecke von Pauls Büro entdeckte ich Schachteln voller Fotos und Zeitungsausschnitten aus den Jahren unserer Karriere als Köche. Sie hatten es verdient, besser organisiert zu werden, also ging ich zu einem Kunstgeschäft und kaufte ein riesiges Album, um sie darin einzukleben.

Mai 1974

Nach dem Winter in Lake Arrowhead mussten Paul und ich ein Haus in Los Angeles finden. Es sollte eine große Küche für die Kochkurse haben und in der Nähe von Iras Galerie liegen. Paul arbeitete immer noch an der Entwicklung seiner Schnitzmaschine und an anderen Projekten, aber er ging nicht länger davon aus, dass seine Erfindungen uns finanzielle Sicherheit bescheren würden. Wir glaubten aber fest daran, dass sich für uns viele neue Türen öffnen würden, wenn mein Manuskript erst einmal an einen Verlag verkauft sein würde.

Paul fand bald ein modernes Haus an der Küste, das möbliert vermietet werden sollte. Es lag 15 Kilometer westlich von Beverly Hills, dort wo sich Sunset und Pacific Coast Highway kreuzen. Vom Balkon des Schlafzimmers konnten wir sehen, wie sich unten die schaumgekrönten Wellen am Strand brachen – eine spektakuläre Aussicht. Was für ein Gegensatz zu der kuscheligen kleinen Blockhütte, in der wir den Winter verbracht hatten.

Als wir im Mai einzogen, wurde das Leben sofort leichter. Lexi belegte während der Ferien Kurse in der nahe gelegenen Marquez-Grundschule, während wir uns einrichteten. Paul kaufte sich ein Fahrrad und fuhr sie auf dem Gepäckträger zur Schule. Ihre neue beste Freundin war ein sommersprossiges, lebhaftes Mädchen namens Michelle Friedlander, die immer die neuesten Witze und Rätsel kannte und uns bei jedem ihrer Besuche unweigerlich zum Lachen brachte. Nach der Schule gingen wir mit Misty am Strand spazieren und sahen ihr zu, wie sie hin und her rannte und mit den Wellen Fangen spielte.

Paul und ich verschickten Einladungen für eine neue Reihe von Kochkursen, die sich problemlos füllten. Als die Weihnachtszeit näher rückte, kam mir der Gedanke, einen Kurs zu geben, der »Mit Liebe aus unserer Küche« heißen

sollte. Dafür dachte ich mir fast 30 neue Rezepte für Speisen aus, die man verschenken konnte. In jenem Jahr gab ich diesen Kurs gleich fünf Mal, weil er von Anfang an ein voller Erfolg war.

Weihnachten war kaum vorbei, als Paul eines Tages mit der Nachricht nach Hause kam, dass Ira ihn aufgrund einiger interner Veränderungen nicht mehr brauchte. Also war er mal wieder arbeitslos und dementsprechend deprimiert. Mir schien es aber, dass dies der perfekte Zeitpunkt war, Paul an meiner Kochkarriere teilhaben zu lassen – und zwar als Vollzeitjob. Paul hatte seine Lebensaufgabe noch nicht gefunden und ich kann nicht sagen, dass Kochen das war, was er eigentlich wollte, aber dennoch schien es die perfekte Lösung zu sein. Außerdem freuten wir uns darauf, als Team zu arbeiten. Paul plante sogar einen eigenen Kurs, den er in Anspielung auf Shakespeare »Der Widerspenstigen Ernährung« nennen wollte.

Endlich war unser Timing einmal perfekt und das Ende von Pauls Job in der Galerie wurde zum Beginn einer vollkommenen Veränderung. Alles sollte anders werden – unsere Beziehung, unsere Karriere, unser Leben.

Da wir wussten, dass im ganzen Land das Interesse am Veranstalten von Partys und Abendgesellschaften zunahm, machten wir es zu unserer Priorität, mein Buch – das jetzt unser Buch war – zu veröffentlichen. Ich hatte es bereits an 20 Verlage geschickt, ohne je eine positive Antwort zu bekommen. Im März waren wir so entmutigt, dass unsere Freundin Theresa uns vorschlug, ein Medium zu fragen, wann das Buch veröffentlicht werden würde.

»Ich sehe einen Kreis um den Juni herum«, sagte uns Ed Hindes, das Medium. »Aber es geht nicht nur um ein Buch! Ich sehe zwei!«

Als wir nach Hause fuhren, lachten wir über seine Worte. Zwei Bücher, natürlich! Wir hatten schon drei Jahre gebraucht, um eines zu schreiben.

Eine neue Freundin aus dem Kochkursus namens Mary Erpelding half uns, das Buch sprachlich aufzupolieren. Paul fand, dass wir uns einen Agenten suchen sollten, jemand, der uns sagen konnte, was das Buch noch brauchte, und der es dann dem richtigen Verlag präsentierte. Er fand eine Agentin namens Carol Schild, die sich gerade selbständig gemacht hatte. Sie hatte das, was man Chuzpe nennt, die richtige Mischung aus Unverfrorenheit und Selbstsicherheit – also genau das, was uns fehlte.

Carol versuchte den Verleger Jeremy Tarcher für das Buch zu interessieren, aber er lehnte es ab. Zu unserer großen Überraschung bot er uns stattdessen einen Vorschuss über 6 500 Dollar für ein anderes Buch an, das er haben wollte und das zur Zeit nur aus einem dünnen Bändchen bestand, in dem Paul Rezepte aus meinem Weihnachtskursus »Mit Liebe aus unserer Küche« zusammengestellt hatte. Tarcher gab uns sechs Monate Zeit, um es zu schreiben. Wir kamen uns wie die Größten vor.

Danach flog Carol mit dem ursprünglichen Manuskript – also dem, das Tarcher nicht gewollt hatte – nach New York. Dort klapperte sie die Verlage in alphabetischer Reihenfolge ab und fing mit Abrams an (wie wir später herausfanden, einem Kunstverlag). Danach ging sie zu Atheneum und schlug einen Vorschuss von 10 000 Dollar heraus. Genau wie das Medium vorhergesagt hatte, verkauften wir im Juni also zwei Bücher. Wir waren ekstatisch! Endlich hatten wir eine gemeinsame Karriere, die viel versprechend zu sein schien. Wer brauchte da noch eine Erbschaft?

Paul war besonders gut darin, Menüs und Kurse zu planen, und ich liebte es, mit ihm zusammenzuarbeiten. Schnell entwickelte er bestimmte Vorlieben und übernahm die Weinauswahl, die Werbung und die Präsentation der Gerichte. Ich war für Kochtechniken, Menüzusammenstellung und den Geschmack der Speisen zuständig. Auf Carols Rat hin heuer-

ten wir eine begabte Public-Relations-Beraterin an, die dafür sorgte, dass unser nächster Weihnachtskurs für die Zeitschrift *House and Garden* fotografiert wurde. Der Beitrag über uns nahm eine ganze Seite ein, auf der gegenüberliegenden stand ein ähnlicher Artikel über Martha Stewart. Das Ganze stand unter der Überschrift: *Party-Experten, Ost und West.*

Da Atheneum wollte, dass wir dem Buch noch sechs weitere Menüs hinzufügten, kümmerte sich Paul um Lexi, korrigierte meine Texte, kochte für uns und versorgte mich mit reichlich Tipp-Ex, während ich nicht mehr von der Schreibmaschine wich. Da es damals noch keine Computer gab, musste ich jede Seite tippen, korrigieren und wieder abtippen, bis jedes Rezept perfekt war. Aber das war Nebensache. Entscheidend war, dass wir anscheinend auf dem besten Weg waren, Karriere als Köche und Autoren zu machen.

Da unser Mietvertrag bald auslaufen würde und wir nicht nur zwei Vorschüsse in der Tasche hatten, sondern auch große finanzielle Hoffnungen hegten, sahen wir uns nach einem Haus um, das wir zunächst mieten und später kaufen könnten. Ein Hausmakler fuhr uns zu einer kleinen, baumumsäumten Sackgasse in Pacific Palisades. An ihrem Ende sahen wir auf einer Klippe über dem Meer ein wunderbares Häuschen. Wir hatten es kaum gesehen, da gab Paul schon voller Begeisterung bekannt, dass wir es das »Baumhaus« nennen würden. Und obwohl ich intuitiv wusste, dass dies unser neues Heim werden würde, half mir mein neu erworbener Überlebensinstinkt während der gesamten Verhandlungen ganz ruhig zu bleiben, bis wir den Vertrag abgeschlossen hatten.

Am 7. September 1975 zogen wir in unser neues Heim – das Baumhaus. Direkt davor stand eine riesige, alte Platane, um die herum der Architekt den Eingang gebaut hatte. Wir hatten das Gefühl, das Haus sei eigentlich ein Teil des Baumes. Aus den Fenstern auf der Vorderseite konnten wir zusehen, wie sich seine eleganten Äste im Lauf der Jahres-

zeiten veränderten. Paul und ich nannten den Baum »Seymour«.

Auf der anderen Seite des Hauses, außerhalb des Wohnzimmers, befand sich eine Holzveranda mit Essecke. Sie ermöglichte uns einen Ausblick über eine Schlucht und öffnete sich zum Pazifik hin. An den meisten Tagen konnten wir die Insel Catalina sehen, die 42 Kilometer vor der Küste lag.

Lexi liebte das Haus sehr, und da sie mit ihren sieben Jahren schon so oft umgezogen war, bat sie: »Wenn wir hier jemals ausziehen, möchte ich bitte fünf Jahre vorher Bescheid wissen.« Da wir wussten, dass wir sehr erfolgreich sein müssten, um das Haus kaufen zu können, wenn der Mietvertrag auslief, erklärten wir ihr, dass wir uns nach Kräften bemühen würden, dass wir ihr aber vorsichtshalber schon jetzt Bescheid sagen würden.

Unser kleines, kuscheliges Schlafzimmer mit den hohen, schrägen Wänden war immer mein Lieblingszimmer. In einer Ecke befand sich ein offener Kamin und eine Wand bestand ausschließlich aus Glasschiebetüren, die den Blick auf die Veranda und einen von Bäumen überdachten Badezuber freigaben. Zwar gab es auf der anderen Seite der Schlucht Häuser, aber auf dieser Seite brachten wir nie Vorhänge an, da die Entfernung unsere Privatsphäre ausreichend sicherte. Die einzigen Augen, die uns beobachteten, waren die von Eichhörnchen, Waschbären, einem Opossum, einem Rotfuchs und einer kleinen Hirschfamilie.

Da die Waschbären den Badezuber als ihr Eigentum betrachteten, blieb uns keine andere Wahl, als ihn mit ihnen zu teilen. Spät abends wuschen sie ihre Nahrung darin und schubsten einander verspielt aus der Hängematte ins Wasser. Manchmal machten sie so viel Krach, dass wir davon aufwachten, das Licht auf der Veranda anmachten und ihnen zusahen. Die Waschbären waren wirklich freche kleine Biester. Sie drückten ihre Nasen einfach gegen die Glastür und sahen

uns mit großen Augen an. Wir wünschten uns zwar, sie würden weniger Krach machen, mussten aber doch immer wieder über ihre Kapriolen lachen.

Ein weiterer tierischer Besucher war Bert, ein Eichelhäher, der so zahm war, dass er uns die Erdnüsse direkt aus der Hand pickte. Wir aßen oft auf der Veranda zu Mittag und manchmal schnappte sich Bert Spaghetti direkt von meinem Teller. Wahrscheinlich hielt er dies für eine besondere Köstlichkeit, vielleicht für einen Albinowurm. Er war ebenso unverfroren wie die Waschbären und flog manchmal direkt durch das offene Küchenfenster hinein, um sich kleine Brocken aus Mistys Fressnapf zu klauen.

Besucher von auswärts waren immer überrascht, dass wir in einer so immens großen Stadt wie Los Angeles wohnen und doch ein so ländliches Leben führen konnten. Das war eben das Los Angeles, das die Touristen niemals zu sehen bekamen.

Da unser Baumhaus klein war und keinen Rasen hatte, war es leicht instand zu halten. Wir machten alle Hausarbeit selbst. Ja, wir waren glücklich darüber, uns persönlich um alles kümmern zu können, und widmeten uns samstags morgens zu dritt dieser Aufgabe. Unser Haus war wie Mutter und Vater für uns, es schützte und nährte uns, so dass unsere Liebe wachsen konnte, und es gab uns das Gefühl, endlich Wurzeln geschlagen zu haben.

Die Küche eignete sich nicht besonders gut für die Kochkurse, aber wir benutzten sie trotzdem – zumindest bis zu dem Tag, an dem unser Nachbar genug von den Autos hatte, die überall auf der Straße parkten, und uns anzeigte, weil wir in einer reinen Wohngegend ein Geschäft betrieben. Der freundliche Inspektor, der eines Tages an unsere Tür klopfte, wollte uns eindeutig keine Schwierigkeiten machen. »Sagen Sie mir einfach, dass Sie hier nichts Geschäftliches laufen haben«, meinte er. »Sie laden einfach ab und zu ein paar Freunde ein, um ihnen das Kochen beizubringen, stimmt's?« Wir

waren zwar dankbar, dass er es uns so leicht machte, konnten aber auch die Sorgen der Nachbarn verstehen. Uns wurde klar, dass es an der Zeit war, sich nach einer professionellen Küche umzusehen.

Unsere Buchprojekte entwickelten sich sehr gut. Das Buch für Tarcher – die erweiterte Fassung von »Mit Liebe aus unserer Küche« – wurde vom Buchklub *Better Homes and Gardens* zum Buch des Monats gekürt. Da es das Buch aber noch gar nicht gab, hatten sie sich dafür lediglich auf der Grundlage von nur drei illustrierten Rezepten entschieden.

Im Mai 1976 kam ein Paket an, das Vorabexemplare unseres ersten Buches enthielt, das nun den Titel »Bei uns zu Gast« erhalten hatte. Was für ein tolles Gefühl, es nach fünf Jahren, die wir daran gearbeitet hatten, endlich in der Hand zu haben! Küchengeschäfte und Warenhäuser fragten an, ob wir bei ihnen auftreten, unsere Kochkünste vorführen und Bücher signieren würden. Wir wurden sogar in die bekannte morgendliche Fernsehsendung *AM Los Angeles* eingeladen.

»Mit Liebe aus unserer Küche« kam drei Monate später im September heraus. Wir gingen auf eine Buchtour durch zehn Städte, gaben Zeitungsinterviews und traten im Radio und im Fernsehen auf – zuletzt in *Good Morning America*. Als Paul und ich am selben Tag auf der Fifth Avenue in New York spazieren gingen, kamen wir bei Rizzolis vorbei, der riesigen Buchhandlung. Direkt neben der Tür waren unsere beiden Bücher in großen Mengen aufgestapelt. Ich machte vor Freude einen Luftsprung. *Papa, schau dir jetzt mal das Mädchen an, das nie etwas zustande bringt. Ich hab's geschafft!*

Als reisende Kochbuchautoren mussten wir verschiedene Zutaten, die wir bei den Vorführungen brauchten, immer mit uns führen. Dazu gehörten auch mehrere Sträuße Petersilie, aus denen Paul einen grünen Weihnachtsbaum machte, an den er statt Christbaumkugeln Babytomaten hängte. Auf dieser Tour, die die anstrengendste, schwindelerregendste Erfahrung

unseres Lebens war, mussten Paul und ich über uns selbst lachen. Da waren wir, die berühmten Buchautoren mitten in einem Blitzlichtgewitter, und stanken nach verschimmelter Petersilie.

Noch drei Jahre zuvor hatte mich die Aussicht, mein Erbe zu verlieren, erschüttert. Nun hatten Paul und ich etwas Besseres. Wir hatten uns selbst einen Namen gemacht und verdienten unser eigenes Geld. Wir hatten ein Haus, das wir für neun Monate gemietet hatten – mit der Option, es anschließend zu kaufen.

Dann geschah nach so vielen Jahren der wirtschaftlichen Stagnation etwas Erstaunliches: Die Grundstückspreise schnellten in die Höhe. In den neun Monaten unseres Mieterdaseins war der Wert des Hauses um 50 Prozent gestiegen. Nun mussten wir es einfach kaufen. Der Besitzer tat alles in seiner Macht Stehende, um uns davon abzubringen, aber nach Ablauf der Frist gehörte das Haus uns – und der Bank.

Und auch unser persönlicher Aufschwung ging weiter. Wir verkauften die Idee für ein Buch über Büfetts an Jeremy Tarcher. Allerdings mussten wir es erst noch schreiben und zwar gleich, was sich als großartige Erfahrung entpuppte.

Aber wir hatten auch Rückschläge. Dazu gehörte, dass wir es übernommen hatten, das Catering für eine Boutique zu übernehmen, die auf dem Sunset Strip eröffnet wurde. Dort lernten wir, wie schlecht manche Gäste das Personal behandeln. Wir beschlossen, nie wieder etwas Derartiges zu tun. Aber wir wurden dafür entschädigt, weil wir noch am selben Tag erfuhren, dass »Bei uns zu Gast« zum Kochbuch des Jahres gewählt worden war. Erst hatten wir fünf Jahre gebraucht, um es fertig zu stellen, dann war es von mindestens 20 Verlagen abgelehnt worden und nun war es von Fachjournalisten zum besten Buch in der Kategorie Partykochen gewählt worden.

Ich hielt die Auszeichnung für einen Beweis dafür, dass wir uns mit dem, was wir taten, auf dem richtigen Weg befanden. Wir waren auf dem aufsteigenden Ast und konnten endlich unsere traurige Vergangenheit hinter uns lassen. Zwei Jahrzehnte später weiß ich, dass dies nur der Anfang war. In unserem Leben gab es eine tiefere, noch unsichtbare Strömung, die uns in eine nochmals andere Richtung treiben sollte. Wir hatten damals keine Ahnung, dass unsere Aktivitäten uns einmal dazu bringen würde, Menschen in einem völlig anderen Zusammenhang zusammenzubringen, damit sie nicht nur »bei uns zu Gast« sein konnten, um das Essen mit uns zu teilen, sondern um ihre größten Träume zu erkennen und sie zu verwirklichen.

Kapitel 9

Ein paar Wochen nach Pauls Tod gaben Lexi und Lauren bekannt, dass sie mich mit auf eine Fahrt entlang der Küste zu einem wunderschönen Plätzchen nehmen wollten. Sie konnten es kaum erwarten, es mir zu zeigen. Also setzte ich mich auf den Rücksitz neben eine Kühltruhe voller Erfrischungen und harrte der Dinge, die da kommen sollten.

Alles, was ich während der Fahrt sah, kam mir ungewöhnlich scharf vor – fast kristallklar. Und das lag nicht etwa daran, dass ich es zum ersten Mal sah, sondern weil es – wie ich fühlte – geradezu nach mir griff. Als wir vor Malibu vom Highway aus Wale aus dem tiefblauen Wasser springen sahen, fragte ich mich allen Ernstes, ob Paul diese Vorstellung vielleicht für mich arrangiert hatte.

In einem meiner frühen Tagebuchgespräche mit ihm hatte er von seinem Wunsch erzählt, damit zu experimentieren, andere Lebensformen zu beeinflussen. Ich erinnerte mich an Geschichten, die davon handelten, dass die Natur anscheinend von der »anderen Seite« aus beeinflusst werden kann. Ich hatte von Rosen gehört, die mitten während der kältesten Win-

termonate plötzlich im Schnee erblühten, und von Vögeln und anderen Tieren, die wie aus dem Nichts auftauchten und sich auf ungewöhnliche Weise verhielten. So wie manche Menschen daran glauben, dass Engel aus bestimmten Gründen die Welt der Menschen betreten, so sollte es doch auch möglich sein, dass die Seele eines Verstorbenen einen Einfluss auf das Reich der Natur ausübt. Und warum auch nicht?

Hatte Paul irgendetwas mit diesen Walen zu tun? Wollte er mich auf diese Weise grüßen lassen oder mich etwas aufheitern? Er schien immer noch für mich da zu sein und mit mir zu sprechen, mich zu unterstützen und meine Bemühungen zu loben, einen Schritt nach dem anderen zu machen. Er schien mir zuzurufen: »Schau! Akzeptiere! Sei dankbar!«

Als wir endlich ankamen, konnten die Mädchen es kaum abwarten, mir den Strand zu zeigen, den sie entdeckt hatten. Verblüffenderweise war es genau der Strand, an dem Paul und ich vor fünf Monaten eng umschlungen entlanggewandert waren, während unsere Produzentin Sharon Lindsey Fotos für unsere Pilotsendung im Fernsehen machte. Konnte das lediglich Zufall sein? Ich glaubte nicht daran!

Das war nicht das erste Mal gewesen, dass Paul sich unerwartet gezeigt hatte. Zwei Wochen nach seinem Tod fuhr ich am 1. April (sollte es ein Aprilscherz sein?) nach Beverly Hills, um mir die Haare schneiden zu lassen. Plötzlich spürte ich Paul auf dem Beifahrersitz.

Fahr hier rein!, sagte er.

Sloanes Möbelgeschäft? Ich war noch nie da gewesen. Also lachte ich und erwiderte: »Aber klar doch!« und fuhr weiter. Dann spürte ich seine Frustration.

Bitte tu es! Tu es für mich! Geh zu Sloanes!

»Warum?«

Das wirst du schon sehen!

Ich kam mir zwar verrückt vor, fuhr aber zurück und park-

te den Wagen. Als ich in den Laden hineinging, fiel mir sofort ein Glastisch mit sechs Stühlen auf – genau das, wonach wir schon lange gesucht hatten –, der von 1 799 Dollar auf 299 Dollar herabgesetzt worden war. Vielleicht hätte ich ihn sowieso irgendwann gekauft, aber angesichts dieses enormen Rabatts zögerte ich keinen Augenblick. Ich kaufte Tisch und Stühle und betrachtete sie als Geschenk von Paul.

Da Paul immer für die Inneneinrichtung zuständig gewesen war – dies gehörte zu unserer Arbeitsteilung –, zweifelte ich nicht daran, dass er den Tisch und die Stühle ausgesucht hatte. Gleichzeitig wurde mir klar, dass ich in einem weiteren Bereich die Verantwortung zu übernehmen hatte und lernen musste, mich selbst um diese Dinge zu kümmern und mich nicht länger blind auf sein Urteil zu verlassen.

Herbst 1977

Paul und ich – mittlerweile berühmte Küchenchefs und Autoren zweier Bücher – gingen auf die erste von vielen Kreuzfahrten, auf denen wir im Austausch gegen Kochvorführungen Gäste der Schifffahrtsgesellschaft waren. Wir hatten gerade das Buch über Büfetts fertig gestellt und einen Vertrag mit *The Cookstore* abgeschlossen, in deren Küchengeschäft auf dem *Sunset Strip* wir Kochkurse geben sollten. Über dem Eingang stand auf einem großen, rotweißen Schild: *Der von-Welanetz-Kochworkshop*.

Wir waren bereit, einiges in unsere neue Karriere zu investieren, und dieses Mal war unser Timing exzellent. Julia Child war zehn Jahre zuvor auf der Titelseite der Zeitschrift *Time* gewesen, und das Interesse am Kochen nahm immer noch zu. Während wir uns bemühten, uns landesweit einen Namen zu machen, engagierten wir für unsere Schule auch andere zukünftige Berühmtheiten – darunter Wolfgang Puck von *La*

Maison, Jean Bertranou vom Restaurant *L'Ermitage*, Milton Williams, den Chef des extravagantesten und beliebtesten Partyservices in ganz Los Angeles, und Michael Stroot vom *Golden Door Spa.*

Unser nächstes Erfolgsbuch, das im Herbst 1978 vom Buchklub *Better Homes and Gardens* zum Buch des Monats bestimmt werden sollte, erschien unter dem Titel »Die Kunst des Büfetts« bei Jeremy Tarcher. Es folgte eine weitere ausgedehnte Buchtournee.

Aufgrund unserer zunehmenden Berühmtheit konnten wir nicht länger die kleinen, intimen Klassen bei uns zu Hause veranstalten, die mich ursprünglich in die Welt des Kochens gelockt hatten. Wo auch immer wir jetzt auftraten, kamen die Menschen in Scharen. Wir waren ein großartiges Team. Unsere Talente und Fähigkeiten verwoben sich miteinander zu einem eleganten Tanz. Die schönsten Momente waren allerdings die, in denen wir uns wie Dick und Doof benahmen und Fehler machten, über die wir uns dann halb zu Tode lachten. Es machte uns einfach Spaß und ich liebte das Abenteuer, zu dem unser gemeinsames Leben geworden war.

Die Kochschule brachte uns im Lauf des nächsten Jahres ins öffentliche Bewusstsein. Wir engagierten eine neue Public-Relations-Beraterin namens Judi Skalsky. Dank ihrer Bemühungen fragte *Robinsons*, eine Kaufhauskette des gehobenen Stils in Südkalifornien, uns Anfang 1979, ob wir nicht Sprecher für ihre Gourmet-Abteilung werden wollten. Wir sollten in ihren sechs größten Kaufhäusern Kochvorführungen geben und würden in ihrer gesamten Küchenwerbung präsent sein. *Robinsons* veranstaltete eine Pressegala, auf der »Der von-Welanetz-Kochworkshop« vorgestellt wurde. Zu den Gästen gehörte auch mein teurer Mentor und Kochlehrer Gregoire, der vor Stolz fast platzte.

Die Kochkurse wurden beliebter, als sich irgendjemand hätte träumen lassen. Die Zeitschrift *Entrée*, eine landeswei-

te Fachzeitschrift für Küchenwaren, setzte uns in ihrer jährlich veröffentlichten Liste »Wer ist in, und wer nicht« auf einen der vorderen Plätze. Wir hielten Vorträge bei Geschäftseröffnungen; Videos unserer Vorführungen wurden in den Schaufenstern aller *Robinsons*-Filialen auf Bildschirmen gezeigt. Wenn wir Kochkurse gaben, standen schon scharenweise Frauen an, um sofort hineinzustürmen, sobald die Türen geöffnet wurden. Unsere Freundin Jennifer Edwards half uns bei den Vorbereitungen, zu denen auch gehörte, kleine Kostproben der vorgestellten Gerichte für 200 Leute vorzubereiten.

Wir liebten, was wir taten. Nur zwei Mal hätten wir gerne eine Pause eingelegt, aber unser Terminkalender erlaubte es uns nicht. Einmal, als Mimi eine Herzoperation hatte, von der sie sich allerdings gut erholte, und ein anderes Mal, als bei unserem geliebten schwarzen Pudel Misty, der damals 14 Jahre alt war, Leukämie festgestellt wurde. Misty war eine so treue Gefährtin gewesen; sie hatte Lexi ermutigt, die ersten Schritte zu wagen, war mit uns nach Mexiko und nach Lake Arrowhead gereist, hatte still neben mir gesessen, wenn ich genäht oder Rezepte ausprobiert hatte. Wir waren alle krank vor Gram, als sie starb. Paul ließ sie verbrennen und wir hielten eine Zeremonie für sie ab und begruben ihre Asche unter Seymour, der alten Platane vor dem Haus.

Mittlerweile ging das Leben nicht nur weiter, sondern auch steil aufwärts. Einen Tag nach dem Kurs bei *Robinsons* in Beverly Hills sprach uns ein früherer Direktor des Fernsehsenders ABC an, den wir ein Jahr zuvor kennen gelernt hatten, und meinte: »Die Zeit ist gekommen, um eine Pilotsendung zu produzieren.«

Mehr brauchten wir nicht zu hören. Wir waren zu allem bereit! Wir würden unsere eigene Fernsehsendung haben – vielleicht.

Wenn wir nicht an der Fernsehsendung arbeiteten oder

Kochkurse gaben, gaben wir überall im Land Vorführungen. Am liebsten gingen wir zu den Nahrungsmittelmessen, die von großen Zeitungen veranstaltet wurden. Wir waren die Stars der *Toledo Blade Nahrungsmittelmesse* und traten vor 18 000 Leuten auf – jeweils 4 500 zur Zeit.

Es gab aber auch unerwartete Ereignisse und spontane Missgeschicke in Hülle und Fülle. Einmal standen wir auf der Nahrungsmittelmesse des *Milwaukee Sentinel* vor großem Publikum auf der Bühne, als Paul plötzlich verschwunden war. Ich hatte gerade den Kopf im Backofen und als er an der Reihe war, etwas zu sagen, kam von ihm kein Wort. Ich drehte mich dorthin um, wo er eigentlich sein sollte, und als ich ihn nicht sah, fragte ich die tausendköpfige Menge: »Wo ist er hin?« Da hörten wir hinter dem Vorhang ein gewaltiges Niesen, durch Pauls Mikrofon verstärkt. Und Tausende jubelten! Die Kolumnistin der Zeitung schrieb daraufhin, dass Paul ein herzliches »Gesundheit!« von der Stadt Milwaukee verdient hatte, und veröffentlichte unsere Privatanschrift. Er erhielt Hunderte Postkarten mit Genesungswünschen.

Damals begann auch unsere lang dauernde Verbindung mit der Kreuzfahrtgesellschaft *Princess Cruises*. Wir wurden nicht als Redner geführt, sondern als besondere Attraktionen ihrer Gourmet-Reisen. Unsere Bilder hingen in jeder Luxuskabine und man behandelte uns wie Könige. Im Lauf der nächsten drei Jahre unternahmen wir mehrere Kreuzfahrten durch den Panamakanal, eine nach Alaska und eine durchs Mittelmeer. Lexi kam immer mit.

Und wir hatten eine Idee für ein neues Buch. Es sollte ein Nachschlagewerk über die wichtigsten kulinarischen Traditionen der Welt werden und neben den Beschreibungen aller Nahrungsmittel, die auf den Märkten der jeweiligen Länder erhältlich sind, auch Hinweise enthalten, wie man sie lagert und verwendet. Aber diese Lebensmittelenzyklopädie wurde

zum reinsten Albtraum. Ich arbeitete zehn Monate daran und verbrachte oft pro Tag 14 Stunden an unserem neuen Textverarbeitungssystem. Meine Augen litten, mein Rücken und meine Schultern schmerzten beinahe ununterbrochen. Paul machte alle Erledigungen, kaufte ein und holte Lexi von der Schule ab, damit ich durch nichts abgelenkt würde. Er stellte unerlässliche Nachforschungen über die Geschichte verschiedener Speisen an und schrieb alle Einleitungen zu den Kapiteln. Gemeinsam sammelten wir Informationen über die kulinarischen Traditionen der Welt. Das ganze Projekt wurde weitaus umfangreicher, als wir beabsichtigt hatten, und am Ende bestand die Schlussfassung von »Das von-Welanetz-Handbuch der Nahrungsmittel der Welt« aus 1 500 Manuskriptseiten.

Da das Schreiben des Buches so lange dauerte, vernachlässigten wir unsere Kochkurse. Zwei Jahre waren vergangen, seit wir die Pilotsendung gedreht hatten, aber nichts war geschehen. Einer der besten Agenten Hollywoods hatte angefragt, ob wir in den Abendnachrichten auftreten wollten, und versuchte uns bei einer der großen Sendeanstalten unterzubringen, aber es dauerte ewig und nichts passierte. Ich wollte unbedingt eine eigene Show für uns haben, besonders weil das Geld wieder einmal knapp wurde und wir uns um eine neue Einkommensquelle bemühen mussten. Paul sah sich sogar die Stellenanzeigen an, wenn er dachte, dass ich es nicht sah. Unsere finanzielle Lage verschlimmerte sich so weit, dass ich eines Tages in meiner größten Verzweiflung eine Antwort von Gott verlangte. Ich schaute gen Himmel, warf meine Arme hoch und brüllte: »Warum dauert das so lange? Wir haben doch genug gelitten! Wir haben schwer gearbeitet! Gib uns sofort unsere Show!«

Das Stellen dieser Forderung – die einem plötzlichen Ausbruch emotionaler Energie entsprang – war eines der besten Beispiele dessen, was ich später »spirituelle Alchimie« nennen

würde. Denn innerhalb von 24 Stunden änderte sich alles. Erst rief der ehemalige Direktor von ABC an, dann ein Kabelsender. Man bot uns an ein und demselben Tag gleich zwei Shows an!

Die folgenden Wochen waren die verrücktesten meines Lebens. Unser Fernsehagent ließ nicht zu, dass wir den Vertrag mit CHN (dem Gesundheitssender auf Kabel) unterschrieben, was wir wiederum vorgezogen hätten. Er fand, dass wir nicht nur über Kabel zu empfangen sein sollten. Seiner Meinung nach sollten wir nur bei einer der großen Fernsehanstalten unter Vertrag sein. Er hatte den Vertragsentwurf von CHN auf dem Schreibtisch, nahm aber weder unsere Anrufe an noch die des Senders.

Am Tag bevor die Aufnahmen für CHN in Los Angeles beim öffentlich-rechtlichen Sender KCET beginnen sollten, herrschte pure Hektik. CHN hatte immer noch keinen rechtsverbindlich unterschriebenen Vertrag von uns, aber ein Team aus 40 Leuten stand bereit, um unsere Show »Der neue Gourmet« zu produzieren. Sie alle waren auf uns angewiesen. Seit beinahe einer Woche war mir der Stress so auf den Magen geschlagen, dass ich nicht mehr essen konnte. Paul und ich beschlossen schließlich, den Vertrag auch ohne Zustimmung unseres Agenten abzuschließen. CHN druckte noch einmal eine Kopie aus und wir unterschrieben. Wir wollten endlich loslegen.

Unser erster Gast war Richard Simmons, der uns vor der Aufnahme sagte, dass der einzige Weg, im Fernsehen Erfolg zu haben, darin bestehen würde, uns vor laufender Kamera an die Gurgel zu gehen. Wir dankten Richard für den Rat, aber das war nicht unser Stil. Das Fernsehen war – wie wir schnell herausfinden sollten – ohnehin ein äußerst schwieriges Medium, da brauchten wir uns nicht noch in etwas zu verwandeln, das wir nicht waren.

Den ganzen Sommer über nahmen wir bei KCET neue Fol-

gen unserer Show auf. Anfangs fühlten Paul und ich uns von der Stille im Studio und dem großen Aufnahmeteam eingeschüchtert, da wir an öffentliche Auftritte und spontanen Beifall gewöhnt waren. Manchmal geschah dann aber doch etwas Unvorhergesehenes und zwar hauptsächlich weil wir strikte Anweisung hatten, niemals den Fluss zu unterbrechen. Es blieb den Leuten im Regieraum überlassen, zu entscheiden, wann die Aufnahmen unterbrochen werden würden. Bei einer Show geriet alles völlig außer Kontrolle. Man gab mir eine Pfanne, die nicht eingeölt war. Der Teig klebte fest wie Käse auf einem Grill. Ich machte einfach weiter. Dann versuchte Paul etwas, was ihm ebenfalls nicht gelang, woraufhin ich sagte: »Junge, Junge, jetzt stecken wir aber echt in der Klemme.« Als ich dann zum Ofen hinüberging, schossen dort orangefarbene Flammen in die Höhe. Daraufhin fing ich an zu lachen und sagte: »Zumindest haben wir es jetzt schön warm!« Der Regisseur ließ die Aufnahme die ganze Zeit über weiterlaufen und ausgerechnet diese Show wurde zu einer unserer beliebtesten. Und ich kam in den Ruf, durch nichts aus der Ruhe gebracht werden zu können.

Nach 13 Sendungen wurde unser Vertrag erneuert, so dass wir insgesamt 39 Shows produzierten. Paul hatte nicht besonders viel Freude am Fernsehen, aber ich hatte einen Heidenspaß daran – wahrscheinlich weil ich ohnehin extrovertierter war als er.

Der Gesundheitssender CHN galt als Pionier in einem Bereich, dem alle einen gewaltigen Erfolg voraussagten. Einer der Besitzer versicherte uns, dass unsere Sendung landesweit zu den beliebtesten zählte und dass er einen neuen Vertrag vorbereitete und wir schon bald weitere Folgen aufnehmen sollten. Er flehte uns geradezu an, nicht mit den anderen Sendern zu sprechen.

Was aber folgte, war eine weitere lange Phase des Wartens, die zu nichts führte. Wir fühlten uns verraten, weil unsere

Loyalität und unsere Geduld nicht belohnt wurden und wir keinen neuen Vertrag erhielten. Aber CHN schlug munter weiter Profit aus der Arbeit, die wir bereits geleistet hatten. Sie hatten nämlich das Recht erworben, unsere Originalshows drei Jahre lang auszustrahlen, was sie auch dann noch täglich taten, als aus CHN das *Lifetime Cable Network* geworden war, das alle Gesundheitsaspekte wie lästige Fliegen abschüttelte. Natürlich traten wir immer auf, wenn man uns darum bat, aber wir bekamen weder einen neuen Vertrag noch irgendeine Aufwandsentschädigung.

Also starteten wir zu Hause ein kleines Geschäft, das uns zumindest etwas Bargeld einbrachte. Am Ende jeder Sendung wies eine Notiz nämlich darauf hin, dass die Zuschauer für jedes Rezept einen Dollar schicken sollten. Bald darauf trafen aus dem ganzen Land unzählige Umschläge mit Dollarnoten ein. Lexis Job bestand darin, die richtigen Rezepte einzutüten und Bestellformulare für unsere Bücher beizulegen.

Aber insgesamt gesehen waren wir sehr entmutigt. Wir hatten das Gefühl, immer darauf zu warten, dass endlich das Telefon klingeln und uns jemand eine neue Sendung anbieten würde. Wir sehnten uns danach, mehr Kontrolle über unser Leben zu haben.

Während dieser Phase, in der unsere Karriere quasi in der Luft hing, besuchten wir zum ersten Mal eines der Tagebuchseminare von Frances Heussenstamm, die sie auf der Grundlage des Buches »At a Journal Workshop« von Ira Progoff gab. Dort hatte ich fünf Jahre nach Papas Tod ein erstaunliches Erlebnis, als ich anfing, meine Gefühle ihm gegenüber bewusster als je zuvor wahrzunehmen.

Offensichtlich war mein Verhältnis zu ihm nie gut gewesen. Aber im Lauf der Zeit dachte ich immer wieder über sein Leben und seinen Einfluss auf mich nach. Würde ich ihn jemals objektiv wahrnehmen können? Würde ich ihn je neutral sehen – ohne über ihn zu urteilen oder ihn zu kritisieren?

Frances beschrieb genauestens, auf welche Weise wir mit bestimmten Menschen kommunizieren sollten, gleich ob diese nun in der Vergangenheit oder in der Gegenwart Teil unseres Lebens waren, gleich ob sie noch lebten oder tot waren. Ich entschied mich für einen Dialog mit Papa. Schon der Gedanke daran wühlte mich auf. Ich spürte nämlich immer noch Wut und Abneigung gegen ihn, obwohl ich mir wünschte, diese Gefühle endlich auflösen zu können.

Frances gab uns Anweisungen. »Bevor ihr mit dem eigentlichen Dialog beginnt, schreibt zehn oder zwölf Meilensteine im Leben der betreffenden Person auf.«

Ich schrieb über meinen Vater:

Er wurde 1893 in Vicksburg in Mississippi geboren.

Er ging in der achten Klasse von der Schule ab, weil sein Vater gestorben war und er für seine Mutter, seinen jüngeren Bruder und seine Schwestern sorgen musste.

Er zog mit seiner Familie nach Los Angeles.

Er war ehrgeizig, arbeitete in einer Bank und als Richter am Verkehrsgericht und hatte einen gewissen Erfolg.

Er heiratete Katherine.

Während des Börsenkrachs 1929 verlor er alles, wurde geschieden und musste ganz von vorn anfangen.

Er heiratete meine Mutter und beschloss, um jeden Preis Sicherheit zu erlangen.

Er gründete eine Sparkasse, mit der er Millionen verdiente.

Im Alter von 48 und 50 zeugte er zwei Kinder.

Er wurde alt, bekam Diabetes und machte sich Sorgen wegen eines Rechtstreits.

Mutter ließ sich von ihm scheiden.

Er starb einsam und verängstigt.

Als ich mir die Liste durchsah, schien sie mir vor allem von Streben nach Erfolg und von Traurigkeit bestimmt zu sein.

Zum ersten Mal bemerkte ich in mir das Aufkeimen einer Art von Mitgefühl für ihn.

Als letzten vorbereitenden Schritt forderte Frances uns auf, eine »Absichtserklärung« aufzuschreiben, also den Grund zu formulieren, aus dem wir diesen Dialog führen wollten. Ich schrieb: *Du bist seit 1972 tot. Ich weiß, dass ich mich endlich mit den Gefühlen auseinander setzen muss, die tief in mir verborgen sind.*

Dann forderte Frances uns auf zu beginnen.

Ich wusste, dass es nicht meine Absicht war, tatsächlich mit meinem Vater zu kommunizieren. Ich wollte in Bereiche meines Geistes vordringen, zu denen ich normalerweise keinen Zugang hatte. Mit Hilfe meiner Kenntnisse über das Leben meines Vaters wollte ich versuchen, die Dinge aus seiner Sicht zu sehen und sie vielleicht so von einer höheren Warte aus zu begreifen. Ein Teil von mir erwartete allerdings, dass Papa tatsächlich mit mir reden würde – und ich wollte zumindest offen dafür sein, ihn anzuhören. Ich schrieb das Folgende auf.

Diana: *Hallo Papa. Du wärst jetzt bestimmt sehr stolz auf mich. Vielleicht warst du das ja immer. Warum warst du bloß immer so kritisch? Warum konntest du mir nie deine Zuneigung zeigen?*

Ich saß lange Zeit still da und zitterte leicht. Schließlich spürte ich, was er sagen würde.

Papa: *Ich litt, ich habe immer gelitten. Ich hatte Angst um dich.*

Diana: *Angst wegen was?*

Es folgte eine lange Pause. Ich wartete und konzentrierte mich darauf, mein Herz offen zu halten, weil ich unbedingt mit ihm kommunizieren wollte. Schließlich fing »er« wieder an.

Papa: *Ich hatte Angst, dass du ebenso verletzt werden würdest wie ich. Das Geld sollte ein Schutzwall sein, den niemand durchdringen könnte. Aber du bist immer zu mir durchge-*

drungen, meine Familie ist immer durchgedrungen. Ich habe so gelitten. Warum habt ihr mich alle so gehasst, wo ich doch derjenige war, der so gelitten hat?

Das überraschte mich nun wirklich. Und mir wurde klar, dass es stimmte, dass er tatsächlich wenig Freude am Leben gehabt hatte. Er fuhr fort:

Ich machte mir um Mimi und dich Sorgen. Ja, ich bin stolz auf dich. Es überrascht mich, dass du so stark bist. Ich wollte immer, dass du ein Leben im Luxus führen kannst, und ich wollte, dass du sicher bist, aber ich wusste nicht, wie ich dir das geben sollte.

Diana: *Manchmal wünsche ich mir, du wärst hier.*

Ich war mir dieses Wunsches bis zu diesem Augenblick nicht bewusst gewesen. Ich fuhr fort:

Ich möchte dich umarmen, deinen silbernen Schnurrbart fühlen, dir die Brille putzen … Ich bin dir dankbar für das Geld, das du uns hinterlassen hast. Es ermöglichte es uns mehr als einmal, unseren Platz in der Welt zu finden. Aber warum hast du nicht versucht, mir Selbstvertrauen zu geben, mir zu helfen, an mich zu glauben? Du hast immer nur verlangt, dass ich die hübsche Maske eines Mädchens trage, das sich gut amüsiert.

Wieder folgte eine lange Pause. Ich dachte schon, die Kommunikation würde hier enden, aber ich beschloss, mich weiter auf die Gefühle zu konzentrieren, die ich in mir wahrnahm. Schließlich fing ich wieder an zu schreiben.

Diana: *Gibt es noch etwas, das du mir sagen möchtest?*

Papa: *Ja. Sei dankbar für das Leben, das du hast. Mach dir keine Sorgen! Genieße deine Arbeit, so gut du kannst. Habe Freude daran, lass dich davon anregen, aber vergrabe dich nicht darin. Sie ist nicht alles …*

Diana: *Warum hast du nie deine Liebe und Zuneigung gezeigt?*

Papa: *Ich kam mir schwach und hilflos vor, wenn ich das*

Gefühl hatte, von jemandem abhängig zu sein. Ich musste immer alles unter Kontrolle haben.

Diana: *Armer Papa, ich liebe dich. Ich wünsche dir, dass du Frieden findest. Kann ich dir jetzt helfen?*

Papa: *Ja, gib in deinem eigenen Interesse deine Wut auf mich auf. Ich habe mein Bestes gegeben, erkenne das an. Lass mich in Frieden gehen.*

Diana: *Das tu ich. Das tu ich gern. Danke.*

Aufgrund dieser neuen Sichtweise fühlte ich mich viel freier und unbeschwerter. Es fiel mir leichter, meinem Vater zu vergeben. Wie schwer es für ihn gewesen sein musste, als sein Vater starb, als er erst 13 war und begriff, dass die Zukunft einer fünfköpfigen Familie von ihm abhing. Wie schwer es für ihn gewesen sein musste, eine gefühlskalte Mutter gehabt zu haben, die ihn wahrscheinlich niemals lobte. Selbst als Großmutter zeigte sie meinem Bruder und mir gegenüber keine Liebe – ganz im Gegensatz zu meiner anderen Großmutter.

Es war klar, dass mein Vater besser als seine Eltern für seine Familie gesorgt hatte. Er wollte uns all das geben, was er niemals hatte, und dafür hätte er unsere Dankbarkeit verdient gehabt.

Während ich über das Gespräch mit Papa nachdachte, wurde mir klar, dass ich viele Möglichkeiten, die mir das Leben geboten hatte – zum Beispiel eine gute Schulbildung –, abgelehnt hatte, um ihm damit eins auszuwischen. Ich hatte das natürlich unbewusst getan, aber jetzt verstand ich es zum ersten Mal. Deshalb hatte ich das Auto, das er mir gekauft hatte, zu Schrott gefahren, und acht weitere Unfälle gehabt. Deshalb ließ ich ständig meine Mäntel und Pullover irgendwo liegen. Ich wollte zeigen, dass mir seine Geschenke nichts bedeuteten. Deshalb ließ ich immer das Licht brennen. Ich wollte ihm zeigen, dass für mich Geld tatsächlich auf Bäumen wuchs und mir nichts wert war. Das, was für ihn das Wich-

tigste auf Erden war und für das er so schwer arbeitete – Sicherheit –, war unter meiner Würde. Ihm die Suppe zu versalzen, hatte mir gut getan, aber jetzt sah ich, dass es ein Spiel war, bei dem wir beide verloren hatten.

Manchmal frage ich mich, was wohl aus mir geworden wäre, wenn ich einen liebevollen, fürsorglichen Vater gehabt hätte; einen Vater, der mich darauf vorbereitet hätte, selbstbewusst und authentisch in der wirklichen Welt zu leben. Wäre ich derselbe Mensch geworden? Sicher nicht. Hätte ich trotzdem Paul kennen und lieben gelernt? Wahrscheinlich nicht. Hätte ich dann wirklich lieber einen anderen Mann zum Vater gehabt? Das ist eine merkwürdige, aber sehr machtvolle Frage, auf die ich die Antwort sofort wusste. Um nichts in der Welt hätte ich verpassen wollen, was ich in meinem Leben erfahren habe – ganz besonders nicht die Gelegenheit, Paul kennen zu lernen und mit ihm zu leben und Lexi zu gebären und aufzuziehen. Das ist die Last der Vergebung. Wenn wir denen vergeben, die uns Schwierigkeiten bereitet haben – Schwierigkeiten, die unser Leben prägen und dazu führen, dass wir etwas daraus machen –, dann müssen wir akzeptieren, dass diese Schwierigkeiten in Wirklichkeit Geschenke sind.

Das von-Welanetz-Handbuch der Nahrungsmittel der Welt wurde im Februar 1983 veröffentlicht und begeistert aufgenommen. In den Zeitungen wurde es als ausgezeichnetes Nachschlagewerk gepriesen und selbst die Zeitschrift *Bon Appétit* war voll des Lobes. Alle Bibliotheken und Kochstudios des Landes bestellten eines. Da es aber unglücklicherweise nur von wenigen Konsumenten gekauft wurde, waren die Verkaufszahlen sehr enttäuschend.

Vielleicht war dies ein Hinweis auf die Zukunft. Die Kochwelt veränderte sich bereits dramatisch, als sich die aus Frankreich stammende *Nouvelle Cuisine* von Michel Guerard und die *California Cuisine* von Alice Waters durchzusetzen be-

gannen. Gleichzeitig traten scharenweise Frauen ins Berufsleben ein, überall sprossen Gourmetmärkte und Restaurants aus dem Boden, die ins Haus lieferten, und mehr Menschen als je zuvor gingen zum Essen aus. Kochen wurde immer weniger eine Kunst und ein Handwerk, immer weniger eine Form des kreativen Ausdrucks, an der alle teilhaben konnten, als vielmehr eine Bühne, auf der sich einige Köche wie Superstars sonnten. Der Rhythmus des Lebens wurde schneller. Es schien weniger Zeit zum Essen zu geben und weniger Zeit, gute Nahrung zuzubereiten.

Ich wollte aufhören. Wir beide wollten es, denn die Kochwelt machte uns keinen Spaß mehr. Es war ja der Gemeinschaftsgeist gewesen, der um den Küchentisch geherrscht hatte, so wie er vor Urzeiten um das Lagerfeuer herum gewesen war, der mich zum Kochen gebracht hatte. Ich liebte das Ritual des Brotbrechens, die Kameradschaft, die entstand, wenn wir zu Weihnachten oder anlässlich einer Wohltätigkeitsveranstaltung alte überlieferte Rezepte austauschten. Ich genoss es, als Ausdruck meiner Liebe Essen zuzubereiten, auf diese Weise ein Heim zu schaffen und bei anderen Menschen das Gefühl hervorzurufen, irgendwo hinzugehören. Was hatte das noch mit der Art von Denken zu tun, die das Servieren des Essens als moderne Kunst sah? Was hatte das mit einer Welt zu tun, in der Mikrowellengerichte hausgemachte Mahlzeiten ablösten?

Wir wollten keine glamourösen Fernsehköche sein und auch kein internationaler Konzern oder Sprecher für einen Nahrungsmittelgiganten werden. Wir wollten einfach Menschen helfen, ihre Familien und Freunde zu nähren. Da sich der gesellschaftliche Fokus von hausgemachten Mahlzeiten wegbewegte, brach unsere Karriere zusammen.

Es war so gut gelaufen, wir hatten viele unserer Träume verwirklicht, mussten wir uns nun wieder neu definieren?

Kapitel 10

Neun Wochen seit Pauls Tod. Montags ist es immer am schwersten, weil ich den Spaß vermisse, den wir hatten, wenn wir uns auf die kommende Woche vorbereiteten.

Dass ich körperlich gesund blieb, lag vor allem an meiner Arbeit bei *Inside Edge*. Die Arbeit und die an mich gestellten Anforderungen arteten zwar häufig in Stress aus, waren aber auch ein Segen. Hätte mir die Organisation nicht so viel abverlangt und mich in der Alltagsrealität verankert, wäre ich wahrscheinlich in einen bodenlosen Brunnen der Trauer gefallen.

Ich wusste intuitiv, dass es selbstzerstörerisch wäre, alle meine Energien auf mich selbst zu konzentrieren – so wie das durch ein Vergrößerungsglas gebündelte Sonnenlicht ein Stück Papier entzündet und verbrennt. Die Alternative – andere zu lieben und mich um sie zu kümmern – bot mir viel mehr. Ich erinnerte mich an die Freude, die tiefe mütterliche Freude, die mich jedes Mal überkommen hatte, wenn ich Paul mit völliger Hingabe gedient und ihn durch seine ganze Krankheit hindurch aufrichtig geliebt hatte.

Gib!, riet er mir durch mein Tagebuch. Inside Edge *war unser Garten. Jetzt ist es dein Garten. Pflege die Rosen.*

Nach den Treffen am Dienstagmorgen waren Tim Piering und ich ins Fitnessstudio gegangen, wo er mir zeigte, wie ich nach und nach meine Muskeln aufbauen und meine Ausdauer erhöhen konnte. Danach aßen wir irgendwo in der Nähe zu Mittag und redeten, redeten, redeten. Auch andere Männer, meistens Mitglieder oder Gastredner, luden mich oft zum Mittagessen ein.

Das war neu für mich. Ich hatte Männer immer gemocht und ihre Gesellschaft genossen, aber solange Paul lebte, war ich fast ausschließlich mit ihm zusammen gewesen. Es gab – abgesehen von gelegentlichen Geschäftsessen, bei denen Paul meistens dabei war – einfach keinen Grund, warum ich mich mit anderen Männern hätte treffen sollen. Warum auch? Paul war mein Mann, mein bester Freund und mein Geschäftspartner. Wir hatten viel zu bereden und viel zu tun und zogen unsere Gesellschaft allen anderen vor. Aber nun nach seinem Tod musste ich meine gesamte Einstellung gegenüber Männern überdenken.

Diese Neueinschätzung der Situation fing mit den Männern an, mit denen ich bereits langjährige Beziehungen hatte, also meinen alten Freunden, die meistens auch Pauls alte Freunde waren. Sie hätten sich nie um mich bemüht, weil sie wussten, dass Paul der Mittelpunkt meines Lebens war. Aber schon in den ersten Tagen nach seinem Tod meldeten sie sich bei mir. Sie ließen sowohl Lexi als auch mich wissen, dass sie zur Verfügung stünden, wenn wir Hilfe brauchen würden – sei es beim Einkaufen oder Autowaschen oder einfach nur zum Zuhören. Sie kamen vorbei, um nach mir zu sehen, und luden mich ab und zu zum Mittag- oder Abendessen ein. Sie waren aber keine Verehrer. Die wären mir ohnehin nicht willkommen gewesen. Sie waren einfach Freunde, die mir ihre männliche Präsenz auf eine Weise schenkten, die unglaublich

wichtig für mich war. Ohne Ausnahme waren sie alle taktvoll, selbstlos, fürsorglich und großzügig.

Einmal, kurz nach Pauls Tod, fragte mich eine Frau in einem Kursus für Kreatives Schreiben an der Universität von Los Angeles, den ich besuchte, ob ich seine männliche Energie nicht vermisse. Ich erzählte der Gruppe, dass ich noch gar keine Gelegenheit gehabt hatte, sie zu vermissen. In der letzten Woche hatte ich mit fünf verschiedenen Männern gegessen – viermal zu Mittag und einmal Kaffee und Kuchen. Ich erzählte den Frauen, wie dankbar ich war, so gute Freunde zu haben – Männer, denen ich vertrauen und deren Gesellschaft ich genießen konnte, ohne dass dabei sexuelle Untertöne im Spiel waren. Ich sagte ihnen, dass mir das in den schwierigen Zeiten seit Pauls Tod sehr geholfen hatte.

Ich war verblüfft, wie stark sie daraufhin reagierten und wie sehr sie über das, was sie meine Naivität nannten, spotteten. »Du spürst vielleicht keine sexuelle Energie, aber du kannst darauf wetten, dass sie nur deshalb bei dir auftauchen!«, versicherten sie mir. »Nur darum sind sie doch mit dir zusammen!«

»Moment mal!«, erwiderte ich. »Ich kenne den Unterschied zwischen einem Verehrer und einem Freund. Dies sind Freunde, gute Freunde. Sie waren einfach toll zu mir und ihr Interesse ist sicher nicht sexuell!«

Eine Frau lächelte mich mitleidig an. »Einen Mann ohne sexuelles Interesse gibt es nicht! Du wirst schon sehen. Irgendwann fangen sie an zu baggern!« Die anderen stimmten ihr zu.

Ihre Hartnäckigkeit ging mir auf die Nerven. Nichts, was ich sagte, konnte ihre Meinung auch nur im Geringsten erschüttern. Aber ich war mir sicher, dass sie mich und meine Freunde vollkommen falsch einschätzten. Im Verlauf der folgenden Klassen entwickelte ich eine Theorie, die erklärte, warum diese Frauen so fühlten. Als ich den Geschichten zuhör-

te, die sie in dem Kursus (der nur für Frauen war) vorlasen, wurde mir klar, dass die meisten von ihnen bisher nur unbefriedigende Beziehungen zu Männern gehabt hatten. Ich bekam das Gefühl, dass sie Männer eigentlich gar nicht mochten, dass sie ihnen überhaupt keine Chance gaben, dass sie voreilig, hart und herablassend über Männer urteilten. Da war es doch eigentlich klar, dass sich die Männer in ihrem Leben unbewusst so verhielten, wie es von ihnen erwartet wurde. Wahrscheinlich interessierten sich diese Frauen überhaupt nicht für Männer, die nicht in ihr düsteres Bild passten. Es war, als trügen sie ein Schild, auf dem stand: »Liebevolle, fürsorgliche, aufrichtige Männer sind nicht erwünscht! Bitte bewerben Sie sich anderswo!«

Je mehr ich darüber nachdachte, desto mehr erkannte ich, dass sich meine Grundüberzeugung von der ihren unterschied. Ich hatte immer irgendwie daran geglaubt, dass ich nur Männer anziehen würde, die gütig und vertrauenswürdig sein würden und die gut für mich wären. Aber woher kam dieser Glaube? Schließlich war mein Vater ja der Schrecken in Person gewesen. Aber mein Bruder Gene hatte mich als Teenager immer nach Kräften unterstützt und mich respektvoll und mitfühlend behandelt. Vielleicht hatte ich es ihm zu verdanken, dass ich Männer als Freunde schätzen konnte. Natürlich hatte ich auch Jungen und später Männer getroffen, die sich nur körperlich zu mir hingezogen fühlten und ganz direkt und ohne großes Theater auf ihr Ziel zusteuerten. Aber ihre Absichten waren immer klar gewesen. Ich wusste, dass ihre Aufmerksamkeit nur vorübergehend sein würde, dass ich eigentlich etwas ganz anderes wollte.

Während ich weiter über die Unterschiede zu meinen Klassenkameradinnen nachdachte, erkannte ich staunend, dass uns das Universum immer das zu geben scheint, was wir erwarten. Schon als ich mit 21 Jahren Paul kennen lernte, wusste ich im tiefsten Innern, dass ich nicht weniger verdient hatte, als

aus reinem Herzen, leidenschaftlich und auf ewig geliebt zu werden. Mir war klar, dass ich mich nicht mit weniger zufrieden geben würde, als meinem Partner absolut und ausschließlich treu zu sein – und dasselbe erwartete ich von ihm. Das lag vielleicht daran, dass mein Vater ein so schwieriger Mann gewesen war. Da ich wusste, was ich *nicht* wollte, konnte ich formulieren, was ich wollte. Ich hatte keine Ahnung, wer mein Traummann sein würde, aber ich hatte immer gewusst, was ich von ihm erwartete.

Schon als 21-jährige hatte ich daran geglaubt, dass dieser Mann meine Ergänzung und Vervollständigung sein und dass unser Zusammentreffen unvermeidlich stattfinden würde. Ich war davon ausgegangen, dass wir uns für dieselben Dinge interessieren und gemeinsam wachsen würden – und genauso kam es auch.

September 1984

Paul und ich wussten es noch nicht, aber irgendetwas fing bereits an sich zu verändern. Und wir brauchten dringend eine Veränderung. Wir kamen uns vor, als wären wir im »grünen Raum« (so nennt man beim Fernsehen das Zimmer, in dem man darauf wartet, dass der Produzent einen auf die Bühne holt) des Lebens gelandet. Unsere Begeisterung für unsere Kochkarriere war verflogen. Als Fernsehköche kamen wir uns vor wie die Clowns im Zirkus. Wir steckten in der Krise und hatten das Gefühl, dass wir uns hinter Masken verbargen, die langsam an unseren Gesichtern festwuchsen.

Wir hatten uns lange Zeit entweder auf unsere Beziehung oder unser finanzielles Überleben konzentriert. Aber nun, da wir als Autoren, Fernsehmoderatoren und Messestars erfolgreich gewesen waren, hatten wir es mit einer größeren Welt zu tun bekommen. Unser Bewusstsein erweiterte sich und wir

dachten über komplexere Themen nach. Wir bekamen das Gefühl, dass wir uns in irgendeinem Projekt engagieren sollten, das wertvoller war als das, an dem wir zur Zeit arbeiteten, und das in irgendeiner Weise dazu beitragen würde, die Gesellschaft liebevoller und fürsorglicher zu machen. In dieser Zeit begann ich mich mit dem Thema des persönlichen Wachstums und des menschlichen Potentials zu beschäftigen. Ich las viele Bücher dazu, über die ich dann mit Paul diskutierte, der ebenfalls diese vielen positiven, inspirierenden Ideen kennen lernen wollte.

Gleichzeitig vertiefte sich meine Freundschaft zu Candace. Sie hatte eine geradezu kindliche Neugierde und ich liebte es, mit ihr zusammen zu sein. Sie glaubte daran, dass alles möglich ist. Sie gründete eine Meditationsgruppe, die sich montagabends bei ihr zu Hause traf und in der auch über persönliches Wachstum diskutiert wurde. Paul ging ebenso gerne wie ich dorthin. Dort lernten wir einen wunderbar verrückten Mann namens Tom Sewell kennen, einen Fotojournalisten, dem viele Kunststudios im kalifornischen Venice Beach gehörten. Venice war eine quirlige Gemeinde, die ihrer italienischen Namensgeberin Venedig nachgebaut worden war und sogar Kanäle hatte. Selbst Jahre nachdem Venice seinen ursprünglichen Charme verloren hatte, besaß es noch eine bezaubernde Individualität, die es von anderen Orten an der Küste unterschied.

Tom erzählte begeistert von seiner Teilnahme an einem Motivierungsseminar namens *Impact*, das sich sechsmal die Woche morgens von sechs bis acht Uhr in Hollywood traf. Paul und ich waren fasziniert, dass ein Seminar Menschen dazu bringen konnte, beinahe jeden Tag noch vor Sonnenaufgang aufzustehen. Tom drängte uns, ihn zu einem der Treffen zu begleiten, und da er versprach, uns abzuholen, stimmten wir zu.

Ich erfuhr, dass *Impact* ein Ableger von *Erhard Seminars*

Training war – besser bekannt als EST – und von einer Frau namens Tracy Goss gegründet worden war, die später »Schaffen Sie Ihre Zukunft neu« schreiben sollte. Sie brachte ihre Vision eines radikal transformativen »Möglichkeitsdenkens« in die Unterhaltungsindustrie ein. Ihre Ziele mögen zwar manchmal übertrieben geklungen haben, aber dass die Methode effektiv war, wurde eindrücklich durch die vielen Teilnehmer bewiesen. Dort sollten wir auch Tim Piering, Jack Canfield und Mary Charles kennen lernen, die später meine beste Freundin werden würde.

Die Mitgliedschaft wurde davon abhängig gemacht, ob man bereit war, drei Wochen lang an jedem Werktag und am Anfang und Ende des Programms zusätzlich jeweils an einem Wochenendseminar teilzunehmen. Es wurde also ein ziemlich ernsthaftes Engagement verlangt. Das hielt aber Hunderte der ehrgeizigsten Leute aus der Unterhaltungsindustrie nicht davon ab, drei Wochen lang pünktlich um sechs Uhr morgens zu erscheinen.

Bei *Impact* lernten wir einige der wichtigsten Lektionen unseres Lebens.

Die erste: *Übernimm Verantwortung und halte immer, was du versprichst.*

Die zweite: *Das Einzige, was dein Leben wirklich verändern wird, sind deine Handlungen. All deine Überlegungen, Ausreden, Gründe, warum etwas nicht funktionieren kann, Widerstände und Vermeidungsstrategien zählen nicht, weil sie nichts bewirken.*

Und die dritte: *Jeder von uns ist in der Lage, viel mehr zu erreichen, als er je zu träumen gewagt hat.*

Wir hatten das Gefühl, Aladins Wunderlampe gefunden zu haben, die uns alle unsere Wünsche erfüllen würde. Natürlich steckte der Geist nicht in der Flasche, sondern in uns selbst, eben in dem Teil, den wir normalerweise nicht aktivieren.

Wir lernten diese Dinge durch tatsächliche Erfahrung,

nicht durch theoretische Abhandlungen. So wurde uns zum Beispiel während des Einführungswochenendes aufgetragen, uns ein überprüfbares Ziel auszudenken, das unserer eigenen Einschätzung nach nur zu erreichen war, indem wir beträchtlich über unsere bisherigen Grenzen hinausgingen.

Paul und ich entschieden, dass unser Ziel, ganz gleich worin es bestehen würde, uns Geld einbringen müsse. Da unsere Kochkarriere den Bach hinunterging, fingen wir an, uns wegen der unbezahlten Rechnungen Sorgen zu machen. Wir legten als unser Ziel fest, einen Vertrag über 100 000 Dollar als Sprecher für eine Küchengerätefirma abzuschließen. Wir wollten ein Video produzieren, in dem wir ihre Produkte verwenden würden und das die Firma in ihren Filialen zeigen konnte. Paul und ich bekamen verschiedene Partner, denen wir täglich über unsere selbst gestellten Ziele und Fortschritte Rechenschaft ablegen mussten.

Unser Energieniveau – durch die Gruppenenergie verstärkt – wurde so hoch, dass wir kaum noch schlafen konnten. Zuerst stellten wir unser Projekt einer großen Firma vor, die wir schon von unserer Arbeit bei *Robinsons* her kannten. Wir arrangierten einen Termin mit ihren Verkaufsleitern und wurden begeistert empfangen. Da die notwendige Zustimmung und der tatsächliche Auftrag noch auf sich warten lassen würden, entschieden die Leiter von *Impact*, dass wir unser Ziel erreicht hatten und dass wir uns ein neues setzen sollten, das wir in den verbleibenden zwei Wochen umsetzen konnten.

Zum nächsten Ziel erklärten Paul und ich ein Projekt, an dem wir bereits beteiligt waren. Wir arbeiteten nämlich an der Werbekampagne eines großen New Yorker Kaufhauses mit, die »Der Geist von L. A.« hieß. Man hatte uns engagiert, um die kalifornische Küche in New York vorzustellen. Dazu gehörte auch, dass wir sechs der besten Küchenchefs aus Los Angeles nach New York bringen sollten. Der Vertrag verpflichtete uns, auch ein Begleitbuch dazu zu schreiben, das

halb Kochbuch und halb Restaurantführer sein sollte. Es sollte »Die Küche von L. A.« heißen, bei Jeremy Tarcher erscheinen und vom selben Team gestaltet werden, das 1984 auch das Logo für die Olympiade in Los Angeles entworfen hatte. Als nächstes Ziel beschlossen wir also, den ersten Entwurf des Buches in den uns noch verbleibenden zwei Wochen fertig zu stellen. Kaum hatten wir unseren Entschluss gefasst, merkten wir, dass wir die Rezepte bereits hatten, weil wir einige von ihnen als zu exotisch und zu kalifornisch eingestuft hatten, als dass sie in unsere anderen Bücher gepasst hätten. Der Rest war einfach. Es faszinierte uns, dermaßen schnell ein Projekt fertig zu stellen, für das wir ohne unsere neu erlernten Fähigkeiten wahrscheinlich Monate gebraucht hätten.

Jedes Mal, wenn bei *Impact* jemand ein Ziel erreicht hatte, wurde der Erfolg vor der ganzen Gruppe verkündet und mit einem Beifallssturm gefeiert. Häufig sagte dann einer der Leiter zu der betreffenden Person: »Schau dir bloß an, was geschehen ist. Und warum? Nur weil *du* es so wolltest!«

Nur weil du es so wolltest! Da verstand ich endlich etwas, das ich zwar schon lange in mir getragen, mir aber nie wirklich bewusst gemacht hatte. Ich hatte es ja schon in Mexiko erlebt, als ich den Großen Geist ultimativ aufgefordert hatte, mir zu zeigen, was ich mit meinem Leben anfangen sollte. Es geschah wieder, als ich die Geduld verloren hatte und nicht noch länger auf unsere eigene Fernsehsendung warten wollte. Damals hatte ich schreiend gefordert: »Ich will, dass jetzt sofort etwas geschieht!« Und nun hatte ich es bei *Impact* wieder erlebt.

Diese Augenblicke kommen scheinbar immer wie aus heiterem Himmel. Ich hing eine Weile passiv herum, merkte zwar, dass nichts so lief, wie ich es wollte, tat aber auch nichts, um die Situation zu ändern. Ich probierte möglicherweise sogar alles Mögliche aus oder flehte den Allmächtigen mit schwachen, unterwürfigen Gebeten wie »Bitte hilf mir dabei« oder

»Ich hätte gerne deine Hilfe« an. Aber erst wenn aus mir eine große Frustration herausbricht, erst wenn ich die Schnauze gestrichen voll habe, dann verändert sich tatsächlich etwas. Dann hört sich ein Gebet eher so an: »Also los, Gott. Nun mach mal. Und zwar jetzt sofort!«

Ich hatte gelernt, dass diese spirituelle Alchimie das Herzstück eines jeden schöpferischen Prozesses ist. Ich kann im Nachhinein sehen, dass unsere Trainer bei *Impact* uns gekonnt in einen Zustand der Frustration hineinmanövrierten und uns dann dabei halfen, diesen zu transformieren. Statt zuzulassen, dass wir uns nur schwammige Ziele setzten, wie »Ich glaube, ich wäre gerne Schriftsteller, Schauspieler, Rockstar, Kunstturner, Vorstandsvorsitzender, Weltreisender etc.«, halfen sie uns ganz gezielt unsere Unentschlossenheit, Frustration oder Blockierungen in messbare Ziele umzuwandeln, in Ziele, die den Erfolg widerspiegelten, den wir uns wünschten. Dieses messbare Ziel forderte uns heraus, weil es uns täglich sichtbar vor Augen stand. Und wir hatten uns einen festen Termin gesetzt. Wir mussten es tun und zwar innerhalb einer bestimmten Zeitspanne. Wir hatten keinen akzeptablen Ausweg. Da unsere Partner uns jeden Tag auf die Finger sahen (und wir ihnen auf ihre), fanden wir gemeinsam heraus, dass angesichts eines solchen Engagements alle Barrieren wegfielen, die dem, was wir erreichen wollten, im Weg standen.

Im Verlauf dieses Prozesses sahen Paul und ich uns auch mit etwas Neuem konfrontiert, das sich aus unserer Zusammenarbeit ergab. Je mehr unsere Beziehung reifte, desto mehr war ich – aus Gründen, die uns seit unserer bahnbrechenden Unterhaltung in Lake Arrowhead bekannt waren – zum aktiven Partner geworden. Nun entstanden dadurch Probleme. Obwohl wir beide durch die Intensität und die Gegenwartsbezogenheit von *Impact* stimuliert wurden, fand Paul, dass ich mich wie sein Chef aufführte. Er meinte: »Du sagst immer

etwas in der Richtung ›Ich habe da eine tolle Idee. Lass uns das und das machen‹ und erwartest einfach, dass ich automatisch mitmache. Mir bleibt kein Raum, um meine eigenen Ideen einzubringen.«

»Aber du kannst doch immer deine Ideen einbringen«, protestierte ich. »Ich habe nie gedacht, dass sie nicht wichtig wären.«

»Darum geht es gar nicht«, entgegnete er. »Ich weiß, dass meine Ideen gut sind. Aber häufig stürmst du so schnell voran, dass du schon etwas in Gang gesetzt hast, bevor ich überhaupt etwas dazu beitragen konnte. Wenn wir ein Team sein wollen, dann müssen wir uns darauf einigen, dass wir etwas zusammen machen. Dann geht es nicht, dass du alles alleine machst. Sonst laufe ich dir immer nur hinterher und rufe dir nach, auf mich zu warten.«

Ich fing an zu begreifen, worauf er hinauswollte. Ich merkte, dass ich geglaubt hatte, dass ich als Vordenkerin auch Anspruch auf alle Macht und Autorität in der Beziehung hatte.

»Das tut mir Leid, Paul«, sagte ich. »Wie sollen wir deiner Meinung nach damit umgehen?«

»Das weiß ich auch nicht. Aber es muss eine Möglichkeit geben, dass wir beide unser Bestes geben können und gleichzeitig eine funktionierende Partnerschaft haben.«

»So hatten wir es uns eigentlich in Arrowhead vorgestellt, oder?«

Er sah mich lange an, dann sagte er schließlich: »Ich glaube, es ist eigentlich ganz einfach. Wären wir zwei Kinder mit einem Spielzeugauto, müssten wir uns entscheiden, ob wir es uns teilen und gemeinsam darin fahren wollen oder ob nur einer von uns einsteigt und dem anderen davonfährt.«

»Paul, ich möchte nicht alleine fahren. Das habe ich nie gewollt. Das weißt du doch.«

»Und ich will es auch nicht, Kätzchen. Also wie wäre es damit? Wenn einer von uns eine Idee hat, sagt er zum Beispiel:

›Wie wäre es, wenn wir das und das machen würden?‹ So können wir den anderen immer einbeziehen.«

Es war eine hervorragende Lösung, die wir sofort in die Praxis umsetzten. Die »Wie wäre es, wenn …«-Methode würde in den folgenden Wochen noch sehr wichtig für uns werden.

Wir stellten den ersten Entwurf des Buches fertig, das »Die Küche von L. A.« heißen sollte, und benachrichtigten *Impact*, dass wir einen Tag vor Ablauf der drei Wochen auch unser zweites Ziel erreicht hatten.

»Und was wollt ihr mit dem verbleibenden Tag anfangen?«, fragte der Gruppenleiter.

Paul und ich sahen uns entgeistert an. Wir waren völlig erschöpft und wussten, dass wir besser den Mund gehalten hätten. Ich flüsterte: »O je, jetzt haben wir aber echt ein Problem.« Paul sah mich mit gespielter Bosheit an und zitierte mit nachgemachtem Akzent Alexis Sorbas: »Probleme? Das ganze Leben ist ein Problem!«

»Ihr könnt euch noch ein drittes Ziel setzen«, sagte der Leiter, dem nichts entgangen war. »Genau darum geht es doch. Es geht nicht darum zu fragen: ›Was ist das Minimum, das wir erreichen können?‹, sondern um das Maximum. Ihr habt noch einen Tag, also setzt euch ein Ziel, das ihr in dieser Zeit erreichen könnt.«

Was ist möglich? Nach einigen Augenblicken sagte Paul begeistert: »Also, wir machen Folgendes …« Dann hielt er inne. »Also ich meine, wie wäre es, wenn wir Folgendes tun würden? Wir suchen doch für meine Mutter ein Altersheim in Los Angeles, richtig?«

Ich nickte. Wir wussten, dass seine seit kurzem verwitwete Mutter sich an der Ostküste nicht mehr wohl fühlte. Paul hatte sich schon einen Monat lang halbherzig umgesehen, aber keines der Heime, die er sich angeschaut hatte, hatte ihm gefallen.

Er fuhr fort: »Wie wäre es, wenn wir morgen einen Platz für sie finden würden?«

Das war es! Ich hing mich sofort ans Telefon und rief ein Altersheim an, das uns von einem Freund empfohlen worden war. Wir sahen es uns noch am selben Nachmittag an, gaben Pauls Mutter die Einzelheiten telefonisch durch und unterzeichneten in ihrem Namen. Die monatlichen Kosten würden wir tragen, weil wir wussten, dass wir dazu in der Lage wären. Nach allem, was wir in den letzten drei Wochen erreicht hatten, waren wir uns sicher, dass wir alles erreichen konnten! Wir beschlossen aber, den Tyrannen bei *Impact* nicht zu erzählen, dass wir die Aufgabe so schnell gelöst hatten, weil wir die letzten Stunden einfach einmal für uns haben wollten.

Gleich bei unserem ersten Treffen bei *Impact* fühlte ich mich zu einer blonden Frau hingezogen, der Produzentin der beliebten Fernsehshow *P. M. Magazine*. Ich war so von ihrer lebhaften Art angetan, dass ich Paul zuflüsterte: »Hol uns diese Frau. Wäre es nicht toll, wenn sie in unserer Gruppe wäre?« Paul arbeitete sich zu ihr durch, nahm sie am Arm und sagte lächelnd: »Meine Frau will Sie. Kommen Sie mit.« Und das tat sie auch. Wie hätte sie diesem charmanten Mann, mit dem ich verheiratet war, auch widerstehen sollen? Wie wir erfuhren, hieß sie Mary Charles. Und so begegnete ich der Frau, die meine beste Freundin werden sollte.

Nachdem das dreiwöchige Seminar vorbei war, schrieben wir uns für ein neunmonatiges Programm ein, während dem wir uns dreimal pro Woche und in jedem Monat zusätzlich an einem Wochenende treffen würden. Es war sehr teuer und forderte natürlich ein großes zeitliches Engagement, aber wir wollten weiterhin neue Dinge lernen und das Training war für uns unersetzlich geworden. Wir sahen die Seminargebühr als Investition in unsere Zukunft an.

In den Sitzungen, in denen wir unserer Fantasie einfach freien Lauf ließen, entdeckten wir neue Möglichkeiten, Geld zu verdienen. Pauline Kelbly, eine Freundin, mit der wir bereits früher einmal zusammengearbeitet hatten, engagierte uns, ein Rezeptbuch für eine Firma zu schreiben, die Plastikbehälter herstellte, und dafür 20 Farbfotos unserer Gerichte aufzunehmen, auf denen die Produkte der Firma zu sehen sein sollten, ohne dass der Markenname tatsächlich erwähnt wurde. Paul und ich planten das Buch, das wir »Ein Grund zum Feiern« nannten, mit unserer neuen »Wie wäre es, wenn …«-Methode. Wir entschieden alles gemeinsam, machten uns dann getrennt an unsere Aufgaben und hatten am Ende beide das befriedigende Gefühl, gleichermaßen am Projekt beteiligt gewesen zu sein. Paul sorgte für die Dekorationen für die Fotos, während ich die Pläne für die New Yorker Werbetour ausarbeitete.

Obwohl unsere Kochkarriere neuen Schwung gewonnen hatte, verspürten wir wieder, dass uns etwas anderes rief – etwas Bedeutungsvolleres. Wir wollten eine Karriere, über die wir bestimmten und in der wir nicht davon abhängig waren, dass uns jemand anrief und uns Aufträge gab. Und am wichtigsten war, dass wir etwas tun wollten, das einen wirklichen Wert hatte. Wir hatten im vorangegangenen Jahr bei *Impact* gelernt, dass Menschen Wunder vollbringen können, wenn man sie dabei unterstützt und ihnen Verantwortung gibt.

Eines Nachmittags sagte ich zu Paul: »Ich mache mir nichts daraus, ein kochender Superstar zu sein. Mir ist es viel wichtiger, Menschen zusammenzubringen, die einander zuhören und einander dabei unterstützen, ihre Träume zu verwirklichen.«

»Und was hat das mit uns zu tun? Das ist doch nicht unsere Branche.«

»Das wäre jetzt die perfekte Gelegenheit für eine ›Wie wäre es, wenn …‹-Frage«, antwortete ich. »Wie wäre es, wenn

wir in jener Branche wären? Wie wäre es, wenn wir mit dem Kochen aufhören würden? Was wäre dann?«

Eine wirklich gute Frage.

Bei einem der letzten Treffen arbeiteten wir mit der Leiterin Tracy Goss zusammen in einer Gruppe. Sie hatte uns erzählt, dass es sinnvoll sei, einen imaginären Beobachtungspunkt zehn Jahre in der Zukunft einzunehmen, von dem aus wir die einzelnen Schritte sehen könnten, die nötig waren, um dorthin zu gelangen. Plötzlich drehte sie sich zu mir um und forderte mich auf: »Diana, stell es dir jetzt vor! Du bist da! Was siehst du?«

Es war, als hätte sich ein Fenster geöffnet und wäre sofort wieder zugeschlagen worden. Ich hatte wieder eine dieser intuitiven Eingebungen. Ich rang nach Worten, um zu beschreiben, was ich gesehen hatte. »Ich weiß nicht, was es war. Ich sah einen großen Raum voller Menschen. Irgendeine Organisation, die mit der Verwirklichung menschlichen Potentials zu tun hat. Ich sah Menschen aus verschiedenen Kulturen und unterschiedlicher Religionen. Ich sah, dass diese Vielfalt von allen geschätzt wurde. Alle waren begeistert und dankbar, dass wir die Organisation gegründet haben.«

Mehr konnte ich nicht sehen. Aber die Vision hinterließ bei mir ein unstillbares Verlangen bald zu erfahren, was unsere nächste Aufgabe sein könnte.

Kapitel 11

Zehn Wochen seit Pauls Tod. Ich möchte nur noch schlafen – wirklich tief schlafen, ohne dass ich schon vor Sonnenaufgang vom Wecker gestört werde.

In dieser Zeit, in der ich so viele Veränderungen erlebte, musste ich mehr als sonst schlafen und mich überhaupt ständig ausruhen. Wie ein Tier in seine Höhle, so hätte auch ich mich gerne zum Winterschlaf zurückgezogen. Die Tage vergingen nur langsam und ich wollte nur eines: dass der Schmerz endlich aufhörte und die Leere endete.

Meine Essgewohnheiten veränderten sich auf dramatische Weise, denn bisher hatten wir übers Essen immer gemeinsam entschieden. Unsere Gespräche in Restaurants bestanden meistens aus: »Was nimmst du?« oder »Lass uns den Kellner fragen, was er empfiehlt« oder »Wollen wir uns zwei Gerichte bestellen und sie teilen?« So war es jahrelang gewesen. Jetzt musste ich für mich selbst entscheiden. Ich »graste« – knabberte ein wenig an diesem, dann ein bisschen an jenem. Ich nahm mehrere Pfund ab.

Äußerlich wirkte ich gefasst, aber immer dann, wenn ich

überhaupt nicht damit rechnete, stiegen beängstigende Fragen in mir auf. *Konnten Lexi und ich ohne Pauls Hilfe von* Inside Edge *leben? Würde ich mich je wieder jemandem nahe fühlen können? Würde ich mich je wieder geliebt fühlen?* Am schrecklichsten war nach wie vor die Trauer. Ich hatte furchtbare Angst, dass ich in eine absolute Finsternis hineingesaugt werden würde – in einen emotionalen Strudel, aus dem es kein Entkommen mehr geben würde –, wenn ich meine Trauer wirklich zuließ. Ich wusste, dass ich etwas unternehmen musste. Und ich hatte auch schon eine Idee, womit ich anfangen würde.

Ich machte einen Termin bei unserem Freund Tim Piering, mit dem ich dienstags ins Fitnessstudio ging. Er hatte gesagt, er wolle einige neue Techniken an mir ausprobieren, die er erst vor kurzem entwickelt hatte, um innere Wunden zu heilen.

Als ich in seiner Praxis angekommen war, fragte Tim mich zuerst, wie es mir ging. Als ich ihm sagte, dass es mir meistens ganz gut ging, dass mich die Trauer aber manchmal völlig paralysierte, fragte er, ob Paul wohl gewollt hätte, dass ich dermaßen um ihn trauerte.

Ich dachte einen Moment nach, bevor ich antwortete. »Nein. Ich glaube nicht, dass er das gewollt hätte«, sagte ich schließlich. »Ich glaube sogar, dass er ausgesprochen dagegen wäre.«

Tim erwiderte: »Ich glaube, wir können zumindest einen Teil der Trauer, die du fühlst, verarbeiten und sie so verringern. Hast du Lust, es zu versuchen?«

Vorsichtig sagte ich: »Ja.« Aber ich hatte auch das Gefühl, dass ich meine Trauer aus Loyalität Paul gegenüber festhalten sollte, obwohl mir klar war, dass ihm das überhaupt nicht Recht sein würde. »Ja!«, wiederholte ich. Und noch einmal bestimmter: »Ja!«

Tim erklärte mir, dass Trauern ein ganz natürlicher Vorgang ist, der nicht unterdrückt werden sollte, der aber erheb-

lich beschleunigt werden kann. Er bat mich, die Augen zu schließen, meine Trauer zu spüren und mich völlig von ihr überwältigen zu lassen. Erst liefen mir nur vereinzelte Tränen aus den Augen, dann wurden sie zu einer wahren Sturzflut. Mein Körper bebte und schüttelte sich, während ich noch einmal den Schmerz durchlebte, dass ich meinen Mann verloren hatte. Dann bat mich Tim mir vorzustellen, dass ich einen Monat in der Zukunft wäre, und dann wieder meine Trauer zu spüren. Anschließend sollte ich mich erst drei Monate, dann sechs Monate und schließlich ein Jahr in die Zukunft begeben. Er suggerierte mir, dass ich meine zukünftige Trauer jetzt sofort erleben könne, indem ich die Trauer der Zukunft wie an einer Leine in die Gegenwart ziehen würde. Als ich danach sogar zwei Jahre in die Zukunft gehen sollte, stellte ich überrascht fest, dass die Trauer bereits stark abgenommen hatte – so wie sie es in der Realität wohl auch getan hätte. Ich weinte und jammerte eine halbe Stunde lang, dann war es vorbei.

Um die Sitzung abzuschließen, bat mich Tim, mit den Fingerspitzen um die Augen herum zu klopfen und diese dabei auf- und zuzumachen. Während des Klopfens sollte ich mich weiterhin auf meine Trauer konzentrieren. Dank dieser Technik ließen die Gefühle noch mehr nach.

Ich war verblüfft, dass ich mich nach nur einer Stunde fühlte, als ob mir eine schwere Last von den Schultern genommen worden war. Aber ich zweifelte, ob dies von Dauer sein würde.

»Das war nur *eine* der Methoden, die dir helfen können. Es gibt noch andere«, sagte Tim. Er ging mit mir zu seinem Kleinlaster und nahm mich auf einer steilen, gewundenen Straße mit in die Berge, wobei wir entlang tiefer Schluchten, hoher Felsvorsprünge und gefährlicher Abhänge fuhren. Schließlich hielt er an, stieg aus und nahm Seile und anderes Kletterzubehör von der Ladefläche.

Wir gingen zu einer Brücke, die in ca. 30 Meter Höhe über

einen ausgetrockneten Flusslauf führte. Ich sah Tim zu, wie er die Seile und Rollen erst an der Brücke befestigte und dann an sich selbst. Dann kletterte er ganz entspannt übers Geländer, ließ sich ins Leere fallen und seilte sich ganz gemächlich ab.

Ich lehnte mich vorsichtig über das Geländer und sah zu ihm hinunter.

Er rief mir zu: »Willst du auch mal?«

Der bloße Gedanke versetzte mich in Angst und Schrekken. »Bist du verrückt?«, schrie ich. »Nie im Leben!«

Tim stieg mit dem Seil auf dem Rücken den Abhang hinauf, kletterte dann wieder übers Geländer und zeigte mir, wie man sich abseilt. Er wies darauf hin, dass ich für den Notfall an einer Sicherungsleine hängen würde. Nachdem er unten angekommen war, erklomm er zum zweiten Mal den felsigen Abhang.

Ich musste zugeben, dass es ganz ungefährlich aussah, aber wenn ich daran dachte, es ihm nachzumachen, wurde mir schlecht.

»Irgendwann werde ich es vielleicht auch mal versuchen.«

Da mein Panzer aus Angst einen kleinen Riss zeigte, verschwendete Tim keine Zeit. »Weißt du«, sagte er grinsend, »irgendwann ist komischerweise immer unterwegs und kommt nie an. Ich liebe, was Helen Keller gesagt hat: ›Gefahren zu vermeiden ist langfristig nicht ungefährlicher, als sich ihnen auszusetzen. Das Leben ist entweder ein Abenteuer oder gar nichts.‹«

Er legte mir die Ausrüstung an und zeigte mir, wie man das Seil ganz langsam durch einen Ring führt und wie ich – wenn ich es wollte – während des Abseilens jederzeit anhalten könnte. Dann hakte er die Sicherungsleine ein.

»So, jetzt musst du übers Geländer klettern.«

Da ich nicht wollte, dass es so aussah, als hätte ich überhaupt keinen Mut, lehnte ich mich gegen das Geländer. Und

dann machte ich den Fehler hinunterzusehen. Uralte, in Millionen von Jahren erworbene Überlebensinstinkte, verwandelten meine Knie in Pudding. Angstschübe durchzuckten mich.

»Ich kann das nicht, Tim.«

»Das ist genau, was dir dein Körper einreden will. Aber du kannst die Angst überwinden. Dein Körper weiß noch nicht, dass es völlig ungefährlich ist. Aber dein Verstand weiß es, weil er mich beobachtet hat. Nur dein Körper weiß es nicht.«

Er wartete und sah mich gelassen an. Er forderte mich auf sanfte Art heraus. Ich konnte es tun oder auch nicht. Es blieb mir überlassen.

»Sieh es doch einmal als Metapher an, Diana. Bist du wirklich bereit, deine Träume zu verwirklichen?«

Das gab den Ausschlag. Ich hatte niemals mehr Angst gehabt. Mir zitterten schon die Knie, wenn ich nur an die andere Seite des Geländers dachte. Jahrelang hatte ich einen wiederkehrenden Albtraum, in dem ich auf einem Fensterbrett hockte und ins Leere sah. Aber als Kind hatte ich auch mit dem Schrecken gespielt. »Buh!« war ein tolles, aufregendes Spiel, an dessen Ende ich immer glücklich gewesen war. Mir wurde klar, dass auch dies ein Spiel war und dass die einzige Möglichkeit, es zu beenden, darin bestand, es einfach zu spielen.

Langsam – sehr langsam – hob ich ein Bein über das Geländer.

»O mein Gott, ich habe solche Angst!«

»Ich weiß«, antwortete Tim ruhig.

Er hielt meine Hände fest, als ich mit dem anderen Bein hinüberstieg und mich dabei so weit wie möglich in seine Richtung lehnte.

»Vielleicht sollten wir das Ganze besser vergessen«, protestierte ich noch, obwohl ich schon bereit war, es zu tun.

»Die Entscheidung liegt ganz bei dir, Diana. Du musst das nicht tun.«

Würde ich auf dieses Erlebnis zurückblicken und mich nur

daran erinnern, dass ich weggelaufen war? Dass wir den ganzen Weg gefahren waren, nur damit ich mir beweisen konnte, dass ich ein Angsthase war? Wo war mein *Impact*-Training, wenn ich es brauchte?

»Also gut. Und jetzt?«

»Lass eine Hand los. Halte das Seil stramm, damit du dich erst dann bewegst, wenn du dazu bereit bist.«

Ich wimmerte vor Angst. Aber schließlich tat ich, was Tim gesagt hatte. Das war der kritische Punkt: Erst eine Hand loszulassen und dann die andere. Und plötzlich schwang ich in kleinen Kreisen frei über der Schlucht. Ich hing in der Luft!

Mein Gott! Es verschlug mir den Atem, aber meine Angst war wie weggeblasen. Sie hatte sich in Aufregung verwandelt. Ich war aufgeregt und begeistert, nicht länger verängstigt.

Tims beruhigende Stimme drang zu mir hinunter. »Seil dich jetzt ganz langsam ab. Zentimeter um Zentimeter. Stück für Stück.«

Ich tat es. Ich brauchte lange, bis ich unten angekommen war, weil ich die Aussicht und meinen Sieg über die Angst genoss. Als meine Füße den Boden berührten, war mein ganzer Körper wie elektrisiert.

Tim rannte zu mir hinunter.

Meine Augen waren sicher so groß wie Wagenräder. »Ich hab's getan!«, schrie ich. »Ich hab's wirklich getan!«

»Das hast du!«, bestätigte Tim.

Ich hatte es getan! Genau wie ein amerikanischer Marineinfanterist, wie Tim einer gewesen war. Wenn ich *dazu* in der Lage war, dann konnte ich alles vollbringen! Ich war in Hochstimmung und fühlte mich machtvoller als je zuvor.

Dann fuhr Tim mit mir zu einer nahe gelegenen Schießanlage. Nach einer kurzen Einweisung bat er mich, Ohrenschützer anzulegen und mit einer halbautomatischen Pistole mehrmals auf ein 15 Meter entferntes Ziel zu schießen. Wieder tat ich etwas, das ich mir nie hätte träumen lassen. Und

wieder war mein Körper von einem urwüchsigen, elektrisierenden Gefühl erfüllt.

Mir wurde klar, dass Tims Absicht eigentlich ganz einfach war. Die Trauerarbeit war emotional so mächtig, dass sie mich nach innen gezwungen hatte, damit ich mich von meinem Verlust erholen und diese Wunde heilen konnte. Das Abseilen von der Brücke und das Pistolenschießen andererseits hatten eine machtvolle körperliche Wirkung. Sie zwangen mich nach außen und glichen so die Trauer aus. Da war ich nun, nur zwei Monate nach Pauls Tod, und schoss wie wild um mich. Ich hatte das Gefühl, dass mein Leben dabei war, wieder zu beginnen.

April 1985

Ein oder zwei Wochen nachdem Tracy uns aufgefordert hatte, unser Leben von einem Beobachtungspunkt in der Zukunft aus zu betrachten, kam eine Gruppe von Fernsehproduzenten auf uns zu, die wir bei *Impact* kennen gelernt hatten. Sie luden uns ein, Teil eines Dokumentarfilms zu sein, den sie im Mai in der Sowjetunion drehen wollten. Sie wollten amerikanische »Bürgerdiplomaten«, die wegen des Wettrüstens zwischen der Sowjetunion und den Vereinigten Staaten besorgt waren, dabei filmen, wie sie mit Sowjetbürgern darüber diskutierten, wie man den Kalten Krieg beenden könnte. Sie hatten bereits eine ganze Gruppe von bekannten Leuten aus verschiedenen Bereichen versammelt, die sich auf die lange Reise begeben wollten.

Ich wollte sofort mitmachen, und als ich hörte, dass viele der Teilnehmer Berühmtheiten waren, die ich bewunderte, oder Autoren von Büchern, die mich inspiriert hatten, stand mein Entschluss fest. Ich sagte Paul, dass ich das starke Gefühl hatte, dass diese Reise uns irgendwie zu den Verände-

rungen bringen würde, nach denen wir suchten. Paul war zwar skeptisch und nicht halb so begeistert wie ich, aber er unterstützte meine Begeisterung, vielleicht auch weil er sich bewusst war, dass meine Intuition uns schon oft den Weg gewiesen hatte.

Also akzeptierten wir die Einladung. Schon bald darauf nahmen wir an einer Pressekonferenz teil, auf der unter anderem auch die Schauspieler Dennis Weaver, Mike Farrell und Shelley Fabares, die Zukunftsforscherin Barbara Marx Hubbard, die Professorin Patricia Sun, der Autor Alan Cohen, der Philosoph und spirituelle Lehrer Swami Satchidananda, der Arzt Patch Adams (dessen Leben später mit Robin Williams in der Hauptrolle verfilmt wurde) und unser Freund von *Impact*, der Fotojournalist Tom Sewell, anwesend waren.

Später kam ein Reporter vom Sender NBC zu uns nach Hause und fragte uns, warum wir etwas so Radikales – ja Gefährliches – wie diese Reise hinter den Eisernen Vorhang machen wollten. Eine gute Frage. Wir antworteten: »Was würde wohl geschehen, wenn russische und amerikanische Bürger anfingen, miteinander zu reden, sich besser kennen lernen, einander verstehen und ihre Konflikte lösen würden? Die Lage scheint aussichtslos zu sein, aber vielleicht können wir auf diese Weise einen neuen Friedensprozess einleiten.« Der Reporter und selbst manche unserer Freunde sahen uns an, als ob wir verrückt geworden wären. Aber zumindest meine Freundin Mary war von unserem Vorhaben begeistert. Am Abend bevor wir abflogen, rief uns Candace an, um sich zu verabschieden. Ich fing an zu weinen und konnte einfach nicht mehr aufhören.

»Was ist denn los?«, fragte sie leise.

Die Worte kamen tief aus meinem Innern: »Ich weiß, dass Paul und ich uns für immer verändern werden.«

Am Muttertag 1985 versammelten sich 80 Personen, die alle einen langen Flug aus den Vereinigten Staaten hinter sich hatten, in einem finnischen Landhotel eine Stunde von Helsinki entfernt. Bevor wir mit den Zug nach Russland weiterfuhren, würden wir in den nächsten drei Tagen von den Gruppenleitern mit den russischen Umgangsformen vertraut gemacht werden. Eine der Leiterinnen war Rama Vernon, eine schöne Frau mit einer Vision, die die Zeitschrift *Yoga Journal* gegründet hatte und Expertin auf dem Gebiet der Konfliktlösung war. Sie war bereits mehrmals in Russland gewesen. Von ihr ging eine starke mütterliche Energie aus, die uns allen Trost spendete. Sie – selbst ein ungemein einfühlsamer Mensch – lehrte uns, den Menschen, denen wir begegnen würden, wirklich zuzuhören und ihnen zu gestatten, ihre Sorgen und Nöte auszudrücken. »Erst wenn ihr das tut, entsteht Platz für etwas Neues.«

Rama fuhr fort: »Die beste Möglichkeit, sowjetische Bürger kennen zu lernen, besteht darin, eure Dollars in Rubel umzuwechseln, euch absichtlich mit der U-Bahn zu verfahren und dann jemanden um Hilfe zu bitten. Ihr könnt aber auch in die Nachtklubs gehen, in denen getanzt wird, weil in einer solchen Umgebung die Schranken meistens leichter fallen. Wenn ihr Glück habt, lädt euch vielleicht sogar jemand zu sich nach Hause ein.«

Rama erklärte uns, dass die Russen, wie die meisten Menschen auf der Welt, Englisch in der Schule lernen und so zumindest einige Grundkenntnisse besitzen. Es überraschte nicht, dass keiner von uns irgendwelche Kenntnisse der russischen Sprache besaß. Also hatten wir einiges nachzuholen. Rama lehrte uns ein paar einfache Redewendungen. Ich erinnere mich noch an *»mir i družba«*, was so viel wie »Frieden und Brüderlichkeit« heißt, und an *»požaluista«*, eine Mischung aus »bitte« und »danke«. *Požaluista.*

Rama wies uns darauf hin, dass wir vermutlich observiert

werden würden und dass unsere Hotelzimmer höchstwahrscheinlich verwanzt wären. Sie fügte hinzu, dass es den Sowjetbürgern nicht gestattet war, Versammlungen abzuhalten, und dass sie deshalb immer sehr darauf achteten, keine Aufmerksamkeit zu erregen. Wir sollten daher nichts tun, was sie in Schwierigkeiten bringen könnte.

Ich bewahre meine Notizen über die Russlandreise in einem kleinen, schwarzweiß gesprenkelten Büchlein auf, das ich auf der Reise stets bei mir hatte. Als ich es jetzt öffnete, um mir Ramas Worte in Erinnerung zu rufen, fand ich zu meiner Überraschung auf der ersten Seite einen gelben Notizkleber. Einen von der Sorte, die Paul überall im Haus verteilte, in meine Schuhe steckte oder an meinen Bildschirm klebte. Die Botschaft in Pauls Handschrift lautet: *Ich liebe dich*. Er hat den Zettel wahrscheinlich in Russland hineingeklebt, um mich zu trösten, weil er merkte, wie stark mein Heimweh war und wie seltsam uns jeder Augenblick dieser Reise vorkam. Paul taucht immer in den merkwürdigsten Momenten auf.

Bald darauf waren wir Fremde in einer merkwürdigen Gesellschaft ängstlicher, misstrauischer Menschen – in einer geschlossenen Kultur, in einem Polizeistaat. Wie musste es sein, ständig in Angst zu leben? Konnten Paul und ich uns das überhaupt vorstellen?

Für die Russen waren wir Amerikaner Feinde und aufgrund der ständig präsenten Drohung nuklearer Auslöschung sahen sie in uns Vertreter einer Nation, vor der sie Angst hatten. Wir hatten nicht die geringste Ahnung, wie diese Menschen uns aufnehmen würden.

Nachdem wir in Leningrad angekommen waren, nahmen Paul und ich gleich am ersten Nachmittag all unseren Mut zusammen und versuchten die U-Bahn-Nummer.

Aber wie sollten wir eine Unterhaltung anfangen? Da kam

uns eine Idee. Unser Hotelzimmer war voller handgemachter Puppen – genauer gesagt 80 davon –, die Kirchengruppen aus den USA gesammelt und uns mitgegeben hatten. Jedes Mitglied unserer Gruppe hatte eine davon über die Grenze gebracht. Auf unserem ersten Gruppentreffen hatten Paul und ich uns bereit erklärt, uns um die Puppen zu kümmern, weil wir hofften, dass die kleinen fröhlichen Gesichter unser kahles Hotelzimmer etwas aufheitern würden. Also nahmen wir eine blauweiß gekleidete Puppe und gingen zum nächsten U-Bahn-Eingang. Als wir mit der Rolltreppe hinunterfuhren, sahen wir, dass der Bahnhof genau so aussah, wie er uns beschrieben worden war: makellos sauber mit glitzernden Kronleuchtern. Die Menschen waren höflich, aber sehr reserviert.

Im U-Bahn-Wagen saßen die Passagiere auf zwei langen Bänken, die das ganze Abteil durchzogen und durch einen schmalen Mittelgang voneinander getrennt waren. Wir setzten uns. Wir waren bereit, die Rolle von Botschaftern des guten Willens zu spielen.

Die wenigen Menschen, die mit uns auf der Straße gesprochen hatten, hatten dies nur zögerlich getan. Sie fürchteten offensichtlich, mit uns gesehen zu werden. Jetzt vermieden alle direkten Blickkontakt. Mir kamen Zweifel an der Wahl unserer Kleidung. Ich trug einen weißen Regenmantel aus Vinyl, Paul ein dickes Tweedjackett und einen fliederfarbenen Schal. Alle anderen Reisenden im U-Bahn-Abteil waren hingegen in einheitlichen Grau- und Schwarztönen gekleidet. Unsere offensichtlich teurere Kleidung wies uns eindeutig als Ausländer aus. Dies war das erste Mal, dass ich spürte, dass in dieser so völlig anderen Kultur *wir* die Fremden – also die Außenseiter – waren.

Dann stieg ein Paar mit einem kleinen Mädchen zu. Wir lächelten einander freundlich zu, sagten aber nichts. Das Kind starrte fasziniert auf die Puppe.

Paul sagte zu mir: »Das ist unsere Chance. Wie wäre es,

wenn wir an der nächsten Station gehen? Dann könntest du ihr beim Aussteigen die Puppe geben.«

Die U-Bahn wurde langsamer und hielt an. Wir standen auf. Lächelnd hielt ich dem Mädchen die Puppe hin.

»Požaluista«, sagte ich leise. Das Mädchen verkroch sich hinter ihrer Mutter.

Und was nun?, dachte ich und fragte mich, ob meine Naivität nun Probleme schaffen würde, statt den Frieden zu fördern.

Ich sah der Mutter ins Gesicht, hielt ihr die Puppe hin und murmelte noch einmal: »Požaluista.«

Sie und ihr Mann standen auf. Die Frau streckte zaghaft ihre Hand aus, und ich legte die Puppe hinein. Beide sahen uns aus glänzenden, feuchten Augen an. Dann legten sie die Hände aufs Herz und verbeugten sich leicht – in einer universell gültigen Geste des Dankes.

»Požaluista«, flüsterten sie, als wir ausstiegen und sich die Türen hinter uns schlossen.

Dank dieser kleinen Begegnung sahen wir alles, was wir bisher in Russland gesehen und gefühlt hatten, in einem neuen Licht.

Als wir in die U-Bahn eingestiegen waren, hatten wir – ohne dass uns das klar war – Russland immer noch betrachtet, als ob wir es im Fernsehen sehen würden. Die Vorbereitung, der Flug, selbst Ramas Ansprache waren zwar interessant, aber gleichzeitig auch abstrakt und intellektuell gewesen – wie eine Schulaufgabe über ein fernes Land, über das man uns später ausfragen würde.

Aber jetzt hatte sich unsere Erfahrung plötzlich verändert und war real geworden. Wir waren zwei Amerikaner, die mit der vagen Idee hierher gekommen waren, der Welt den Frieden zu bringen. Aber durch eine zufällige Begegnung in einem x-beliebigen U-Bahn-Abteil an einem Ort, der von unserem Alltagsleben so weit entfernt war, dass wir es uns nicht

einmal vorstellen konnten, waren wir plötzlich wie verwandelt. Unvermittelt fühlten wir uns in eine reale Welt voller menschlicher Gefühle versetzt, in der wir auf schöne, aber auch beunruhigende Weise lebendig waren.

Paul und ich gingen still den Bahnsteig entlang. Ich war aufgewühlt und von der seltsamen Begegnung tief berührt, die alles zu verkörpern schien, dessentwegen wir gekommen waren. Einander vollkommen fremde Menschen, denen im Grunde die Fähigkeit fehlte, miteinander zu kommunizieren, und die sich auf entgegengesetzten Seiten eines ungeheuren kulturellen Abgrunds befanden, hatten dennoch mit vollkommener Klarheit miteinander kommuniziert, indem sie die Sprache des Herzens benutzt hatten.

Ich fragte mich, wie diese Leute uns ihrer Familie und ihren Freunden wohl beschreiben würden. Paul schien meine Gedanken gelesen zu haben. Er sagte: »Sie werden dich die Madonna der U-Bahn nennen.«

Auf den folgenden U-Bahn-Ausflügen begegneten wir noch vielen Russen, von denen uns einige zu sich nach Hause einluden. Wir folgten ihnen durch dunkle Straßen, ohne zu wissen, wohin sie uns bringen würden, aber im Vertrauen auf Ramas Worte, dass es hier keine Kriminalität gab und dass wir sicher sein würden.

Es war verblüffend, die Menschlichkeit der Russen, dieser für uns Fremden, auf diese Weise direkt zu erleben. Hinter der Verzweiflung und Hoffnungslosigkeit, die in der U-Bahn und auf der Straße vorgeherrscht hatten, fanden wir offene, leidenschaftliche und sehr verletzliche Menschen, die genau das Gegenteil der kalten, humorlosen Bolschewisten aus den Filmen waren, die wir seit unserer Kindheit gesehen hatten.

Andere Mitglieder der Gruppe machten ähnliche Erfahrungen. Eines Abends erzählten drei von ihnen bei unserem Gruppentreffen, dass sie eine Frau kennen gelernt hatten, die

sie zu sich nach Hause eingeladen hatte. Dort redeten sie bis halb vier Uhr morgens miteinander. Als die drei gingen und von ihrer Gastgeberin auf die Straße gebracht wurden, merkten sie, dass sie in einem reinen Wohnbezirk waren. Einer fragte verwirrt: »Wie sollen wir hier denn um diese Zeit bloß ein Taxi finden?«

Die russische Frau schlug ihnen vor, einen Baum zu umarmen.

»Was sollen wir?«, fragten die verblüfften Besucher.

»Der Baum wird euch helfen, euch zu entspannen«, antwortete sie. »Und wenn ihr euch entspannt und alles einfach geschehen lasst, dann wird euch das Leben schon bringen, was ihr braucht.«

Sie erzählten, dass sie ihre Skepsis vorübergehend zurückgestellt und einen Baum umarmt hatten. Kurz darauf kam ein Taxi.

Ein Mann sagte: »Ich kam mit einer ziemlich selbstgerechten Einstellung hierher, als Botschafter des Friedens, der diesen Menschen hier etwas beibringen wollte. Was ich hier entdecke, ist überhaupt nicht das, was ich erwartet hatte.«

Darauf bemerkte ein anderer: »Ich komme mir vor wie die Comicfigur Pogo, die gesagt hat: ›Ich habe den Feind gesehen. Er ist wir.‹«

In den folgenden Tagen trafen wir uns mit sowjetischen Friedenskomitees, denen wir handgemachte Steppdecken und die restlichen 79 Puppen übergaben, und besichtigten Museen und andere kulturelle Sehenswürdigkeiten.

Wir besuchten auch ein Massengrab, in dem 475 000 im Krieg umgekommene Russen lagen, und erfuhren, dass Leningrad während des Zweiten Weltkriegs ein 900 Tage währendes Dauerbombardement der Nazis überstanden hatte. Die Stadt war von jeglicher Nahrungszufuhr abgeschnitten gewesen und mehr als eine Million Einwohner erlagen entweder ihren Verletzungen oder verhungerten.

Eine ganze Reihe Russen, denen wir begegneten, wussten, dass wir Amerikaner während unseres Lebens keinen Krieg in unserem Land erlebt hatten, und fragten uns, warum die USA dermaßen aufrüsteten. Zuerst zitierte ich geschichtliche Fakten und sprach einige Themen der internationalen Politik an, aber dann merkte ich ziemlich bald, dass mein Verhalten auf emotionalen Vorurteilen beruhte und nicht auf der Realität. Hier waren Mitgefühl und Verständnis angebracht und nicht der Wettstreit verschiedener Theorien. Ich hörte aufmerksam zu und verstand, dass es hier um tief greifende Probleme ging, die unserer Aufmerksamkeit bedurften. Und das war ja auch der eigentliche Grund unseres Kommens.

Wir erlebten auch einige schräge Momente. So brachte zum Beispiel Boyd Willat, der Mann, der den *Day Runner* erfunden hatte, einen komplizierten Terminkalender und Planer, 80 silberglänzende, in Vinyl gebundene Exemplare mit, die er extra in die kyrillische Schrift der Russen hatte übersetzen lassen. Ich muss immer noch lachen, wenn ich an die verwirrten Gesichter der Leute denke, denen er unbedingt einen schenken wollte. Warum? Weil die Sowjetbürger nicht die geringste Ahnung hatten, wofür ein Terminkalender möglicherweise gut sein könnte. Ein Buch, in das man seine Treffen einträgt? Niemand plante irgendwelche Treffen. Sie konnten es sich nicht einmal vorstellen, da Versammlungen in Russland illegal waren. Boyds gut gemeinte Idee war ein perfektes Beispiel dafür, wie man trotz bester Absichten neue Probleme schaffen kann.

Nach vier Tagen in Leningrad stiegen wir in den Zug nach Moskau. Wir kamen im strömenden Regen an und marschierten im Schneckentempo über einen Bahnsteig, der voller regenschirmbewehrter Russen war, die fähnchenschwenkend einen ausländischen Diplomaten begrüßten.

Die Parks, an denen wir in unserem Touristenbus vorbei-

fuhren, glänzten im Regen. Fliedersträucher und Äpfelbäume blühten und die in ordentlichen Reihen gepflanzten Tulpen, die in Leningrad noch fest geschlossen waren, hatten sich in den Moskauer Parks bereits geöffnet. Unser Hotelzimmer hingegen war äußerst deprimierend. Paul und ich hatten sogar Angst, uns über den Zweck unseres Aufenthalts zu unterhalten, da wir wussten, dass im Zimmer Mikrofone verborgen waren und dass etwas vollkommen Harmloses missverstanden werden und uns Ärger bereiten könnte. Wir erkannten, wie Angst zu mehr Angst führt und die Kluft zwischen den Menschen vertiefen kann.

Als Paul und ich über den Roten Platz spazierten und die Kuppeln des Kreml bewunderten, sahen wir, dass Michael Killigrew, ein Mitglied unserer Gruppe, der während der Nazibesetzung in Holland geboren worden war, mit einigen älteren Veteranen sprach. Er berührte die Orden, die sie an ihre Uniformen geheftet hatten, und sagte: »Spasibo« – Danke. Die alten Männer umarmten ihn. Eine ältere Frau, die daneben stand, war angesichts dieses Anblicks in Tränen aufgelöst und wiederholte immer wieder: »Mir, mir.« Frieden, Frieden.

Am Tag bevor wir uns auf die lange Heimreise machen würden, ging unsere Gruppe in die große baptistische Kirche. Dort hatten wir meiner Meinung nach das bemerkenswerteste Erlebnis unserer ganzen Russlandreise.

Wir wussten bereits, dass die Religion in Russland gelinde gesagt umstritten war. Sie wurde zwar toleriert, aber nicht gefördert. Wir hatten erfahren, dass die meisten regelmäßigen Kirchgänger alte Babuškas waren, also Großmütter, die im Krieg zu viel Schmerz erlitten und zu viele ihrer Lieben verloren hatten, als dass sie sich noch große Gedanken um ihre eigene Sicherheit machen würden. Aber wir waren nicht auf die stille Leidenschaft vorbereitet, die zu einem Kirchenbesuch in der Sowjetunion gehört.

Zu Beginn des Gottesdienstes kletterten alle 80 von uns ei-

ne knarrende Wendeltreppe auf die Galerie hinauf. Unser Aufstieg dauerte eine Weile, aber endlich hatten wir alle einen Platz auf den alten hölzernen Bänken gefunden. Unter uns sahen wir ein Meer aus ernst blickenden Gesichtern, die alle starr geradeaus sahen.

In seiner Eröffnungsansprache, die unser Dolmetscher für uns übersetzte, teilte der Pastor der Gemeinde mit, dass heute etwas Ungewöhnliches geschehen würde.

»Heute«, sagte der Pastor, »werden wir statt unseres normalen Gottesdienstes einen Gastredner aus Amerika hören. Die Leute da oben auf der Galerie sind Amerikanski, die den weiten Weg zu uns gemacht haben, um Botschafter des Friedens zwischen unseren beiden Ländern zu sein.«

Bei diesen Worten schauten die meisten Gemeindemitglieder neugierig nach oben, wohl weil ihnen erst jetzt klar wurde, dass wir aus einem anderen Grund hier waren als die üblichen Touristen, die sich ihre Kirche einfach nur anschauen wollten.

Swami Satchidananda sollte der Gastredner sein. Er war ein eleganter Mann, bärtig und weißhaarig und in die lange orangefarbene Robe gekleidet, die er schon auf der ganzen Reise getragen hatte. Er ging nach vorn, nahm seinen Platz ein und sprach mit Hilfe eines Dolmetschers zur Gemeinde. Wir konnten sehen, dass die Anwesenden immer öfter nach oben sahen, wohl weil sie immer neugieriger wurden.

Satchidananda sprach über unsere Hoffnung, dass die beiden Länder lernen würden, ihre Konflikte ohne Gewaltanwendung zu lösen. »Unsere Regierungen sagen, dass durch die Abrüstung Arbeitsplätze verloren gehen. Da frage ich unsere Regierungen: ›Sollen wir denn etwa auch die Straßenkriminalität fördern, nur damit die Polizisten nicht arbeitslos werden?‹« Er sprach etwa zehn Minuten lang von seiner Überzeugung, dass wir alle den Frieden in unseren Herzen finden müssen und dass er hoffte, dass Mitgefühl eines Tages zu ei-

ner internationalen Sprache werden würde. Er stellte auch kritische Fragen. War es überhaupt möglich etwas zu tun, wenn die furchtbaren Waffenarsenale und ökonomischen Kapazitäten der beiden Supermächte auf Krieg ausgerichtet waren? Konnten normale Menschen, wie die anwesenden Gemeindemitglieder, Einfluss auf die sich zuspitzende Weltlage nehmen? Er merkte an, dass allein die Frage schon beinhaltete, dass Menschen im Grunde unwichtig und machtlos sind. »Aber«, so fuhr er fort, »engagierte Menschen voller Energie und Begeisterung können alles vollbringen.« Er schloss mit der Bemerkung, dass jeder Wandel tropfenweise stattfindet, dass aber aus vielen Tropfen irgendwann ein Ozean wird.

Der Pastor bat um den göttlichen Segen für unsere Gruppe und wünschte uns eine gute Heimreise. Danach sangen wir der Gemeinde ein russisches Lied vor, das wir gelernt hatten, während wir in unserem Bus durch Moskau fuhren. Die Kirchenbesucher waren begeistert und sangen in glorreicher Harmonie mit.

Das Gefühl, dass wir alle die Möglichkeit des Weltfriedens verkörperten, durchzog das ganze Gotteshaus. Auf der Galerie und auf den Bänken darunter weinten viele. Ich blickte in glänzende Augen und sah, wie abgehärtete alte Männer verstohlen versuchten, ihre nassen Gesichter mit dem Ärmel abzuwischen. Ich sah alte Frauen, die sich ganz offen die tränenden Augen rieben. Viele Frauen, von denen manche keine Zähne mehr hatten, lächelten uns an, winkten uns zu und warfen uns Handküsse zu.

Die Gemeinde sang ein Abschiedslied, während wir die wackelige Treppe hinunterstiegen. Unten angekommen, waren wir im Nu von einer begeisterten Menge umringt. Jeder wollte jedem die Hand schütteln. Wir versprachen einander »mir i družba« – Frieden und Brüderlichkeit.

Als wir uns langsam einen Weg durch die Menge bahnten, nahm eine alte Frau das eine Ende von Pauls Schal und wisch-

te ihm sanft die Tränen aus dem Gesicht. Mit einer schnellen Bewegung und ohne nachzudenken, nahm er den Schal ab und legte ihn ihr sanft um den Hals. Ein Geschenk. Sie nickte mit geschlossenen Augen und legte ihre Hand auf sein Herz.

Wir kamen auf tiefe Weise verändert aus der Sowjetunion zurück. Freunde riefen uns an, um zu erfahren, was wir dort gemacht hatten, aber wir konnten nicht in Worte fassen, was wir gesehen und gefühlt hatten. Für uns würde nichts je wieder wie vorher sein.

Kapitel 12

Drei Monate seit Pauls Tod. In ein paar Tagen zieht Mary nach Hawaii. Ich werde sie furchtbar vermissen.

Mary wollte vor ihrem Abflug unbedingt mir zu Ehren noch eine Teegesellschaft geben, zu der sie meine besten Freundinnen einladen wollte. Sie erinnerte mich daran, dass Paul, sie und ich vor Jahren einmal auf unserer Veranda zu Mittag gegessen hatten. Damals hatte ich gesagt, dass ich es nicht ertragen könnte, Paul zu verlieren, und dass ich mir wünschte, wir würden zusammen bei einem Flugzeugabsturz sterben. Paul hatte sich aufgeregt und mich angefahren: »So etwas darfst du nicht einmal denken!« Später sprach er mit Mary allein in der Küche und bat sie, sich um mich zu kümmern, falls ihm jemals etwas zustoßen sollte.

Jetzt sagte sie zu mir: »Mit dieser Party kann ich mein Versprechen gegenüber Paul halten. Ihr beide wart ständig zusammen, da brauchtest du deine Freundinnen nicht. Aber ich möchte, dass du siehst, wie wunderbar sie sind und wie sehr sie dir helfen können. Tim und Joe werde ich nicht einladen. Dies ist nur für uns Mädchen!«

Als ich den eleganten Salon des *Marquis Hotel* in Westwood betrat, hörte ich zuerst Harfenklänge und dann sah ich die Frauen, die Mary eingeladen hatte: Meine alten Freundinnen Candace und Bobbie, dann Sharon Lindsey, die unsere Pilotsendung produziert hatte, Margaret, die Leiterin von *Inside Edge* San Diego, Lauren, meine Büroleiterin, und Lexi.

Auf Marys Bitte hin waren wir alle »standesgemäß« gekleidet – also mit Hut und Handschuhen. Mary hatte Recht. Ich fühlte mich getröstet und zugleich geehrt. Wir hatten viel Spaß, während wir an unseren Teetassen nippten und an köstlichen, kleinen Küchlein herumknabberten. Wir kamen uns wie Schulmädchen vor, die Dame von Welt spielten.

Candace und ich saßen zufällig so, dass wir die Hotellobby überblicken konnten. Plötzlich sah ich aus den Augenwinkeln heraus eine merkwürdige Gestalt in einem langen geblümten Kleid durch die Eingangstür huschen, die wie eine überdimensionale Stadtstreicherin aussah. Candace fragte mich: »Hast du das auch gesehen?«

Als aus der Lobby laute Stimmen zu hören waren, erstarb die Unterhaltung im Salon. Sogar der Harfenspieler ließ die Hände sinken. Da betrat, von Sicherheitsbeamten gefolgt, eine groteske Gestalt den Raum, sah sich kurz um und kam dann direkt auf unseren Tisch zu. Sie ließ sich neben mir in einen Sessel fallen, den sie sich kurzerhand von einem Nachbartisch »geborgt« hatte. Die Perücke unserer Besucherin saß schief und die schwarzen Nähte ihrer Nylonstrümpfe liefen über äußerst muskulöse, behaarte Beine zu hochhackigen Schnürstiefeln aus den vierziger Jahren hinunter.

»Hallo Liebling«, begrüßte sie mich mit einer schrillen Falsettstimme.

Ich starrte sie mit offenem Mund an – genauer gesagt, ihn. Ach du meine Güte, es war Tim! Der Autor, ehemalige Marineinfanterist und mein Kumpel von der Brücke. In einem Kleid, mit bemalten Lippen und Rouge auf ihren – sei-

nen – Wangen und einem kleinen Handtäschchen. Mir fiel ein, dass wir eigentlich keine Männer dabeihaben wollten.

Die Sicherheitsbeamten verzogen sich widerwillig, als sie merkten, dass die bizarre Erscheinung zu uns gehörte.

»Ich habe dir ein Geschenk mitgebracht, Liebling«, quietschte er mit dieser furchtbaren Stimme. »Es ist irgendwo hier drin.« Tim durchwühlte seine Handtasche, schüttete sie schließlich auf dem Tisch aus, wobei einige Binden, Make-up und ein Parfümfläschchen zum Vorschein kamen, bis er etwas gefunden hatte, das er aus der *Los Angeles Times* ausgerissen hatte. »Hier ist ein Rezept für dich, Liebling.« Dabei blinzelte er mir zu.

Und ich brüllte vor Lachen. Ich fiel fast vom Sessel.

Ich hatte ewig nicht mehr laut gelacht und wusste nicht einmal, dass ich zu einer derartigen Lachsalve überhaupt fähig war. Dann hielt uns Tim mit seiner Falsettstimme einen Vortrag über Männer. Er sagte, sie seien alle nur hinter unseren Körpern her und wir sollten uns von der Ernsthaftigkeit ihrer Absichten überzeugen, bevor wir uns von ihren schmierigen Pfoten berühren lassen würden. Die Frauen an den anderen Tischen hörten entgeistert zu.

Es wurde noch komischer, als Tim kurze Zeit später aufstand und zur Toilette wollte. Wir standen ebenfalls auf und folgten ihm durch die Lobby einen Gang entlang zur … Männertoilette. Wir warteten vor der Tür.

Nur Sekunden später schoss ein schreckensbleicher Mann durch die Tür und machte noch im Laufen seinen Hosenschlitz zu.

Dann tauchte Tim auf und rief dem flüchtenden Mann mit seiner Falsettstimme hinterher: »Bis später dann, Liebling!«

Tim kam mit uns an den Tisch zurück und blieb bis zum Ende seiner Rolle als Stadtstreicherin treu. Dies war wahrscheinlich die merkwürdigste Teegesellschaft, die das *Westwood Marquis* je erlebt hatte.

Als wir am Ausgang auf unsere Autos warteten, fragte ich Tim, wo er ein dermaßen großes Kleid und die Schnürstiefel gefunden hatte. Zum ersten Mal ließ er seine Maske fallen und erzählte mir mit seiner normalen Stimme, dass er sie in einem Laden der Heilsarmee gekauft hatte. Seine Tochter hatte ihm beim Auftragen des Make-ups geholfen und war auch dafür verantwortlich, dass der rosa Lippenstift weit über seinen Mund hinaus gezogen war.

»Wie bringst du nur den Mut auf, so etwas zu tun?«

»Ich zwinge mich so oft wie möglich, etwas zu tun, vor dem ich furchtbare Angst habe«, antwortete er. »Das tut der Seele gut!« Dann lachte er und gab zu: »Am schlimmsten war die Fahrt hierher. Zwei Streifenwagen hatten mich im Visier. Ich blickte einfach starr geradeaus. Wenn sie mich angehalten hätten, wäre es mir wohl ziemlich schwer gefallen, das alles zu erklären.«

Tims verrückter Scherz tat auch meiner Seele gut. Ich frage mich häufig, ob es mir auch so gut gehen würde, wenn ich nicht meine Freunde von *Inside Edge* hätte.

Juni 1985

Um einen tanzenden Stern zu gebären, muss man das Chaos in sich tragen, soll Friedrich Nietzsche gesagt haben.

Wir waren nicht nur körperlich, sondern auch geistig und emotional erschöpft, als wir aus Russland zurückkehrten. Der Kulturschock, den wir bei unserer Ankunft in Amerika erlitten, war gewaltig. Er führte dazu, dass wir uns noch stärker nach innen wandten und uns nach Ruhe und Abgeschiedenheit sehnten. Paul und ich hatten wenig zu sagen – selbst zueinander. Da mir das Gebet des heiligen Franziskus nicht aus dem Kopf ging, wiederholte ich es immer wieder: »Herr, mache aus mir ein Werkzeug Deines Friedens.«

Wir spürten noch deutlicher, dass wir bereit waren, einen neuen Schritt zu wagen, wussten aber immer noch nicht, worin dieser bestehen könnte. Also machten wir das Übliche und gaben ein paar Kurse. Etwa einen Monat nach unserer Rückkehr sollten wir mit *Princess Cruises* eine Kreuzfahrt durchs Mittelmeer machen. Das war unser Lohn für unseren Auftritt auf dem kulinarischen Festival in Scottsdale. Wir mussten zwar in den zwei Wochen auch drei Kochvorführungen geben, aber das war ein Kinderspiel. Nur, unsere Auftritte fühlten sich hohl an. Das Essen war gleich, aber wir hatten uns verändert.

Während wir über den Mangel an Wohlstand und Bequemlichkeit nachdachten, unter dem die Sowjetbürger litten, stellten wir unser eigenes Streben und das unserer Gesellschaft nach materiellen Dingen in Frage. Als Kultur waren wir satt und träge geworden und hatten uns an einen Lebensstandard gewöhnt, den die meisten Menschen der Welt als Zeichen eines unermesslichen Reichtums sehen würden. Aber allzu häufig schätzten wir diese Vorzüge überhaupt nicht oder nahmen ihren Wert nicht einmal mehr wahr. Angesichts dieser Erkenntnis war uns gar nicht wohl in unserer Haut.

Da Paul und ich es uns seit unserer Zeit bei *Impact* angewöhnt hatten, früh aufzustehen, blieben wir dabei. Es gefiel uns. Wir fühlten uns angeregt, zu einer Zeit aufzustehen, in der die Energie des Tages im Zunehmen begriffen war. Also fragten wir uns, wie es wohl wäre, wenn wir selbst eine solche Organisation gründen würden. Wir hatten irgendetwas über eine Organisation in New York gehört, die sich »Power Breakfast« nannte. Wie wäre es, wenn wir eine Organisation gründen würden, deren Mitglieder sich einmal in der Woche zum Frühstück treffen würden, um gleichzeitig inspirierende Redner aus den Bereichen Psychologie, Persönlichkeitsentwicklung und menschlichem Potential zu hören? Wir nahmen an, dass die Redner, die wir einladen wollten, wahrscheinlich

einen voll gepackten Terminkalender hatten und unerschwinglich teuer waren, dass sie aber um sieben Uhr morgens wahrscheinlich noch Zeit hätten. Die Idee schien uns brillant! Wir würden nicht nur unseren Mitgliedern Visionäre vorstellen, wir würden ihnen auch die Möglichkeit geben, neue Freundschaften zu schließen, neue Möglichkeiten zu erkennen und ihr Potential zu verwirklichen. Es sollte aber nicht nur ein Forum für Persönlichkeitsentwicklung werden, sondern auch dazu dienen, so wichtige Themen wie Umweltbewusstsein und Weltfrieden zu diskutieren – so wie wir es in Russland getan hatten. Wie Paul begeistert aufzeigte, waren wir geradezu dafür prädestiniert, denn wir hatten ja schon seit Jahren eindeutig bewiesen, dass wir Menschen in entspannter Atmosphäre zusammenbringen konnten und dass sie sich in unserer Gesellschaft wohl fühlten.

Aus »Wie wäre es?« wurde »Das machen wir!«. Das war es, worauf wir gewartet hatten. Paul erinnerte mich an die Vision, die ich hatte, als Tracy mich zu einem imaginären Beobachtungspunkt in der Zukunft geschickt hatte. In Hochstimmung tanzten wir durch das Wohnzimmer.

Einer unserer ersten Schritte bestand darin, eine Reihe von Leuten, die wir von *Impact* und von unserer Russlandreise her kannten, zu fragen, ob sie Mitglieder in einem beratenden Gremium werden wollten. Das würde uns nicht nur einen enormen kreativen Schub verschaffen, sondern der neu gegründeten Organisation auch sofort Glaubwürdigkeit verleihen.

Wie sollten wir unsere Organisation nennen? Der Name kam uns während eines Brainstormings, als ich verschiedene Zeitschriften durchsah und mein Blick auf die neueste Ausgabe des wohlrespektierten *Brain-Mind Bulletin* fiel. In dieser Zeitschrift, die von Marilyn Ferguson herausgegeben wurde, der weltweit bekannten Autorin von »Die sanfte Verschwörung«, wurden die Ansichten von wissenschaftlichen Visionären in allgemein verständlicher Form veröffentlicht.

Als ich den Titel einer Kolumne las, wusste ich, dass ich einen Namen gefunden hatte – *The Inside Edge.*

»Ich hab's!«, rief ich begeistert aus und die anderen stimmten mir zu. Für mich beschrieb dieser Begriff haargenau den Teil in einem jeden von uns, der stets bereit ist zu lernen, zu wachsen und etwas zu riskieren, um etwas zu erreichen.[1] Mary meinte, der Name deutete darauf hin, dass beim Laufen die Innenbahn die schnellste ist. Paul erklärte uns, dass ein Eiskunstläufer sein Gleichgewicht auf der Innenkante findet.

Gleichzeitig sah ich vor meinem geistigen Auge das Logo, das wir benutzen würden: den Umriss eines Herzens über einer Zeichnung der Erde.

Und schon bald merkten wir, dass wir auf dem richtigen Weg waren. Aufgrund unserer jahrelangen Erfahrung, Programme zusammenzustellen und talentierte Menschen zu engagieren, besaßen wir bereits alle nötigen Fähigkeiten. Am Stadtrand von Beverly Hills fanden wir ein Restaurant mit dem richtigen Ambiente – modisch, kunstvoll gestaltet, elegant. Paul übernahm alles Finanzielle, wozu auch die Verhandlungen mit dem Restaurant sowie die Herstellung und Verbreitung von Kassetten gehörten, und die praktischen Aufgaben unserer Versammlungen, also z. B. den Aufbau eines Lautsprechersystems sowie die Bereitstellung von Druckmaterialien und anderen Marketingprodukten. Tim half uns, die Einladungen zu formulieren. Ich machte mich auf die Suche nach Gastrednern, Entertainern und potentiellen Mitgliedern.

Für unsere Eröffnungsveranstaltung verschickten wir 150 Einladungen und 75 Leute kamen, darunter auch Tim, Mary,

---

[1] Inside Edge bedeutet wörtlich »Innenkante«. Das Wort bezeichnet im übertragenen Sinne aber auch einen entscheidenden Vorteil oder eine Avantgarde. Hier bedeutet es also den Vorteil, den man hat, wenn man sein inneres Potential mobilisiert und voll ausschöpft.

Jack Canfield und Barbara DeAngelis (alles Freunde von *Impact*). Sie standen mit uns vor den versammelten Gästen und sprachen darüber, was die neue Organisation erreichen wollte. In der ersten Woche schrieben sich nur wenige Leute als Mitglieder ein, aber als in der Woche darauf die Zukunftsforscherin Barbara Marx Hubbard unsere Gastrednerin war, bekamen wir auf einen Schlag viele neue Mitglieder.

Inside Edge war erfolgreich gestartet.

Für Paul und mich waren diese ersten Treffen nicht nur sehr befriedigend, sie machten uns auch Hoffnung. Unser Leben – einzeln und gemeinsam – war wieder einmal an einem Wendepunkt angekommen.

1985 gaben Paul und ich am Tag nach Thanksgiving bei uns zu Hause eine Party, zu der wir die Mitglieder von *Inside Edge* eingeladen hatten. Sie brachten alle leckere Überbleibsel vom vorherigen Tag mit und wir verbrachten einen Abend mit unserer – wie wir es nannten – erweiterten Wahlfamilie. An diesem Abend sprachen wir über das, wofür wir dankbar waren. Zum Glück für uns waren alle besonders dankbar für *Inside Edge*. Viele Leute sagten, dass die Woche für sie nicht am Montag anfing, sondern erst am Dienstagmorgen bei unseren Treffen.

Es war morgens um 5.45 Uhr. Unsere neue Organisation war gerade einmal ein paar Wochen alt. Als Paul und ich auf den Parkplatz des Restaurants fuhren, in dem das Treffen in weniger als einer Stunde stattfinden sollte, war der Himmel zwar noch pechschwarz, aber die ersten zarten gelben Streifen zeigten sich bereits. Der Parkplatz, der normalerweise völlig leer gewesen wäre, füllte sich allmählich. Leute stiegen aus ihren Autos und gingen zum Restaurant hinüber. Einer unserer freiwilligen Helfer sah uns und winkte uns zu, als er durch unseren Scheinwerferkegel hindurchging. Candace, die hinter ihm ging und die Lautsprecheranlage mitschleppte, grinste uns an. Sie sprühte vor Begeisterung. Später würde sie eine der gro-

ßen Erfolgsgeschichten von *Inside Edge* werden, nachdem sie als Nachtklub- und Musicalsängerin berühmt geworden war. Aber an diesem Morgen war sie einfach die Sängerin, die unsere Treffen mit dem Lied »Somewhere« aus *West Side Story* beschließen würde.

Als Paul den Motor abstellte, sahen wir einander an. Wir wurden uns gleichzeitig bewusst, wie weit wir es gebracht und wie sehr wir uns verändert hatten und wie sehr sich die Entscheidungen, die wir trafen, auf das Leben vieler Menschen auswirken würden. All diese Menschen waren früh am Morgen gekommen, weil wir etwas in die Wege geleitet hatten. Die Worte der Leiter von *Impact* hallten uns in den Ohren. Wie mit einer Stimme sagten wir: »Weil wir es so gewollt haben!«

Inside Edge wurde so erfolgreich, dass wir schon zweieinhalb Monate nach unserem ersten Treffen eine zweite Sektion in Newport Beach 80 Kilometer südlich von Beverly Hills eröffnen mussten.

Die Arbeit war anregend und machte uns Spaß. Jeder Tag brachte neue Gelegenheiten und Herausforderungen mit sich. 1986 stellte *Los Angeles Magazine* Paul und mich in ihrer Ausgabe zum Valentinstag als eines der »romantischsten Paare« von Los Angeles vor. Obwohl wir seit 23 Jahren miteinander verheiratet waren, eilte uns der Ruf voraus, immer noch ineinander verliebt und einander absolut treu zu sein. Und es stimmte!

Die einzige Werbung, die *Inside Edge* jemals hatte, war Mundpropaganda, und beide Sektionen liefen von Anfang an gut. Da die Sektion Beverly Hills schon bald mehr Platz brauchte, um wachsen zu können, zogen wir in das geräumigere und besser gelegene *Beverly Hills Hotel* um.

Im selben Monat erhielten wir einen Anruf von einer gewissen Sharon Huffman aus San Diego, die von *Inside Edge* gehört hatte und fand, dass wir auch in ihrer Gegend eine Sek-

tion gründen sollten. Wir spürten sofort, dass wir mit ihrer Hilfe und der eines örtlichen Beratergremiums dazu in der Lage wären. Im April gründeten wir also eine weitere Sektion in La Jolla im Bezirk San Diego.

Die drei Sektionen wuchsen und wir hatten schon bald 1000 Mitglieder, von deren Beiträgen wir ganz gut leben konnten.

1986 waren wir auch Gastgeber einer der außergewöhnlichsten Partys, die ich je erlebt hatte. Paul und ich hatten die Mitglieder aufgefordert, sich so anzuziehen und zu verhalten, wie sie sich in fünf Jahren sahen. Wir erklärten ihnen, dass sie so von sich reden sollten, als ob sie alle ihre Ziele bereits erreicht und all ihre Träume verwirklicht hätten. Wir wiesen nachdrücklich darauf hin, dass machtvolle Veränderungen dadurch eingeleitet werden können, dass man sich seine Träume in allen Einzelheiten ausmalt und sie quasi im Voraus erlebt.

Alle Gäste sollten bei ihrer Ankunft auf Video aufgenommen werden. Wir baten sie, passende Gegenstände aus der Zukunft mitzubringen – also Bücher, die sie bis dahin geschrieben haben, Zeitschriften, bei denen sie auf der Titelseite stehen, und Preise, die sie gewonnen haben würden.

Die Partygäste setzen ihre ganze Vorstellungskraft ein. Eine Frau brachte die Titelseite der Zeitschrift *Time* mit, auf der ihr Gesicht zu sehen war, weil sie gerade wegen ihrer Verdienste um den Weltfrieden geehrt worden war. Ein Mann kam als millionenschwerer Müßiggänger und schenkte den anderen Gästen Lotterielose. (Echte!) Susan Jeffers, die damals noch ganz am Anfang ihrer Karriere als Schriftstellerin stand, kam mit ihrem Mann in einer (echten) Luxuslimousine. Sie hielt drei Bücher in die Höhe und wurde von den anderen Gästen zu ihren Bestsellern und ihren Auftritten in verschiedenen imaginären Talkshows beglückwünscht.

Als der Abend vorbei war, glaubten die Gäste aufgrund der Unterstützung, die sie erfahren hatten, wirklich daran, dass

sie all das erreichen könnten, was ihnen in der Zeit vor *Inside Edge* als unerreichbar erschienen wäre. Und tatsächlich schrieb Susan die drei Bestseller innerhalb von fünf Jahren.

Anfang 1988 wuchs *Inside Edge* noch immer. Paul und ich waren einerseits sehr glücklich und andererseits fast immer erschöpft. Der Wecker klingelte dreimal pro Woche um drei Uhr morgens, damit wir lange vor Sonnenaufgang unterwegs sein konnten. Wir hatten das Gefühl, dass unsere Talente als Moderatoren, Produzenten, Talentsucher und Partyplaner nun auf sinnvolle Weise zum Einsatz kamen, weil wir andere Menschen bei der Verwirklichung ihrer Träume unterstützten. Und dabei entwickelten wir gleichzeitig unsere eigenen Talente weiter. Paul kümmerte sich weiterhin um die Finanzen, die Verhandlungen und den Verkauf der Kassetten, während ich mit Autoren, Verlegern und Gastrednern überall auf der Welt kommunizierte, um die frohe Kunde vom Erfolg von *Inside Edge* in Südkalifornien zu verbreiten. Unsere alten Persönlichkeiten als kochende Superstars starben langsam ab. Wir hatten – einzeln und gemeinsam – einen authentischen Weg gefunden. Für uns war jeder Arbeitstag ein Liebesdienst.

Aber das Geld war wie immer knapp, weil wir in verschiedenen Bereichen gleichzeitig wuchsen. Wir nahmen eine neue Hypothek auf unser Haus auf und setzten das Geld ein, um Büroräume anzumieten und eine junge, rothaarige Frau namens Lauren DeRemigio als Assistentin einzustellen. Joe Broderick, ein Mitglied aus Orange County, der uns das Darlehen besorgt hatte, bestand darauf, dass wir die Hypothek für den Fall versichern ließen, dass einem von uns etwas zustoßen sollte. Mary Charles leitete die Public-Relations-Abteilung und fungierte außerdem als Moderatorin und Trainerin aller drei Sektionen.

Jede der Sektionen hatte mehrere Untergruppen, deren Mitglieder sich privat trafen. So veranstaltete *Business Edge*,

die von Larry und Bobbie Probstein gegründet wurde, Treffen, auf denen darüber diskutiert wurde, wie man geschäftlichen Erfolg hat. Mark Shelmerdine, der Besitzer von *London Films*, gründete *Film Edge*, eine Gruppe, die anspruchsvolle Filme zum Thema menschlichen Potentials in den alten *Paramount Studios* zeigte. *Razors Edge* war eine Diskussionsrunde nur für Männer.

Einige Monate davor hatte die Fernsehproduzentin Sharon Lindsey, ein Mitglied der Sektion von Beverly Hills, versucht, Vin DiBona die Idee schmackhaft zu machen, mit uns als Moderatoren eine *Inside-Edge*-Fernsehshow zu produzieren. Vin hatte unglaublichen Erfolg als Produzent der beliebten Serie *Americas Funniest Home Videos*. Er kam zu mehreren Treffen und war von der positiven Stimmung begeistert. Da er ohnehin einmal etwas anderes für das Frühstücksfernsehen produzieren wollte, drehten wir bald eine Pilotsendung, die er an einen der großen Sender verkaufen wollte.

So filmte eines Morgens ein Kamerateam das wie üblich stimmungsvolle Frühstückstreffen im *Beverly Hills Hotel*. 200 Leute saßen jeweils zu zehnt an einem Tisch, als Paul und ich den Ablauf des Morgens bekannt gaben. Während der Begrüßungsrunde gab es die üblichen Umarmungen und dann Applaus für den Gastredner, der an diesem Morgen Martin Rutte war, ein erfolgreicher Firmenberater. Zum Schluss traten immer talentierte Künstler auf – Sänger, Schauspieler, Musiker. An diesem Morgen war es Dale Gonyea am Klavier.

Vin verwendete Ausschnitte aus unseren alten Kochsendungen, um zu zeigen, wie gut Paul und ich zusammenarbeiteten, wie wir miteinander und mit den Gästen umgingen. Um auch aktuelles Material einbauen zu können, filmten Vin und sein Kamerateam mich in meiner Hängematte (in der nachts die Waschbären spielten). Er bat Paul mir ein Glas Champagner zu reichen und forderte uns auf, uns tief in die Augen zu sehen. Vor laufender Kamera zitierte Paul Robert Browning:

Werde mit mir alt.
Das Beste kommt schon bald …

Der Pilot fürs Fernsehen war fast fertig, als Vin uns noch bat, ein paar Fotos am Strand aufzunehmen. Sharon Lindsey machte die Aufnahmen an einem herrlichen Nachmittag an einem abgelegenen Strand in der Nähe von *Point Dumé* in Malibu. Wir waren beide barfuß, ich trug einen langen weißen Rock und eine rosafarbene Bluse, die sich im Wind aufblähte. Paul trug die Polokleidung von Ralph Lauren, die er so liebte, und hatte den Arm um mich gelegt. Wir waren so glücklich. Dieser Tag schien die Erfüllung all unserer Träume zu symbolisieren. Unsere Arbeit erfüllte uns und wir hatten große Hoffnungen für die Zukunft. In ein paar Tagen wollte Vin uns interviewen. Wir sollten über unsere Gefühle füreinander sprechen und die Aufnahme sollte zu den Bildern des Strandspaziergangs abgespielt werden. Ich sollte erzählen, was ich an Paul so liebte, und er, was er an mir so liebte.

Aber bevor wir die Aufnahmen machen konnten, nahm unser Leben eine unerwartete Wendung.

Kapitel 13

14 *Wochen seit Pauls Tod. Ich fange an, mich allmählich in das Alleinsein zu verlieben. Ich kann nicht genug davon bekommen.*

Jeden Dienstag, vor dem Treffen von *Inside Edge* in Orange County, nahm ich das Angebot der Probsteins an, die Nacht in ihrem Penthaus am Strand von Laguna zu verbringen. Ihre Ferienwohnung war für mich ein ganz besonderer Ort. Hier schienen die Uhren langsamer zu gehen.

Hier konnte ich auch der Geschäftigkeit des Büros entkommen, das Lexi und Lauren in einem Anfall von Selbständigkeit, zu der ich sie ermutigt hatte, in unser Haus verlegt hatten.

Hier konnte ich stundenlang Musik hören, Körper und Geist zur Ruhe kommen lassen und nur das tun, was ich wirklich wollte – wann ich es wollte. Hier konnte ich gesund werden.

In der Küche stand eine Popcornmaschine. Ich schüttete etwas Mais hinein und schaltete sie an. Zu spät wurde mir klar, dass ich sie hätte verschließen müssen. Lexi hätte mit vor-

wurfsvollem Blick gesagt: »Also wirklich, Mutti!« Das zeigte wieder einmal, wie vorteilhaft es sein kann, allein zu sein. Ich konnte mich beim Essenmachen so dumm anstellen, wie ich wollte. Ich konnte sogar die nun folgende, alberne Dick-und-Doof-Szene genießen, als das Popcorn in alle Ecken der Küche geschleudert wurde. Ich konnte sogar sagen: »Na und? Sieht doch eh keiner!« Es war das totale Chaos und ich lachte, während ich es beseitigte.

Ich benutzte die Zeit hier auch, um mich an das Alleinsein zu gewöhnen. Dabei dachte ich über den Mann nach, der mir Seelenpartner, Ehemann, Liebhaber und bester Freund gewesen war. Das war hier besonders leicht, da wir hier so viel miteinander geteilt hatten – sogar unseren 25. Hochzeitstag.

2. November 1988

Um unseren Hochzeitstag gebührend zu feiern, hatten wir ein kleines Fest nur für uns zwei geplant. Bobbie und Larry waren so gütig, uns in ihre Ferienwohnung einzuladen, da wir dort ein Jahr zuvor unser Eheversprechen vor Familienmitgliedern und Freunden erneuert hatten.

Aber bevor wir unseren Hochzeitstag abends feiern würden, hatten wir noch allerlei Geschäftliches zu erledigen. Wie üblich begann auch dieser Tag wie so viele andere: noch vor Sonnenaufgang.

Ich wachte auf, kurz bevor der Wecker geklingelt hätte, und stellte ihn ab. Meine Hand streckte sich wie von selbst zur anderen Seite des Bettes aus, um Pauls Brust zu streicheln.

»Alles Gute zum 25., mein Liebling«, sagte ich.

Er murmelte verschlafen: »Und es hieß, wir würden es nicht lange miteinander aushalten.«

In den frühen Morgenstunden unseres Hochzeitstages am 2.

November 1988 hörte ich, wie Seymours trockene Platanenblätter, die die ganze Auffahrt bedeckten, unter Pauls Schuhen knirschten. Paul trug den Kleidersack mit den Kleidern, die wir zur Feier des Tages später anziehen wollten, und lud ihn in den Kofferraum. Ein paar Minuten später waren wir unterwegs.

Paul nahm meine linke Hand, wie er es immer tat, und legte sie auf seinen Oberschenkel. Seine Finger spielten mit meinem Ehering. Wir sagten kein Wort, während wir die beinahe 100 Kilometer zu Remicks Restaurant in Orange County fuhren. Bei diesem Treffen, zu dem um die 100 unserer Freunde und Kollegen gekommen waren, aßen wir nur wenig, weil wir noch Platz für die Speisen lassen wollten, die wir später am Tag essen wollten. Aber die Feier fing bereits hier an, als uns die Mitglieder mit Blumen und Champagner überraschten.

»25 Jahre!«, rief einer unserer Freunde aus. »Was für eine Leistung! Was ist bloß euer Geheimnis?«

Paul und ich sahen uns an. Von Anbeginn an hatten uns viele Leute, die die Magie zwischen uns gesehen hatten, diese Frage gestellt. Wir wussten die Antwort nicht. Vielleicht sahen wir – und andere – in uns etwas Besonderes, weil unsere Leidenschaft füreinander nie erloschen war. Obwohl wir fast jede wache Stunde miteinander verbrachten, wurden wir einander nie überdrüssig.

Gleich nach dem Treffen fuhren wir über Newport Beach nach Corona del Mar, das auf halber Strecke zwischen Los Angeles und San Diego liegt und dessen Name »Krone des Meeres« bedeutet. Ich hatte Corona del Mar wegen seiner außergewöhnlichen Schönheit schon immer geliebt. Vom Ort aus, der für seine bezaubernden Felsklippen bekannt ist, die direkt von einem herrlichen weißen Strand aus aufsteigen, hat man einen Blick auf die Segelboote, die in den Hafen von Newport ein- und ausfahren. Wie immer beobachtete Paul die Boote und träumte davon, eines Tages selbst eines zu besitzen.

Dann gingen wir in unser Lieblingsrestaurant, in dem mexikanische Gerichte serviert wurden. In der Mitte des Raums kneteten die Frauen den Teig für die Tortillas, die sie dann auf einen Drehgrill legten. Da die Besitzer und Angestellten uns gut kannten, teilte Paul allen den besonderen Anlass mit. Als wir fertig gegessen hatten, erfuhren wir, dass das Essen ein Geschenk des Hauses war. Außerdem erhielten wir einen kleinen Kuchen mit einer einzelnen Kerze darauf. Alle standen um unseren Tisch herum und sangen: »Alles Gute zum Hochzeitstag!«

Anschließend fuhren wir an der Küste entlang durch Laguna Beach, einer wunderschönen historischen Künstlerkolonie, zur Ferienwohnung der Probsteins. Vom Penthaus aus hatten wir einen fantastischen Blick auf den Strand, das Meer und die 40 Kilometer entfernte Insel Catalina. Larry und Bobbie hatten das Haus geschmackvoll in solchen Farbtönen gehalten, die den weißen Sand und den blauen Himmel widerspiegelten.

Vom Schlafzimmer aus rief ich Lexi an. Sie sagte, dass aus dem ganzen Land Glückwunschtelegramme und viele Anrufe gekommen wären. »Ich bin so stolz auf euch beide!«, rief sie begeistert. »Ihr habt bewiesen, dass Träume tatsächlich wahr werden können. Ich wünsche euch einen schönen Abend!«

Als ich zurückkam, stand Paul am Verandageländer und sah auf die Sonnenanbeter unten am Strand hinab. Ich hakte mich bei ihm ein und legte meine Wange an seine Schulter.

»Schon komisch«, sagte er. »Alle suchen nach Liebe. All diese Menschen da unten suchen danach. Und du und ich? Irgendwie haben wir das Glück gehabt, sie tatsächlich zu finden.«

Ich nickte.

»Warum ist die Liebe wohl für viele Menschen ein so großes Problem?«

»Ich bin mir nicht sicher«, antwortete ich. »Ich glaube, weil alle Liebe haben wollen, aber nicht jeder bereit ist, auch Liebe zu geben.«

Paul sagte: »Wahrscheinlich haben sie Angst. Angst davor, etwas zu verlieren, wenn sie lieben. Aber weißt du was, Kätzchen? Nach all diesen Jahren liebe ich dich noch mehr als am Anfang. Ich liebe dich von ganzem Herzen. Und das ist so wunderbar. Je mehr ich dich liebe, desto mehr Liebe spüre ich.«

»Mir geht's genau so«, antwortete ich. »Ich glaube, wenn man geliebt werden will, muss man lieben. Der Hunger nach Liebe steht ihrer Erfüllung im Weg. Das Geheimnis ist einfach: Man muss nur lieben!«

»Es ist ein Himmelskreis, oder nicht? Liebe zu geben, sie fließen zu lassen, sie wieder anzunehmen.«

Er küsste mich zärtlich auf die Nasenspitze.

»Hatten wir uns nicht ein kleines Nickerchen versprochen?«, fragte ich ihn. »Du brauchst in letzter Zeit viel Schlaf, ist dir das schon mal aufgefallen?«

Paul grinste und küsste mich noch einmal. »Ein Nickerchen! Was für eine ausgezeichnete Idee. Ein Mittagsschläfchen. Ich brauche wirklich eins.« Er nahm mich am Arm und führte mich zur Verandatür.

Als wir uns an diesem Nachmittag liebten, taten wir dies beinahe ehrfürchtig. Es war ein heiliger Akt, geboren aus den Jahren unseres Zusammenseins. Danach schliefen wir ineinander verschlungen ein.

Ich wachte etwa eine Stunde später auf. Da es noch hell war, hatten wir noch viel Zeit bis zum Abendessen.

Ich kuschelte mich noch eine Weile an Paul, hörte seinem Atem und seinem Herzschlag zu und sog seinen wunderbar männlichen Duft ein. Dann stand ich auf, küsste ihn auf die Stirn und ging ins Badezimmer. »Na los, du Schlafmütze!«, rief ich ihm zu. »Zeit für Champagner!«

Als ich zurückkam, lag er immer noch auf dem Rücken, als

ob er sich überhaupt nicht bewegt hatte. Ich berührte ihn erst einmal, dann noch einmal, bis er sich endlich streckte und dabei wohlig seufzte. Dann stand auch er auf.

»Zeit für Champagner«, flüsterte ich. Er seufzte und schüttelte den Kopf, als ob er Mühe hatte aufzuwachen. Dann sah er mich an und sagte lächelnd: »Was für eine wunderbare Art, geweckt zu werden.«

Paul und ich hatten viele Rituale. Eines davon bestand darin, an unserem Hochzeitstag eine Flasche Champagner vor dem Abendessen zu trinken. Während ich mich auf das weiche weiße Sofa setzte und die Kristallgläser in die Höhe hielt, entkorkte Paul die Flasche. Heute wollten wir nur uns feiern.

Die Sonne stand schon tief am Horizont und die abendliche Brise nahm an Stärke zu. Paul goss ein und wir prosteten einander zu. Zwei Stunden lang sprachen wir – wie es unser Brauch war – über unsere gemeinsamen Jahre – angefangen mit dem ersten. Wir lachten viel, weinten ein bisschen und fühlten uns unendlich gesegnet.

Dann kam eine ganz besondere Frage – immer dieselbe. Nur wer sie zuerst stellen würde, wussten wir nie im Voraus.

Dieses Mal fing Paul an. »Was hättest du anders gemacht?«

Ich sah zu, wie sich die Sonne daran machte unterzugehen.

»Ich hätte nicht so viel Angst vor Veränderungen gehabt. Ich hätte mich nicht so stark gegen alles Neue gewehrt.«

Paul sagte überrascht: »Das ist genau das, was auch mir eingefallen ist. Das meiste von dem, wovor ich mich gefürchtet habe, ist ohnehin nie eingetreten. Und die schweren Zeiten haben uns doch nur noch stärker und dankbarer für die guten Zeiten gemacht. Findest du nicht auch?«

»Aber ja«, antwortete ich. »Ich frage mich immer, warum wir es uns in den schweren Zeiten bloß so schwer gemacht haben. Es hat so lange gedauert, bis wir angefangen haben, Vertrauen ins Leben zu haben.«

»Ist das nicht verrückt? Die schweren Zeiten haben uns gelehrt, dass sie gar nicht so schwer hätten sein brauchen.«

»Dann soll das unser Motto für das neue Jahr sein«, sagte ich. »Wir wollen mehr Vertrauen haben. Von dort, wo wir jetzt sind, können wir sehen, dass unser gemeinsamer Weg in gewisser Weise perfekt war, weil er uns gezwungen hat zu wachsen und Richtungen einzuschlagen, in die wir sonst nie gegangen wären.«

»Du hast absolut Recht, Kätzchen.«

Ich kuschelte mich an seine Schulter, während wir zusahen, wie sich der Himmel allmählich verfinsterte. Dann dachte ich, dass ich eine tolle Idee hätte. »Lass uns nach dem Essen gleich zurückgehen, noch eine Kerze anzünden und über unsere Ziele und Absichten für die nächsten 25 Jahre sprechen.«

Während wir uns zum Essen umzogen, grinsten wir einander an und schnitten im Spiegel Grimassen. Paul sah mit seinen breiten Schultern und den schlanken Hüften im Smoking besonders attraktiv aus. Sein herrlicher Schopf braunen Haares war überhaupt nicht dünner geworden, nur an den Schläfen wurde er von silbernen Strähnen durchzogen.

Sich elegant anzuziehen war für Paul nie ein Problem gewesen. Es war für ihn einfach eine Gelegenheit, mir das Kompliment zurückzugeben, das ich ihm machte, wenn ich mich für ihn schön anzog. Er fand, wenn ich schon so elegant aussah, dann sollte er es mir zumindest gleichtun. Das galt besonders für den heutigen Abend, auch wenn wir nur ins Restaurant um die Ecke gingen, das eine Mischung aus chinesischer und französischer Küche servierte.

Das Aroma saftigen Fischs mit einer Soße aus schwarzen Bohnen erinnerte uns daran, wie wir uns kennen gelernt und im Hafen von Aberdeen in der Nähe von Hongkong in einem hell erleuchteten, schwimmenden Restaurant gegessen hatten.

Paul ergriff meine Hand, sah mir tief in die Augen und sagte: »Du bist immer noch das schönste Mädchen der Welt.«

Später saßen wir wieder auf dem Sofa, das mittlerweile in Mondschein getaucht war. Paul gab mir eine neue Kerze, die ich anzünden sollte.

Wir hatten uns während des Essens schon darauf gefreut, über unsere Träume für die Zukunft zu reden und uns neue Ziele zu setzen. Wir inspirierten uns immer gegenseitig und unsere Begeisterung war manchmal so überwältigend, dass wir hinterher vor Aufregung nicht schlafen konnten. Aber jetzt sahen wir uns nur erwartungsvoll an und warteten, dass der andere anfing zu reden. Aber keiner von uns sagte auch nur ein Wort.

Wie seltsam, dachte ich. *Mir fällt einfach nichts ein.* Mich fröstelte. So hatte ich mir das nicht vorgestellt.

Dann stellte ich mir die bange Frage nach dem Undenkbaren. *Könnte es sein, dass wir schon alles verwirklicht haben? Dass dies unser letzter Hochzeitstag ist?* Ich zitterte, wenn ich daran dachte, was das bedeuten würde.

Wir saßen noch eine Weile da, aber keiner sagte etwas. Es war merkwürdig und beunruhigend, zumal keiner von uns eine Ahnung hatte, was das bedeuten sollte. Auch als wir an diesem Abend ins Bett gingen, sagte keiner von uns auch nur ein Wort.

Kapitel 14

Ein paar Tage nach unserem 25. Hochzeitstag klagte Paul über Schmerzen in der Brust.

Seit einem Vierteljahrhundert war Wilbur Schwartz aus Beverly Hills unser Hausarzt gewesen. Wir dachten uns nichts dabei, als wir ihn auch dieses Mal aufsuchten und gemeinsam in sein Sprechzimmer gingen. Doktor Schwartz hörte Paul zu, horchte ihn ab, machte eine Röntgenaufnahme und verließ das Sprechzimmer. Ein paar Minuten später kam er zurück und hielt eine große Röntgenaufnahme gegen den Lichtkasten.

»Sie haben da einen Schatten auf der Lunge, Paul«, sagte er sanft, aber ohne zu zögern, als ob er sich bewusst war, dass schlechte Nachrichten immer schlechte Nachrichten bleiben, ganz gleich, wie man sie formuliert. »Es sieht wie eine Lungenentzündung aus, könnte aber auch ein Tumor sein.«

Die Farbe wich aus Pauls Gesicht.

Ich war geschockt. *O mein Gott, nein!*, dachte ich. *Tumor? Das bedeutet Krebs. Wir haben doch gerade unseren Hochzeitstag gefeiert. Wie kann man da nur über einen Tumor reden?* Ich erinnerte mich an die Lehre aus meiner Kindheit und redete mir selbst gut zu: *Nicht atmen, Diana. Nicht fühlen.*

Das ist alles nicht wahr.

»Gehen Sie nach Hause, legen Sie sich ins Bett und bleiben Sie erst einmal liegen. Kommen Sie in sieben Tagen wieder. Dann schauen wir uns das noch einmal an.«

Ich kannte Paul zu gut, um ihm das Lächeln abzunehmen, das er während der Heimfahrt für mich aufgesetzt hatte. Da ich wusste, dass er nicht wollte, dass ich mir Sorgen machte, tat ich so, als ob ich den ängstlichen Ausdruck in seinen Augen nicht gesehen hätte. Ich wusste auch, dass er sich keine Sorgen machen wollte. Also fuhren wir nach Hause, ohne auch nur ein Wort über die Vermutungen von Doktor Schwartz zu verlieren. Das war – wie ich später erkennen sollte – meine erste wirkliche Begegnung mit der Scheinwelt der Verleugnung. Dies ist zwar eine kindische Art, mit Problemen umzugehen, aber dennoch sehr effektiv. *Wenn man so tut, als ob man etwas nicht sieht, dann existiert es auch nicht, oder?*, lautet die verführerische Logik des Kindes.

Paul war nicht in der Stimmung, sich den Anordnungen des Arztes zu widersetzen. Nachdem wir zu Hause angekommen waren, ging er sofort ins Bett. Und schlief. Und schlief.

Ich gestattete mir nicht, auch nur über die Möglichkeit nachzudenken, dass es Krebs sein könnte, und bemühte mich um eine positive Einstellung. Ich dachte an all die Jahre, in denen wir so lässig Hunderte, ja Tausende Zigaretten geraucht hatten. Damals war Rauchen Mode gewesen und alle hatten es getan. Ich fragte mich zum ersten Mal, was diese Zigaretten wohl Pauls Lungen angetan hatten.

In meinem Tagebuch – mit genauen Datums- und Zeitangaben versehen – steht über die ersten Tage, dass ich mir wie eine Hochstaplerin vorkam, die nach außen so stark tat, aber innerlich immer kurz vor dem Zusammenbruch stand.

Paul lebte in seiner eigenen Scheinwelt, war aber dankbar für die Aufmerksamkeit, mit der ich ihn überschüttete.

Ich ging allein zu den Versammlungen und erzählte dort nur, dass Paul Lungenentzündung hatte. Nach drei Wochen strenger Bettruhe, die nur von den Fahrten zur Praxis von Doktor Schwartz unterbrochen wurden, wo weitere Tests gemacht wurden, erfuhren wir, dass die neuen Röntgenaufnahmen zwar keine Verschlechterung, aber auch keine Verbesserung zeigten. Doktor Schwartz überwies uns an einen Lungenspezialisten im nahe gelegenen Cedars-Sinai-Krankenhaus. Dort sah sich Doktor Wolfe die Röntgenbilder an und sprach dann in ernstem Ton zu uns: »Es besteht ein fünfzigprozentiges Risiko, dass der Schatten ein Tumor ist.«

Paul fragte leise: »Was für eine Art von Tumor? Kann man ihn entfernen?«

Doktor Wolfe teilte uns mit, dass er uns dazu im Augenblick nichts sagen könne, da dies reine Spekulation wäre.

In diesem Augenblick hatte ich eine plötzliche Eingebung. *O … Paul wird gehen … aber ich nicht.* Das plötzliche Wissen war zuerst nicht von Gefühlen begleitet, es war einfach nur eine Feststellung. Aber als mir klar wurde, was das bedeuten würde, schob ich es beiseite und versuchte mich davon zu überzeugen, dass das alles nur eine verrückte Idee war, ein übler Trick, den mir mein Verstand spielte – ein Gedanke, der einfach nicht wahr sein konnte. Natürlich nicht.

Nachdem wir Termine für weitere Tests gemacht hatten, sahen wir zu, dass wir dort rauskamen. Wir warteten ungeduldig auf den Fahrstuhl, fuhren zur Garage hinunter und machten uns auf den Heimweg. Die Welt dort draußen hatte sich nicht verändert. Die Straßen von Beverly Hills waren bereits weihnachtlich geschmückt, denn am nächsten Donnerstag würde Thanksgiving sein. Die Untersuchungen an Paul sollten alle in den Tagen vor den Weihnachtsferien stattfinden. Lexi würde nach Hause kommen. Wie sollten wir nur damit umgehen? Wir befanden uns mitten im völlig Undenkbaren.

Trotz des merkwürdigen Augenblicks, den wir vor ein paar Wochen an unserem Hochzeitstag erlebt hatten, glaubten wir beide fest daran, dass eine wunderbare neue Phase unseres Lebens beginnen würde. *Inside Edge* existierte bereits in drei Städten und besaß das Potential, auch landesweit ein Erfolg zu werden. Die von Vin DiBona produzierte Pilotsendung sollte demnächst den großen Fernsehsendern vorgestellt werden. Lexi war 20 geworden, in ihrem zweiten Studienjahr an der Universität von Santa Cruz und auf dem besten Weg, sich zu einer reifen jungen Frau zu entwickeln. Was sollte nur aus all dem werden?

Lexi und ich bereiteten das Essen zu, während Paul auf dem Sofa lag. Er war sehr müde und ich konnte nicht umhin zu vermuten, dass er tatsächlich eine Krankheit hatte, die ihn aller Lebenskraft beraubte. Da weder er noch ich irgendjemandem diesen Feiertag verderben wollten, hatten wir niemandem gesagt, was los war – nicht einmal Lexi, die in ein paar Tagen zurück zur Uni gehen würde.

Am 28. November fuhren wir wieder ins Krankenhaus, um eine Bronchoskopie durchführen zu lassen, um genau zu erfahren, was tatsächlich in Pauls Brust vor sich ging. Die Krankenschwester war dermaßen unfähig, die intravenöse Lösung zu spritzen, die Paul betäuben sollte, dass ich mich bei ihrem fünften Versuch kaum noch zurückhalten konnte, sie nicht anzubrüllen. Aber endlich gelang es ihr doch und Paul wurde in den Operationssaal geschoben. Der Arzt sagte, der Eingriff würde nicht lange dauern und ich sollte doch draußen warten.

Die Zeit verging wie im Schneckentempo. Ich musste mich zwingen, nicht jede Minute auf die Uhr zu schauen. Ich sah mich um und spürte eine Verbindung zu den anderen im Raum – Alten und Jungen, Menschen aus unterschiedlichen sozialen Schichten mit unterschiedlicher Ausbildung und Ein-

kommen aus dem multikulturellen Los Angeles. Krankenhäuser sind die großen Gleichmacher. Ich staunte darüber, dass ich – wie viele andere auch – völlig unvorbereitet in diesem Wartezimmer der Verängstigten, Erschreckten, Traurigen und Hoffnungsvollen gelandet war. Warteten auch sie auf eine Diagnose, die über Leben oder Tod entscheiden würde? Ich versuchte, ihre Gesichtsausdrücke zu deuten, und fragte mich, ob auch das Leben ihrer Liebsten auf des Messers Schneide stand.

Endlich kam Doktor Wolfe mit ernstem Gesicht auf mich zu. Er sagte, Paul sei in einem Ruheraum, wo er sich von der Narkose erholte.

»Morgen haben wir definitive Ergebnisse.«

»Was glauben sie?« Ich hörte mich wie ein hilfloses Kind an.

»Das kann ich Ihnen sagen, sobald …« Er brach ab und sah mich einen Augenblick lang forschend an, bevor er fortfuhr. »Sie haben mich etwas gefragt und sollen eine ehrliche Antwort bekommen. Es ist tatsächlich Krebs. Er hat sich im gesamten Brustraum ausgebreitet und ist schon in das Lymphsystem eingedrungen.«

»Mein Gott! Können Sie etwas tun?«

»Wir können es mit Chemotherapie und Bestrahlung versuchen, aber das wird ihn nicht heilen. Nicht in seinem Fall.«

»Und das heißt? Was bedeutet ›Nicht in seinem Fall‹?«

»Die Position des Tumors erlaubt keine Operation.«

Ich kam mir vor, als ob ich ertrinken würde, und griff nach jedem Strohhalm. Gab es eine Möglichkeit, seine Worte einfach zu löschen? Konnten wir nicht Schauspieler sein, von denen einer den falschen Text gesagt hatte, so dass die Szene noch einmal wiederholt werden muss?

»Das passt gar nicht in mein Bild«, flüsterte ich.

Der Ausdruck auf seinem Gesicht veränderte sich nicht. Er hatte seltsame Worte wie diese wahrscheinlich schon tausendmal von anderen verstörten Männern und Frauen gehört, deren Leben plötzlich aus der Bahn geworfen wurde.

Ich verstand mich selbst nicht mehr. Ich musste immer wieder schlucken. Dann fragte ich: »Und wenn die Bestrahlung und die Chemotherapie nichts bringen?«

Doktor Wolfe sah mir direkt in die Augen, als er sagte: »Ihr Mann hat bestenfalls noch ein paar Monate.«

Ich wusste nicht, ob ich etwas fühlen sollte, oder wie ich mit dieser Information umgehen sollte.

»Wird er Schmerzen haben?«

»Nicht sofort.«

»Werden Sie es ihm sagen, wenn er aus der Narkose erwacht?«

»Ich möchte warten, bis wir die Ergebnisse der Biopsie haben, um absolut sicher zu sein. Es gibt keinen Grund, ihn früher als unbedingt nötig damit zu belasten.«

Ich nickte. Das machte Sinn. *Aber*, so dachte ich, *ich habe Paul doch noch nie etwas verheimlicht. Wie soll ich es ihm da nicht sagen? Ich muss jetzt mein absolut Bestes geben. Gehört dazu nicht auch Ehrlichkeit?*

Schließlich gelangte ich zu der Überzeugung, dass der Arzt Recht hatte. Natürlich. Ich sollte die Ergebnisse abwarten, bevor ich Paul etwas sagte. Ich hätte es nicht ertragen, ihm etwas so Schreckliches zu sagen, wenn es sich später vielleicht als falsch herausstellte.

Nachdem sich Paul von der Narkose und der Bronchoskopie erholt hatte, wollte er in einem Restaurant am Yachthafen zu Mittag essen. Danach fuhren wir zur Mole, von wo aus Paul den ein- und ausfahrenden Segelbooten zusehen konnte. Wir schwiegen während der ganzen Fahrt und ich fragte mich, ob Pauls Traum, eines Tages ein Boot zu besitzen, heute gestorben war. Am Abend aßen wir zu Hause und danach setzten wir uns wie so oft vor dem Kamin aufs Sofa und hörten *La Bohème*. Paul legte seinen Arm um meine Schultern. Als am Schluss der Oper die Heldin stirbt, weinten wir beide.

Wenn du nur wüsstest, warum ich weine, dachte ich.

Ich wachte am nächsten Morgen um halb vier Uhr auf, weil ich nicht schlafen konnte, und schrieb Folgendes in mein Tagebuch: *Paul und ich saßen auf dem Sofa und sprachen über das, was er »die schlimmste aller Möglichkeiten« nennt. Ich sagte ihm nicht, was ich vom Arzt erfahren hatte, aber er schien es zu wissen. Ich erzählte ihm, dass ich am meisten Angst davor hatte, dass er leiden müsse. Seine größte Angst ist, dass ich leiden muss und dass eine Zeit kommen wird, wenn er nicht mehr mein Beschützer sein kann. Obwohl wir gleichberechtigte Partner geworden waren, hatte ich Paul immer als meinen Beschützer gesehen, der es sich zur Aufgabe gemacht hatte, für mich, Lexi und unser Heim zu sorgen.*

Paul war eine Weile still gewesen und hatte ins Feuer geblickt. Dann sah er mich plötzlich an, als ob ihm ein Licht aufgegangen wäre. »Du musst keine Angst haben, Diana. Ich werde dich immer beschützen. Und wenn ich nicht mehr da bin, werde ich jemanden für dich finden.« Mir liefen eiskalte Schauer über den Rücken. Ich wusste, dass es ihm ernst war – todernst.

Es kam mir vor, als ob die Zeit auf geheimnisvolle Weise stehen geblieben wäre. Es existierte nur noch der gegenwärtige Augenblick – golden und kostbar wie die Sonne im Winter. »Gott hatte seine Gründe, als er uns Tränen schenkte«, hatte meine Freundin Mary Erpelding einmal zu mir gesagt. Die Erinnerung an ihre Worte gestattete es mir, meinen Tränen freien Lauf zu lassen. Als Paul und ich heute zu Mittag aßen, mussten wir immer wieder weinen. Können die Tränen unsere Angst fortspülen, dass es nur noch wenige dieser warmen, schönen Tage wie den heutigen geben wird?

Doktor Wolfe rief früh am Morgen an und bat uns, am nächsten Nachmittag in seine Praxis zu kommen.

Paul schlief neben mir im Bett. Das Wetter war herrlich.

Südkalifornien zeigte sich von seiner besten Seite. Merkwürdigerweise fühlte ich mich lebendiger, als ich es seit langem getan hatte. Ich wollte nur noch für Paul da sein und ihm all seine Bedürfnisse und Wünsche erfüllen. Wir würden einander so nahe sein, dass wir jedes Problem überwinden würden.

Aber unerwartet durchströmte mich wie ein kalter Windhauch die Angst, als ich merkte, dass unser Traum sich möglicherweise dem Ende näherte. Alles könnte plötzlich vorbei sein. Alles.

Während meine Laune von einem Extrem ins andere – von Hoffnung zu Angst – umschlug, zog Paul sich immer mehr in sich zurück. Er war schon immer introvertiert gewesen, aber jetzt – so wusste ich – dachte er über das Wesen von Leben und Tod nach.

Merkwürdig, dass wir uns am Abend nicht ängstlich fühlten oder uns in uns selbst verkrochen, sondern beide voller Hoffnung waren – manchmal geradezu in Hochstimmung. Ich war überzeugt, dass wir nicht nur eine Heilung finden würden, sondern auch unser Leben auf eine neue Grundlage stellen könnten. Gleichzeitig wusste ich, dass diese Hochstimmung eine Form der Leugnung sein musste. Aber das würde bedeuten, dass Leugnen etwas Wunderbares und Wünschenswertes war – etwas Gütiges. Es schien unmöglich, dass dieses Kapitel unseres Lebens kein gutes Ende nehmen würde.

Am nächsten Morgen schrieb ich Folgendes in mein Tagebuch: *Es kommt mir wie ein ganz normaler Morgen vor. Ich stand zuerst auf und fing an frohen Mutes in mein Tagebuch zu schreiben. Aber als Paul dann aufwachte und ich ihm einen Kaffee machte, spürte ich einen Unterton der Angst in mir. Es würde eine Zeit kommen, in der ich alles darum geben sollte, einen so normalen Morgen wie diesen zu erleben. Ich liebe unser Leben, die gemeinsame Arbeit, unsere erwachsene Toch-*

ter und unsere alberne Katze, die sich auf dem Rücken liegend mit den Pfoten hinter den Ohren in der Sonne aalt.

Als wir am nächsten Morgen zu Doktor Wolfe fuhren, sagte Paul plötzlich: »Peggy Bassett soll die Abschiedszeremonie für mich halten.«

Wie merkwürdig, dass er so etwas sagte. Peggy war Mitglied von *Inside Edge* und eine enge Freundin von uns beiden. Plötzlich wurde mir klar, dass er die Wahrheit kannte. Das Gefühl, von dem ich in meinem Tagebuch geschrieben hatte, war richtig gewesen. Ich fühlte mich schrecklich – so, als ob ich ihn betrogen hatte. Wieso hatte ich geglaubt, ihm etwas verheimlichen zu können?

Eine Weile sagte keiner von uns etwas. Ich war plötzlich voller Angst – einer tiefen, furchtbaren Angst. Ich fürchtete mich davor, was er als Nächstes sagen würde.

»Meinst du«, begann Paul langsam, »dass sie eine Gedenkfeier in Forest Lawn abhalten würde? Es hat mir gefallen, wie du mit deinem Vater geredet hast, als wir damals sein Grab besucht haben. Ich möchte, dass du auch mit mir so redest.«

Ich versuchte, meine Stimme ruhig zu halten. »Peggy würde es sicherlich als eine Ehre betrachten, dort eine Gedenkfeier abzuhalten. Forest Lawn ist ein wunderbarer Ort für einen Abschied. Aber du hast doch immer gesagt, dass du verbrannt werden wolltest. Dann könnte ich deine Asche immer bei mir behalten und immer mit dir reden.«

Er sah mir direkt in die Augen: »Dazu brauchst du meine Asche nicht. Ich werde auch so bei dir sein.«

Wir hatten gerade das Unaussprechliche ausgesprochen.

Doktor Wolfe teilte uns in seiner Praxis die Fakten mit, die uns jeder Hoffnung beraubten und Pauls Schicksal endgültig besiegelten. Wir fragten, ob es irgendeinen Grund zum Optimismus gäbe. Doktor Wolfe meinte, es gebe immer wieder

Wunder, und überwies uns an einen Onkologen, der fest daran glaubte.

Und so begann unser Abstieg in die Finsternis.

Kapitel 15

Als wir nach Hause kamen, gingen wir direkt zum Sofa, wo wir uns in die Arme nahmen.

»Ich dachte immer, ich hätte Dornröschen geheiratet«, sagte Paul zu mir, »aber du hast dich als Aschenputtel entpuppt, die zur Prinzessin wurde. Du bist eine richtige Dame, aber mit Kraft, Schwielen an den Händen und Mut – und zwar mehr, als ich je gedacht hätte. Nun muss ich dich darum bitten, um meinetwillen fröhlich zu sein. Kannst du das?«

Seine Augen bettelten. Ich nickte abrupt und völlig automatisch, lächelte ihn an und sagte, natürlich könne ich das. Ich wollte seine Bedürfnisse befriedigen, ihm alle seine Wünsche erfüllen, erkannte aber, dass dadurch ein Abstand zwischen uns entstehen würde. Indem er mich bat, fröhlich zu sein und ihn nicht mit meiner Angst zu belasten, bat er mich eigentlich, meine Gefühle ihm gegenüber nicht zu zeigen. Ich würde sie zurückhalten, beobachten und zensieren müssen. Ich würde eine Maske tragen müssen.

Er bat mich außerdem, niemandem davon zu erzählen, nicht einmal Lexi, bis sie in den Weihnachtsferien nach Hause käme.

»Die Leute denken, dass ich Lungenentzündung habe. Dabei sollten wir es vorerst belassen.«

Von diesem Augenblick an konnte ich nur noch meinem Tagebuch gegenüber ehrlich sein und den in mir tobenden Horror, die Wut, die Angst, den Kummer und die vielen Fragen nach dem »Was, wenn ...« ausdrücken. *Was, wenn die Ärzte sich getäuscht haben? Was, wenn sie Recht haben, Paul aber noch jahrelang leiden muss? Was, wenn sie eine falsche Diagnose gestellt haben und uns nun die Chance, ihn zu retten, durch die Finger gleitet?*

Im zweiten Monat kommunizierte ich weiterhin durch mein Tagebuch mit Paul und schrieb all die Dinge hinein, die ich nicht sagen durfte. *Ich möchte dich und den Krebs anbrüllen. Ich möchte so lange schreien, bis du vor Schreck tot umfällst.*

Ich schrieb diese Dinge in den langen Stunden auf, die ich für mich zur Verfügung hatte, weil Paul schlief. Ich wusste nicht, was ich tat oder warum ich es tat, aber wenn ich mir diese Worte aus der heutigen Perspektive anschaue, kann ich sehen, wozu sie dienten. Jemand hat gesagt, dass ein Leben, das man sich nicht genau anschaut, nicht lebenswert ist. Aber ich finde, ein Leben, das man sich zu genau anschaut, kann auch zu intensiv sein, um es zu ertragen – besonders dann, wenn man eine Maske tragen muss und nicht weiß, wohin mit seinen Gefühlen.

Am Tag der ersten Bestrahlung brach ich schließlich zusammen. Als ich morgens allein im Auto saß, tobte und schrie ich und verlor völlig den Verstand, bevor ich nach dem morgendlichen Treffen nach Hause fuhr; nachmittags weinte ich, während ich im Krankenhaus auf Paul wartete. *Zumindest habe ich dich noch ein Weilchen länger, während du gegen den Krebs kämpfst,* dachte ich, um mich selbst zu trösten.

An diesem Tag wurde aber nicht nur die erste Strahlenbe-

handlung gemacht. Es wurde auch ein Knochenscan durchgeführt, um herauszufinden, ob sich der Krebs weiter ausgebreitet hatte. Paul stand der Behandlung positiv gegenüber, aber die Gefahr, dass Metastasen entdeckt werden würden, bedrückte uns beide.

An diesem Tag fielen zwischen uns auch die ersten harschen Worte seit dem Ausbruch seiner Krankheit. Obwohl ich Pauls Wunsch respektieren wollte, niemandem vom Krebs zu erzählen, flehte ich ihn nun an, mich zumindest Lexi und meiner Freundin Mary anvertrauen zu dürfen. Aufgrund meines eigenen Schmerzes schnauzte ich ihn an, dass er schließlich nicht der Einzige sei, der Unterstützung bräuchte, dass es für mich unerlässlich sei, mit jemandem darüber zu reden. Er entgegnete eisig, dass sein Zustand ein Geheimnis bleiben sollte und dass das ja wohl nicht zu viel verlangt sei. Ich versprach ihm, niemandem etwas zu sagen.

Ich hasse dich dafür, dass du mich zwingst, so zu tun, als ob alles gut werden würde, dass du dich erholen wirst und dass wir glücklich und zufrieden weiterleben werden. Ich habe niemandem, dem ich mich anvertrauen kann.

Ein paar Tage später kam Paul von einer Sitzung bei dem Psychotherapeuten Lee Shulman zurück, der angeboten hatte, ihm mit den emotionalen Aspekten des Krebses zu helfen. Paul entschuldigte sich bei mir, dass er auf Verschwiegenheit bestanden hatte. »Lee hat mir erklärt, dass du genauso viel durchmachst wie ich – und in gewisser Weise sogar noch Schlimmeres. Er meinte, du müsstest deine Trauer ausdrükken und über deine Gefühle reden. Das habe ich nicht gewusst. Es tut mir wirklich Leid.«

»Aber bitte warte noch ein paar Wochen, bis Lexi nach Hause kommt, damit wir es ihr als Erster erzählen können. Danach kannst du es allen mitteilen, denen du es sagen möchtest. Was hältst du davon?«

In Pauls unmittelbarer Nähe gab es nur einen einzigen

Menschen, und der war ich. So war er nun einmal – introvertiert, extrem auf Privatsphäre bedacht und unglaublich stolz. Er war die Liebe meines Lebens, und da sein introvertiertes Wesen unsere Beziehung nie in Mitleidenschaft gezogen hatte, konnte ich diese Seite von ihm gar nicht mehr sehen. Aber jetzt, in diesen leidvollen Tagen seines Krankseins, sah ich sie mit äußerster Klarheit. Und ich bangte um ihn und wünschte mir, er könne seinen Panzer ablegen und zulassen, dass ihn auch andere Menschen kennen lernten und liebten.

Zur selben Zeit als Paul die Strahlenbehandlung begann, hielt eine Gruppe von Mitgliedern Strategiegespräche ab, um uns zu helfen, *Inside Edge* auch auf andere Städte auszudehnen. Keiner von ihnen wusste etwas von Pauls Zustand. Unsere Pilotsendung fürs Fernsehen war mit Ausnahme der Sprachaufnahmen, die mit den Fotos von uns am Strand ausgestrahlt werden sollten, fertig gestellt. Wir waren im Hinblick auf Pauls Erfolgsaussichten so optimistisch, dass wir ins Aufnahmestudio gingen. Vin und Sharon erzählten wir nichts von Pauls gesundheitlichen Problemen.

Zunächst schrieben wir auf, was wir über den anderen sagen wollten, dann wurden wir in eine abgedunkelte Schallkabine geführt. Paul bat mich anzufangen.

»Ich sehe in Paul einen Steuermann, der sowohl bei Windstille als auch während eines Sturms ruhig das Ruder hält. Er ist mein Lotse, Beschützer und Partner. Seit über 25 Jahren ist er mein sicherer Hafen gewesen.«

Pauls Gesichtsausdruck war ernst und er sah mich nicht an, während er sprach. »Frauen haben mein Leben geformt und die weibliche Kraft hat auf sanfte, aber unwiderstehliche Weise alles beeinflusst, was mir heute etwas bedeutet. Bevor ich Diana begegnete, glaubte ich, mein eigener Herr zu sein, aber sie war meine lebenslange und letzte Lehrerin. Ihre unschätzbar wertvolle Lektion lässt sich einfach so ausdrücken: ›Je mehr

wir teilen, desto mehr haben wir.‹ Ich habe mir oft vorgestellt, allein auf einer Bühne zu stehen und plötzlich etwas über Diana sagen zu müssen. Ich würde ihr in die großen braunen Augen blicken und das sagen, was ich schon tausendmal gesagt habe: ›Es ist mir eine Ehre und ein tägliches Privileg, dich zu lieben.‹«

Ich machte Weihnachtseinkäufe, aber mein Herz war nicht bei der Sache. Die Strategiegespräche bei *Inside Edge* gingen ohne Paul weiter. Wir bereiteten uns auf Lexis Heimkehr vor und ich betete, dass ich die richtigen Worte finden würde, um ihr alles zu erzählen.

Zwischenzeitlich fuhr ich Paul täglich ins Krankenhaus und kämpfte mit allen Mitteln darum, dass alles unternommen wurde, um ihn zu heilen. Dazu gehörten die tägliche Strahlenbehandlung, eine Computertomographie, Termine bei anderen Ärzten und Besuche bei Leuten, die uns möglicherweise helfen könnten. Während der ganzen Zeit musste ich aber auch zu den Treffen in Orange County und San Diego fahren und meine soziale Fassade wahren. Ich wurde immer erschöpfter und war bald mit meinen Kräften am Ende. Wenn mir alles zu viel wurde, versteckte ich mich ein paar Minuten im Auto, in der Garage oder im Badezimmer und weinte still vor mich hin.

Ich hatte oft Albträume, in denen ich beim Autofahren einschlief, und andere, in denen ich mich schuldig fühlte, weil ich nicht diejenige war, die sterben würde. Mit Paul teilte ich nichts als gute Laune und Frohsinn, aber in seinen Augen sah ich dennoch die stumme Anklage: *Wie kannst du es wagen zu weinen, wenn doch nicht du es bist, die von ihrem Körper im Stich gelassen wird, wenn du doch weiterleben wirst?* Wir waren einander immer so nahe gewesen wie eine einzige Seele. Ich hatte immer geglaubt, wir könnten alles miteinander teilen. Aber unsere Verzweiflung konnten wir nicht miteinander teilen.

Als Lexi nach Hause kam, begrüßten wir sie mit Umarmungen, die inniger waren als gewöhnlich. Nachdem wir ihr geholfen hatten, ihr Gepäck, ein Aquarium und ein Dutzend Weihnachtspakete hineinzutragen, baten wir sie, sich mit uns aufs Sofa zu setzen.

Pauls sagte ihr ohne Zögern, dass er Krebs hatte. Lexi war wie am Boden zerstört. Wir alle weinten. Wir erklärten ihr, dass wir zu einem Spezialisten gingen, der meinte, es gäbe Hoffnung auf Heilung. Sie bestand darauf, den Rest des Semesters sausen zu lassen, um in unserer Nähe zu sein. Sie sagte, sie wolle für *Inside Edge* arbeiten und Lauren im Büro helfen. Sie bot sich an, Paul ins Krankenhaus zu fahren, wenn ich Termine bei *Inside Edge* hatte.

Lexi war hübscher als je zuvor. Ihre wahre Schönheit fing gerade erst an, sichtbar zu werden. Sie war klug, optimistisch und zäh – und sie würde diese Eigenschaften in den nächsten Jahren brauchen. Ich war ebenfalls zäh, aber nachts sehnte ich mich danach, von Paul in den Arm genommen zu werden. Und am nächsten Tag nahm er mich tatsächlich zum ersten Mal seit Wochen wieder in den Arm, als wir ins Bett gingen. »Wie geht's meinem Baby? Was kann ich für dich tun?«

Ich brach in Tränen aus.

Er fügte hinzu: »Ruf doch morgen mal Mary an … und alle anderen, mit denen du reden möchtest.«

Kurz darauf rief ich tatsächlich Mary und Candace an, um ihnen die traurige Nachricht zu überbringen. Ich war erleichtert, dass ich endlich mit ihnen darüber reden konnte.

Schon nach zwei Strahlenbehandlungen behauptete Paul, dass es ihm besser ginge und dass er leichter atmen könne. Aber gleich darauf zerrte er sich beim Husten einen Muskel zwischen den Rippen. Ein paar Tage später war ihm nach der ersten Chemotherapie furchtbar schlecht, so dass ihm das noch zusätzlich zum schmerzenden Muskel zu schaffen machte.

Wir befanden uns mitten in der Vorweihnachtszeit, in der überall Partys stattfanden, und viele Mitglieder von *Inside Edge* wollten wissen, ob Paul sich von der Lungenentzündung erholt hatte. Da es uns immer schwerer fiel, ausgerechnet die Menschen anzulügen, die in uns Vorbilder für ein sinnvoll geführtes Lebens sahen, verfasste Paul einen Rundbrief an alle Mitglieder, in dem er sie darüber informierte, dass aus der Diagnose Lungenentzündung nun Lungenkrebs geworden war. Er bat sie, mich bei den Treffen zu unterstützen, indem sie mich nicht ständig nach ihm fragten oder sich seinetwegen Sorgen machten, und stattdessen daran zu arbeiten, die Organisation zu verbessern. Der Brief schien ihn zu erleichtern. Oder war es einfach nur die Wirkung der stärkeren Schmerzmittel, die ihn high machten? Er war sehr schwach, aber er wollte nicht, dass wir unser »normales« Leben unterbrachen und uns ständig nur auf ihn konzentrierten. Ich hätte sowieso nicht gewusst, was ich gegen seine Hustenanfälle oder Schmerzen hätte tun können – außer ihm noch mehr Schmerztabletten zu geben.

Eines Abends war ich so fertig, dass ich in meinem Tagebuch einen Hilferuf an den Großen Geist richtete: *Wozu soll dieses Leiden bloß gut sein?* Mitten in der Nacht erhielt ich die Antwort: *Würdest du ihn denn sonst gehen lassen?*

Jemand hat gesagt, dass Ambivalenz der natürliche Zustand des Menschen ist. Während ich mich bemühte, immer neue Wege zu finden, meine Hoffnung am Leben zu erhalten, war es mir unmöglich, meine Augen vor der Alternative zu verschließen: der Gedenkfeier, die Paul sich gewünscht hatte, seine Einäscherung – eben den ganzen düsteren Albtraum.

Dann kam Weihnachten. Lexi packte die Geschenke ein und bereitete am Heiligabend mit Truthahn gefüllte Tacos zu. Sie hatte ihr ganzes Leben neu organisiert, um näher bei Paul

und mir sein zu können. Sie würde sich von der Universität in Santa Cruz abmelden und sich bei einem nahe gelegenen College einschreiben. Ich versuchte, tapfer zu sein, aber manchmal fing ich wie aus heiterem Himmel an zu weinen, so dass mir die Tränen in kleinen Bächen die Wangen hinunterliefen. Wenn das in einem Restaurant geschah, nahm Lexi mich am Arm, schob mich zu den Toiletten und tröstete mich dort.

Ende Januar fand Paul beim Aufwachen ein paar Haarbüschel auf seinem Kissen. Er war immer so stolz auf seine herrliche braune Mähne gewesen, die in den letzten Jahren silberne Strähnen erhalten hatte. Er stand auf, ging zum Schrank, in dem ich den Frisierumhang aufbewahrte, legte ihn sich um, setzte sich auf einen Stuhl und sagte: »Rupf sie aus. Rupf sie alle aus! Und die, die noch nicht wollen, kannst du abrasieren.« Er sagte nicht einmal »bitte«. Er sah mich nicht einmal an.

Meine Kehle war wie zugeschnürt und ich musste die Tränen hinunterschlucken. Auch Pauls Augen wurden feucht, als er mein Spiegelbild in der Glastür sah und mir dabei zuschaute, wie ich seine Haare büschelweise ausrupfte. Es war mir unmöglich, die Tränen zu verbergen, die meine Wangen hinunterliefen, als ich einige Strähnen versteckte, die ich aufbewahren wollte.

Unter dem Umhang trug Paul den lilafarbenen Bademantel, den wir einmal in Carmel gekauft hatten. Durch die Glastür konnte ich die Hängematte sehen, in der ich gelegen hatte, als er mir vor laufender Kamera eine Liebeserklärung gemacht hatte. In diesem Augenblick wusste ich, dass ich ihn schon bald nicht mehr würde berühren können und dass das Einzige, was mir von ihm bleiben würde, die Haare waren und sein Geruch, der noch eine Zeit lang im Bademantel verweilen würde.

Mit Glatze war Paul noch attraktiver, als er es mit Haaren gewesen war. Ich sagte ihm, dass Yul Brynner wahrscheinlich vor Neid erblassen würde.

Als Paul wieder einmal Tests im Krankenhaus über sich ergehen lassen musste, band ich heliumgefüllte Luftballons an den Rollstuhl, in dem ich ihn von einem Gebäude zum anderen schob. Nachdem die Tests abgeschlossen waren, bedeckte ich seine Glatze mit Küssen, wodurch auf seinem kahlen Schädel rosafarbene Lippenstiftmale zurückblieben. Wir lachten, als ich ihn zum Fahrstuhl schob. Aufgrund eines merkwürdigen Zufalls stand eine unserer Kochschülerinnen hinten im Fahrstuhl und von ihrem schockierten Gesichtsausdruck konnte ich ablesen, wie sehr sich unser Leben verändert hatte.

Da ich nicht mehr lange Ehefrau sein würde, wollte ich nur noch für meinen Mann da sein. Dabei konnte ich von Lexis Mut, Entschlossenheit und Hingabe vieles lernen. Da uns als Familie nur noch wenig Zeit blieb, waren wir einander näher als jemals zuvor. Paul ertrug sein Leiden heroisch und ohne sich zu beklagen, obwohl ihm tagsüber der Kopf schmerzte und nachts die Beine. Trotz der Bestrahlungen und der Chemotherapie, trotz Meditation, Gebeten und guten Wünschen hatte sich der Krebs von seinen Lungen bis ins Gehirn und in die Hüften ausgebreitet. Sein Gehör hatte nachgelassen, seine Stimme war angegriffen und sein Verstand von den Strapazen der Behandlungen und von den Schmerzmitteln benebelt. Und all dies nicht einmal vier Monate nach unserem 25. Hochzeitstag, an dem wir so merkwürdig still gewesen waren, als wir versucht hatten, uns unsere nächsten 25 Jahre vorzustellen.

Ich schrieb ins Tagebuch: *Ich lerne, dass Gefühle wie ein Kaleidoskop sind. Einen Moment erlebe ich angesichts dessen, was wir durchmachen, einen unbeschreiblichen Horror. Im*

nächsten dann einen Ausbruch grenzenloser Freude und Dankbarkeit darüber, dass wir so sehr an der Schönheit und der Majestät des Lebens teilhaben dürfen.

An einem anderen Tag schrieb ich: *Es ist nur eine Illusion, wenn wir glauben, wir könnten Kontrolle über unser Leben haben. Am wichtigsten sind immer die Augenblicke, in denen wir uns hingeben. Was würde es bedeuten, »Ja« zu dieser Krankheit zu sagen, die Paul jeden Tag mehr hinrafft? Unser aller Tage auf Erden sind gezählt. Ist seine Zeit vielleicht schon um? Ist all unser Kämpfen sinnlos?*

Manchmal schrieb ich in mein Tagebuch Briefe an Paul, um ihm all die Dinge mitzuteilen, die ich nicht aussprechen konnte. *Der Krebs ist gütig, weil er es uns ermöglicht, noch Zeit miteinander zu verbringen. Er schenkt mir sogar Zeit für den Wunsch, du mögest sterben, denn dich in deinem Schmerz zu sehen ist mehr, als ich ertragen kann.*

Wir konzentrierten uns auf jeden einzelnen Tag und versuchten nicht an die Zukunft zu denken. Und dabei erlebten wir Augenblicke zärtlichster Liebe, Momente voll düsterer Schönheit, in denen wir beide wussten, dass wir beide zu etwas völlig Neuem werden würden. In diesen Augenblicken wurde ich von einer solchen Liebe, einer solchen Gnade überschwemmt, dass es mir den Atem raubte. Es waren diese Momente, die mich weitermachen ließen, in denen ich mich mit allen leidenden Menschen auf der Welt, mit jedem Menschen, der schon einmal hilflos dagestanden und jemanden verloren hatte, verbunden fühlte. Ich dachte an den Winter vor vielen Jahren in Lake Arrowhead, als ich daran gedacht hatte, dass auch eine Raupe sich davor fürchtet, ein Schmetterling zu werden. Ja, wir beide gaben uns etwas Neuem hin, und das machte uns sowohl Freude als auch Angst. Ich fühlte mich lebendiger und menschlicher als jemals zuvor, aber ich sprach mit niemandem darüber.

Paul war immer noch in der Lage, mich auf eine Weise zu

lieben, durch die ich mich erfüllt, anerkannt, geschätzt und unterstützt fühlte. Er besaß die Gabe, objektiv, ja prophetisch in den Abgrund zu schauen. So erlebten wir manche Augenblicke, die sich plötzlich auf geheimnisvolle Weise in reine Magie verwandelten.

Damals hatten wir das kurze Gespräch, das mein Leben dramatisch verändern würde und das sich mir deshalb für immer eingeprägt hat.

»Ich will nicht, dass du allein bist!«

»Dann schick mir jemanden!«

»Das werde ich«, antwortete er. Und dann lauter: »Das werde ich!«

Kapitel 16

Zu meinem Geburtstag am 4. März war Lexi für Paul einkaufen gegangen, der mir einen kristallenen Briefbeschwerer in Form der Erdkugel schenken wollte. Da Paul uns drängte, ins Kino zu gehen, nahm Lexi mich mit in den Film »Freundinnen« mit Bette Midler in der Hauptrolle, in dem es um zwei Frauen geht, von denen eine an Krebs stirbt. Hätte ich gewusst, wovon der Film handelt, wäre ich nicht gegangen. Besonders die Titelmelodie »The Wind beneath My Wings« ging uns unter die Haut, und während des Abspanns konnten Lexi und ich nicht aufhören zu weinen. Lange nachdem alle anderen Zuschauer gegangen waren, saßen wir immer noch auf unseren Plätzen.

Du denkst, ich habe es nicht gemerkt,
aber tief im Herzen weiß ich es.
Weißt du, ich kenne wohl die Wahrheit,
dass ich ohne dich nichts wäre.

Weißt du eigentlich, dass du mein Held bist
und alles, was ich gerne wäre?

Ich kann höher als der Adler fliegen,
weil du der Wind unter meinen Flügeln bist.

Wir kauften uns den Soundtrack an der Kinokasse. Als wir nach Hause kamen, spielte ich Paul das Lied vor. Da er es sofort ebenso liebte wie ich, wusste ich, dass ich es bei seiner Gedenkfeier spielen würde.

Neun Tage später wurde uns beiden klar, dass die Belastung, ihn zu Hause zu versorgen, zu groß geworden war und dass er mehr Pflege brauchte, als Lexi und ich ihm geben konnten. Paul beschloss, ins Krankenhaus zu gehen. Es war ein furchtbares Eingeständnis, denn wir wussten, dass wir auf dem Weg an den Ort waren, an dem er sterben würde. Aber ein Teil von ihm war noch nicht bereit. Erst als ich ihm sagte, dass ich einen Weg finden würde, in seinem Zimmer zu schlafen, war er beruhigt.

Als wir aus dem Haus gingen, sah er nach links auf die Stelle, an der wir vor vier Jahren Mistys Asche unter Seymour vergraben hatten. Und das war der Augenblick, in dem er und ich ohne jeden Zweifel wussten, dass er das letzte Mal aus dem Haus ging.

Ich fuhr Paul ins Krankenhaus. Sie nahmen ihn auf und da mir die Schwester, die ihn in sein Zimmer brachte, gesagt hatte, sie würde einige Zeit brauchen, fuhr ich schnell nach Hause zurück, um für mich ein paar Sachen zu packen.

Während der nächsten sechs Nächte schlief ich neben Pauls Bett in einem Liegestuhl. Ich kümmerte mich um alles, zog seine Decke glatt und schüttelte die Kissen auf, wenn er es bequemer haben wollte. Wenn ich die Tränen nicht mehr zurückhalten konnte, huschte ich ins Badezimmer und schluchzte dort, mit offenem Mund nach Atem ringend, still vor mich

hin. Danach kehrte ich an sein Bett zurück. Er muss es gemerkt haben, sagte aber nie ein Wort.

Unsere Freundin Bobbie Probstein, die Fotografin ist, kam vorbei und bat Paul um Erlaubnis, unsere Hände zu fotografieren. Sie wollte ein Buch veröffentlichen, in dem nur Hände zu sehen waren. Er gab mit ausdruckslosem Gesicht nikkend seine Zustimmung. Ich hatte keine Ahnung, was er dachte. Er konnte nicht wissen, dass Bobbies Fotos einen außergewöhnlichen Augenblick unseres gemeinsamen Lebens auf wunderschöne Weise festhalten würden – einen Augenblick, der auch heute noch zu meinen kostbarsten Erinnerungen zählt.

Während Bobbie ihre Kamera und die Scheinwerfer aufbaute, sah ich mir Pauls Hände noch einmal genau an und prägte sie mir in allen Einzelheiten ein: die starken, wohlgeformten Künstlerhände, die Haut in verschiedenen Schattierungen, die Haare auf den Handrücken. Ich dachte: *Bald werde ich diese Hände nicht mehr halten können.*

In jenen Tagen im Krankenhaus überkam mich eine gewisse Gnade. Ich fühlte mich manchmal erhoben, als ob ich alles wie ein sich entfaltendes Drama sehen könnte, und spürte in meinem Innern eine Art Freude darüber aufwallen, dass ich Teil des Lebens sein durfte. Ich konnte mit niemandem darüber sprechen, weil ich mir sicher war, dass es furchtbar gefühllos oder sogar wahnsinnig klingen würde, aber ich entdeckte, dass das tiefe Vertrauen in den Sinn des Lebens, das ich immer zu besitzen vorgab, auf die Probe gestellt und für wahr befunden worden war.

Am 17. März 1989 am Sankt Patricks Tag hörte Paul auf zu essen. Sein Tablett war aus Anlass des Feiertages mit einem grünweißen Plastikkleeblatt dekoriert worden. Als ich das Glückssymbol in die Finger nahm, dachte ich daran, wie oft

Glück – oder Joss, wie Paul es nannte – ein Teil unseres Lebens gewesen war. Obwohl ich fest an das Glück glaube, war ich doch in den 25 Jahren unserer Ehe immer wieder überrascht, wie prompt es sich einstellte, wenn wir es wirklich brauchten. Aber Paul hatte immer geglaubt, es sei mein Glück gewesen und nicht seins und dass er nur an meinem teilhaben konnte. Er war überzeugt, dass er niemals Glück haben würde, weil er es nicht verdient hatte. Und in seiner gegenwärtigen Lage, an einem Dauerkatheter und einem Tropf hängend ohne jede Hoffnung für die Zukunft, sah er sich darin bestätigt.

Ich versuchte Pauls Interesse für den Teller mit geräuchertem Lachs, Frischkäse und einem Brötchen zu wecken, aber er bat mich, es selbst zu essen. Es war offensichtlich, dass er von widerstrebenden Gefühlen geplagt wurde. Ich sah ihm an, wie sehr es ihn ärgerte, dass ich das Essen schmecken und genießen konnte. Ich konnte ihm nichts mehr recht machen. Er hatte mich in all den Jahren immer bedingungslos unterstützt, aber nun war die Krankheit zwischen uns getreten. Ich verlor ihn und seine Anerkennung, noch bevor er starb.

An diesem Sankt Patricks Tag im Krankenhaus war ich auf dem Tiefpunkt angekommen. Als Lexi sich von Paul verabschiedete und ihm sagte, dass er ein wunderbarer Vater gewesen war, brach ich hinter dem Wandschirm zusammen. Ich schluchzte und schluchzte. *Warum nur? Warum?* Ich krümmte mich vor Schmerz zusammen und war vor Kummer wie von Sinnen, dass meine Beine unter mir nachgaben. Langsam rutschte ich an der Wand entlang auf den kalten Boden hinunter. Aber Paul konnte es nicht ertragen, mich leiden zu sehen; er hatte mich gebeten, um seinetwillen fröhlich zu sein. Selbst im schlimmsten Augenblick meines Lebens durfte ich ihn nicht mit meinem Kummer belasten. Noch nie hatte ich mich einsamer gefühlt.

In diesen Tagen im Krankenhaus erkannte ich aber auch

klarer als jemals zuvor, dass Gefühle – selbst die schlimmsten – vergehen. Sie sind wie Wolken, die ununterbrochen über den Himmel ziehen, mal die Sonne verdecken, sie dann aber wieder hindurchlassen. Manchmal klingelte das Telefon und ein Freund versuchte, Paul zu trösten. Dann glänzten Pauls Augen vor Freude. Manchmal sahen wir uns an und die Freude, die wir miteinander geteilt hatten, blühte einen Moment lang wieder auf. Manchmal sah ich plötzlich alles von einer höheren Warte aus und erkannte, dass unsere Bestimmung etwas viel Größeres ist als dieses Drama, in dem wir mitspielen. Und in den Augenblicken tiefster Verzweiflung sagte ich mir immer wieder: *Auch das wird vorbeigehen. Auch das wird vorbeigehen.*

Kapitel 17

Karfreitag 1989

Während unsere Limousine sich der großen, steinernen Kirche näherte, sah ich die Stiefmütterchen und Primeln in gepflegten Beeten unter der südkalifornischen Morgensonne leuchten. Als mein Vater in diesem Nachbau einer englischen Kirche aufgebahrt worden war, hatte es nur wenige Trauernde gegeben, aber an diesem Tag kamen Hunderte zur Gedenkfeier von Paul von Welanetz.

Als ich in die steinerne Kühle der Kirche eintrat, fiel mein Blick auf die Worte aus dem ersten Brief an die Korinther, die über der Kanzel eingemeißelt waren:

> *Für jetzt bleiben Glaube, Hoffnung, Liebe,*
> *diese drei;*
> *doch am größten unter ihnen ist die Liebe.*

Lexi saß neben mir in der ersten Reihe rechts. Hinter mir konnte ich Rascheln und Flüstern hören, während sich das Gotteshaus füllte. Als ich mich endlich durchgerungen hatte,

mich umzusehen, sah ich über 350 Menschen, von denen viele stehen mussten. Auf den linken Bänken – der Familienseite – saßen Verwandte von mir, die ich seit dem Tod meines Vaters vor 17 Jahren nicht mehr gesehen hatte. Aber es waren vor allem Mitglieder von *Inside Edge*, die die Kirche bis auf den letzten Platz füllten. Sie waren, wie sie sehr wohl wussten, Pauls und meine Wahlfamilie.

Dann trat Peggy Bassett in ihrer weißen Priesterrobe ein und begann die Abschiedsfeier mit den Worten: »Paul wusste am Ende, dass die Intelligenz, die er war, ihn zu seiner nächsten Erfahrung leiten würde. Als ich am Sonntagabend im Krankenhaus bei ihm war, hatte er einen kurzen Augenblick der Erkenntnis. Ihn umgab die sichtbare Gewissheit, dass er mehr war als der Körper, den er dabei war zu verlassen.«

War es wirklich erst vor fünf Nächten gewesen, als Peggy Paul besucht hatte? Er war den ganzen Tag über ins Koma geglitten und wieder daraus hervorgekommen. Sie hatte mich mit einer Metapher getröstet, die beschreibt, was während eines Komas passiert, wenn der Zeitpunkt des Todes naht. Peggy sagte, es wäre so, als ob die Seele einen breiten Fluss überquert, sich am anderen Ufer umsieht und dann in den Körper zurückkehrt.

Sie fuhr fort: »Und jedes Mal wird der Fluss etwas schmaler. Wenn Paul überzeugt ist, dass die Reise sicher ist, wird er loslassen.« Sie stand mit mir etwa eine Stunde lang still neben Pauls Bett. Kurz bevor sie ging, sah sie mir tief in die Augen und fragte: »Paul war dir vollkommen ergeben. Meinst du nicht, dass er darauf wartet, dass du ihm gestattest zu gehen?«

Ja, dachte ich. *Paul würde so etwas tun*. Da nahm ich seine Hand und stand lange einfach da. Er war ganz still. Ich wollte mich zu ihm ins Bett legen und ihn festhalten, aber wegen der Schläuche, die in seinem Körper steckten, hatte ich Angst, ihm wehzutun. Aber hätte ich ihm überhaupt noch we-

her tun können? Später las ich etwas über eine Frau, die sich zu ihrer sterbenden Mutter ins Bett gelegt und sie bis zum letzten Atemzug in den Armen gehalten hatte. Seitdem wünschte ich mir, auch ich hätte das getan.

Aber stattdessen stand ich einfach nur am Bett und ergab mich. *O Großer Geist, ich bin deine Hand und dein Fuß. Zeige mir, was ich tun soll.*

Irgendwann fing ich an zu sprechen. »Ich bin hier, mein Liebster. Ich weiß, dass du mich hören kannst. Ich liebe dich mehr als alles andere auf der Welt. Du bist immer mein Held gewesen. Wir wissen beide, dass die Zeit für dich gekommen ist zu gehen. Ich möchte, dass du weißt, dass es für mich in Ordnung ist, wenn du es tust. Ich bin dir so, so dankbar. Danke, dass du gekommen bist, um bei mir zu sein. Danke für die Liebe und die Freude, die wir miteinander teilen durften. Danke für die Jahre der wunderbarsten Liebe, die es überhaupt geben kann. Du warst immer mein glänzender Spiegel und hast mich mir von meiner besten Seite gezeigt. Du hast mich erweckt und mich an jedem Tag, den wir zusammen waren, mit deiner Liebe unterstützt. Du bist ein wunderbarer Mann und Vater gewesen – der perfekteste Mann, den man sich nur wünschen kann.«

Als ich daran dachte, wie sehr mich Paul immer beschützt hatte, flossen mir die Tränen über die Wangen. Ich hatte das Gefühl, die glücklichste Frau der Welt zu sein.

Ich schluckte und fuhr mit zitternder Stimme fort: »Du kannst jetzt gehen. Ich bin gut aufgehoben und du bist gut aufgehoben. Aus Gründen, die wir einfach nicht verstehen können, ist deine Arbeit hier getan. Lexi und ich werden es schaffen. Ich werde dich immer lieben und du wist immer in meinem Herzen sein.«

Sag: ›Ich verspreche es.‹

Ich hörte Pauls Stimme in meinem Kopf und musste lachen, weil dies einer seiner Lieblingssätze gewesen war.

»Ich verspreche es«, antwortete ich. Dann wiederholte ich meine Litanei aus Versprechungen immer wieder, bis ich schließlich das Gefühl hatte, dass ich ihn nun wirklich losgelassen hatte.

Bevor ich vom Bett zurücktrat, küsste ich ihn noch einmal. »Peggy sagt, der Tod ist vollkommen ungefährlich und so leicht wie das Erwachen aus einem Traum. Es ist Zeit, dich ihm hinzugeben. Lass einfach los, mein Liebster.«

Aus reiner Gewohnheit zog ich mir das Nachthemd an und setzte mich mit meinem Tagebuch auf einen Stuhl. Aber statt die Ereignisse des Tages niederzuschreiben, flossen plötzlich andere Worte aus der Feder. *Warum habe ich mich bloß umgezogen? Ich werde doch heute Nacht gar nicht hier schlafen.*

Nach einigen Minuten merkte ich, dass sich irgendetwas verändert hatte. *Was ist passiert?* Dann merkte ich, dass ich Pauls röchelnden Atem nicht mehr hörte.

»Paul?«

Schnell ging ich wieder ans Bett.

»Liebling, bist du schon so schnell gegangen?«

Ich legte meine Wange an seine und küsste ihn ein letztes Mal.

Kurze Zeit später klingelte ich nach der Krankenschwester. Als sie kam, sagte ich aus irgendeinem merkwürdigen Grund die gleichen Worte, die ich vor 17 Jahren beim Tod meines Vaters aus dem Mund einer Krankenschwester gehört hatte: »Ich glaube, mein Mann ist von uns gegangen.«

Zwei Ansichten vom selben Schiff

Ich stehe am Strand
und sehe ein Schiff,
das seine weißen Segel in der Brise setzt
und auf das blaue Meer hinausfährt.
Es ist so schön, so voller Kraft.

Ich stehe da und sehe ihm zu,
bis es schließlich
wie eine kleine weiße Wolke
dort am Horizont hängt,
wo sich das Meer und der Himmel begegnen.

Da sagt jemand neben mir:
»Schau, es ist verschwunden.«
Verschwunden? Wohin?
Nur aus unser Sicht verschwunden.

Sein Mast ist noch immer so groß,
und noch immer kann es seine lebende Fracht
an den Bestimmungsort bringen.
Kleiner ist es nur in uns geworden –
nicht in sich selbst.

Und gerade dann,
wenn jemand neben mir sagt:
»Schau, es ist verschwunden«,
sehen andere Augen es auftauchen
und andere Stimmen nehmen den frohen Ruf auf:
«Schau, da kommt es!«

Und so ist auch das Sterben.

nach einer jüdischen Erzählung

Und plötzlich hatte ich viel zu tun. Während ich unsere Sachen in meinen kleinen Koffer packte, hatte ich das Bedürfnis, mit Paul zu sprechen und ihm immer wieder zu sagen, wie sehr ich ihn liebte. Und während ich das tat, meinte ich, sei-

ne neu gewonnene Leichtigkeit und seine Freude darüber zu spüren, dass er frei von seinem Körper, frei von allem Schmerz war. Fast war es, als könnte ich fühlen, dass er über mir schwebte. Aber sicher habe ich mir das nur eingebildet. Oder?

In dieser klaren, stillen Nacht, als ich zum letzten Mal das Krankenhaus verließ, lag pure Magie in der Luft. Über mir am Himmel sah ich den Vollmond und glitzernde Sterne. Hier unten auf der Erde packte ein plötzlicher Windstoß meinen Rock und blähte ihn auf. So kalt es auch war, so kurbelte ich im Auto doch das Fenster herunter und ließ mir die Luft um die Nase wehen. Die Zeit schien stillzustehen und ich war mir jedes Augenblicks vollkommen bewusst. Ich nahm das Armaturenbrett wahr, die Kleidung, die ich tagelang getragen hatte, und die völlig vereinsamte Autobahn.

Damals in den Hügeln von Hongkong hätte ich mir das Ende unserer Liebesgeschichte niemals so ausgemalt. Wir waren eben Kinder gewesen, glaubte ich nun zu wissen – und auch, dass alle Liebenden Kinder sind. Aber das war nun vorüber. Endgültig vorüber.

Peggy fuhr in ihrer Rede fort: »Als Paul ein kleines Kind war, als er in diese Existenzebene hineingeboren wurde, liebte ihn seine Familie, einfach weil er ein kleines Kind war. Dann wuchs er zu einem jungen Mann heran, der von seinen Freunden und Bekannten bewundert wurde. Danach wurde er zu einem erwachsenen Mann. Niemand weinte um das Baby, als er ein Teenager wurde, und niemand weinte um den jungen Mann, als aus diesem ein Erwachsener wurde. Dasselbe geschieht auch jetzt. Paul hat einfach einen weiteren Schritt gemacht. Anders ist dieses Mal lediglich, dass wir seinen Körper nicht sehen können. Wir können ihn nicht mehr mit unseren Augen sehen. Aber auf andere Weise können wir ihn schon noch wahrnehmen. Wir können nämlich Paul, die Seele, die über ihren Körper hinausgewachsen ist und diese Er-

fahrungsebene hinter sich gelassen hat, mit unserem inneren Auge sehen. Paul hat nun eine Aufgabe auf einer anderen Ebene.«

Dann bat Peggy die Versammelten, vorzutreten und von ihren Begegnungen mit Paul zu erzählen.

Vor ihrer Ansprache war die Stimmung in der Kirche still und ernst gewesen, aber während sie redete, wurde die Atmosphäre leichter. Und nun, als einer nach dem anderen aufstand, um eine – häufig humorvoll vorgetragene – Geschichte über Paul von Welanetz zu erzählen – über seinen Charme, seinen Sanftmut, seine Intelligenz –, schienen die steinernen Mauern zum Leben zu erwachen.

Pauls Freund Steve erzählte, dass er Paul einmal zum Angeln in der Brandung bei Malibu eingeladen hatte. Paul war – elegant wie immer – in weißen Shorts mit passendem Jackett und einem Picknickkorb voller frischer Brötchen und einer Thermoskanne mit Kaffee erschienen. Nachdem er zwei winzige Fische gefangen hatte, konnte er es kaum erwarten, heimzufahren und sie mir zu zeigen. Was für ein Bild: Paul der große Jäger, der Fischtöter, ganz in Weiß, mitten in der Brandung stehend.

Barbara DeAngelis sagte: »Ich konnte immer seine Intelligenz spüren, die Absicht hinter jedem seiner Worte.«

Margaret Wright, die Leiterin der Sektion San Diego, meinte: »Ich glaube, dass Paul hier ist und dass er genau nachzählt, wie viele Menschen anwesend sind. Er hat es immer geliebt, vor ausverkauftem Haus aufzutreten.«

Mary Charles, die für die Gedenkfeier extra aus Hawaii eingeflogen war, erzählte: »Wenn Paul einfach nur dastand, sah er wie ein Kunstwerk aus. Er tanzte wie der Traumprinz einer jeden Frau und wirbelte Diana beim Walzer so elegant übers Parkett, dass wir alle der perfekten Harmonie ihrer Körper nur staunend zusehen konnten. Aschenputtel und ihr Prinz hätten das Parkett geräumt, wenn Diana und Paul vor-

beigetanzt wären, denn sie waren die Stars eines Märchen, das Realität geworden war.«

Als schließlich alle etwas gesagt hatten, beschloss Peggy die Feier mit den Worten: »Ich glaube, dass Paul uns in diesen Augenblicken segnet, in denen wir das Leben feiern, das wir als Paul von Welanetz gekannt haben – wo immer er jetzt auch sein mag. Ich wäre nicht überrascht, wenn er jetzt ohne sichtbare Gestalt unter uns wäre.«

O ja, dachte ich. *Er ist hier. Endlich frei vom Schmerz und dankbar für jeden Augenblick.*

Später standen wir draußen im Garten, von wo aus wir die Innenstadt von Los Angeles überblicken konnten. Über eine Stunde lang schüttelten Lexi und ich die Hände der Anwesenden, wurden umarmt und mit guten Wünschen überhäuft. Ich spürte mich von einer Welle des Trostes getragen.

Eine Frau war mit einem Anhänger voller Luftballons zur Kirche gekommen, die sie verteilte, während Lexi und ich noch mit einigen Leuten sprachen. Alle standen auf dem Rasen und warteten auf uns, damit alle Ballons auf einmal aufsteigen konnten. Als Lexi und ich uns in die Mitte der Menge begeben hatte, fassten sich alle bei den Händen und gemeinsam sangen wir das Lied von David Pomeranz »It's In Every One of Us«.

Die vielfarbigen Ballons stiegen empor und wurden schließlich zu kleinen bunten Punkten vor dem blauen Himmel. Nur ein weißer blieb zurück und tanzte in der Luft auf und ab. Jemand rief: »Das ist Paul. Er winkt uns zum Abschied zu.«

Nicht, um mich zu verabschieden, hörte ich Paul in meinem Herzen sagen. *Ich winke dir zu, um dich zu grüßen, so wie ich dir damals an jenem Nachmittag in Hongkong vom Gipfel des Victoria Peak aus zugewinkt habe.*

28. Juni 1987

Zwei Jahre vor Pauls Tod ließen ein Mann, seine beiden 18- und 19-jährigen Töchter und ihre anwesenden Freunde bunte Luftballons von einem Hügel in Südkalifornien aufsteigen. Sie folgten den kleiner werdenden farbigen Punkten mit den Augen und mit dem Herzen. Die Ballons stiegen in den Himmel und verschwanden von der sanften Brise des Pazifiks getragen in der Höhe. Ted Wentworth, der kurz vor seinem 49. Geburtstag stand, hatte gerade seine Frau Sharon nach einem langen Kampf gegen den Brustkrebs verloren.

Zweiter Teil

Ted

Kapitel 18

Aus dem Tagebuch von Ted Wentworth

Seit Sharons Tod wache ich morgens auf und starre ungläubig die Wände an. Der empfindsamste Teil meines Herzens ist mit ihr gestorben.

Ich bin aber nicht nur einsam, ich fühle mich auch schuldig. Sharon starb über einen Zeitraum von vier Jahren Millimeter um Millimeter. Dabei wusste sie, dass ich weiterleben würde, dass ich ein neues Leben haben würde – und sie nicht. Sie wusste, dass sie nicht dabei sein würde, wenn Christy und Kathy heiraten, und dass sie im Gegensatz zu mir nie unsere Enkelkinder sehen würde. Das alles sah ich in manchen stillen Augenblicken in ihren Augen.

Nachdem sie gestorben war, wurden die Schuldgefühle noch stärker. Ich fühlte mich schuldig, weil ich froh war, dass ich im Gegensatz zu ihr noch bleiben durfte. Ich fühlte mich besonders schuldig, weil ich ihr das Geschenk des Lebens, nach dem sie sich so verzweifelt gesehnt hatte, nicht geben konnte; schuldig, weil sie alles so heroisch ertrug; schuldig, weil ich erleichtert war, dass

der aussichtslose Kampf vorbei war. Zumindest hoffe ich, dass er vorbei ist. Und ich fühle mich schuldig, weil ... So geht das endlos weiter.

Ich weiß, dass ich nicht mit einem kalten, leeren Platz an meiner Seite durchs Leben gehen will. Sharon hat mir mehrmals während ihrer langen Krankheit gesagt, dass sie mich glücklich sehen will und dass ich weiterleben soll. Aber trotz ihrer aufmunternden Worte kann ich es mir nur schwer vorstellen, jemals wieder mit einer Frau auszugehen – besonders in meinem Alter und nach so vielen Ehejahren.

Aber Selbstmitleid liegt mir nicht. Ich habe mich immer selbst motiviert und ich weiß, dass Geduld und Ausdauer wichtige Tugenden sind. Wenn ich gestrauchelt bin, habe ich mich immer wieder aufgerappelt, mir den Staub aus den Kleidern geschüttelt und mich darangemacht, das zu besiegen, was mich zu Fall brachte.

Ted Wentworth kaufte sich die Bücher von Elisabeth Kübler-Ross, las alles über die verschiedenen Phasen des Sterbens und des Trauerns und beobachtete sich selbst aufmerksam, als er sie alle durchmachte – das Leugnen, die Wut, das Feilschen, die Depression und Lethargie. Er achtete sorgfältig darauf, zwölf Monate lang keine größeren Entscheidungen zu treffen. Etwa ein Jahr nach Sharons Tod hatte er diesen akzeptiert – außer an besonderen Anlässen wie Weihnachten oder ihrem Hochzeitstag. Er hasste ihren Tod nicht mehr. Er kämpfte nicht mehr dagegen an. Und er erkannte, dass die Zeit gekommen war, sein Leben wieder auf die Beine zu stellen.

Er wollte sein Leben mit jemandem teilen – mit einer Frau, die er lieben und der er von sich geben konnte. Er sehnte sich nach einer Frau, mit der er seine Liebesfähigkeit erforschen und vertiefen konnte. Um sie zu finden, so beschloss er, brauchte er eine Strategie.

Aus dem Tagebuch von Ted Wentworth

Ich definiere mich durch das, was ich für andere Menschen tue. Es wird nicht funktionieren, wenn ich auf dem Marktplatz nach Liebe suche. Das würde mich in einen Mann verwandeln, der sich einfach nimmt, was er braucht, und das bin ich nicht. Ich möchte eine Frau finden, die meine Fürsorglichkeit als Geschenk annimmt und sich bei mir so sicher fühlt, dass sich ihr Herz öffnen und sie meine Liebe erwidern kann. Ich weiß auch, dass meine Rolle darin besteht, die Initiative zu ergreifen, denn darin liegt der Schlüssel zum Erfolg.

Ich arbeite an mir selbst, damit ich der Beste werde, der ich nur sein kann, um die richtige Frau anzuziehen. Dabei muss ich an das alte Lied von Frank Sinatra »The Tender Trap« denken. Darin geht es darum, dass man sich, wenn man verliebt ist, unversehens in der Ehefalle wiederfindet. Ich möchte, dass es für meine neue Frau und mich genauso wird. Ich werde alles tun, um sie an mich zu binden. Man könnte sagen, ich baue eine Frauenfalle. Jawohl, so ist es! Ich baue eine Falle für meine zukünftige Ehefrau.

Dabei gehe ich sehr methodisch vor. Jede Frau, mit der ich spreche, ist entweder schon mein Ziel oder eine Lektion, die ich lernen muss, um mein Ziel zu erreichen. Je schneller ich meine Lektionen lerne, desto schneller werde ich sie finden. Ich erzähle allen, dass ich nach der perfekten Frau für mich suche und dass ich mich über jede vorgeschlagene Kandidatin freue.

Ich bedanke mich aber höflich, wenn sie mich mit einer Frau zusammenbringen wollen, die zu jung ist. Schließlich will ich keine Trophäe. Ich möchte eine Frau, die wie ich in den Geburtsjahren des Rock 'n' Roll aufgewachsen ist, die sich an Rollschuhe, Drive-in-Restaurants und Pferdeschwänze erinnert und daran, wie wir früher den Rahm von der Milch abgeschöpft haben, die noch in Flaschen verkauft wurde.

Es dauerte nicht lange, da war Ted eifrig damit beschäftigt, so viele »Kandidatinnen wie möglich für die offene Stelle als neue Ehefrau/beste Freundin zu interviewen«. Was er eine Verabredung nannte, fand meistens bei einer Tasse Kaffee, einem kleinen Frühstück oder einem Drink nach der Arbeit statt. Aber eine Verabredung galt nicht als Rendezvous. Sie war einfach dazu gedacht, herauszufinden, ob er eine Frau überhaupt näher kennen lernen wollte. Ein Rendezvous hingegen war etwas, das nur dann stattfand, wenn er und eine Frau bereits eine gewisse Beziehung entwickelten.

Als er sich auf die Suche begab, hatten seine Freunde ihm versichert, dass alle Frauen der Welt nur auf einen so guten Fang wie ihn warten würden. Als attraktiver, gut situierter Anwalt mittleren Alters mit eigener Kanzlei und einer erfolgreichen 30-jährigen Karriere hinter sich, als Vater zweier erwachsener Töchter und Besitzer eines Hauses mit Meeresblick hatte er alle Trümpfe in der Hand – sagten sie. Er könne davon ausgehen, dass die Kandidatinnen sich die Klinke in die Hand geben würden.

Aus dem Tagebuch von Ted Wentworth

Ich gehe bei meiner Suche sehr systematisch vor. Ich folge jedem Hinweis, den ich bekomme. Ich weiß, dass sie irgendwo da draußen ist, und ich bin fest entschlossen, sie zu finden. An manchen Tagen habe ich eine Verabredung am Mittag und eine andere am Abend. Ich habe so viele Verabredungen hinter mir, dass ich mich kaum noch an Einzelheiten erinnern kann – wo sie zur Schule gegangen sind oder wie ihre Kinder und Haustiere heißen. Also habe ich einen Freund, der Programmierer ist, gebeten, mir ein Computerprogramm zu schreiben, damit ich nicht den Überblick über all diese wunderbaren Frauen verliere. Meine Töchter nennen es mein »Schwarzbuch« und machen sich über

mich lustig, wenn ich von einem meiner Abenteuer nach Hause komme, mich sofort an den Computer setze und die Daten eingebe.

Es verging ein Jahr, dann ein zweites. Teds Töchter, die anfingen, sich Sorgen um ihn zu machen, beschlossen, mit ihm darüber zu reden.

»Wie läuft's denn so, Papa?«

»Nicht besonders. Alle denken, ich bin einfach zu anspruchsvoll. Aber wenn eine Frau noch nichts geleistet hat oder wenn sie schlecht von ihren Kindern oder ihrer Familie spricht, weiß ich einfach sofort, dass sie nicht die Richtige ist. Ich gehe einfach mit so vielen Frauen wie möglich aus.«

»Du musst dich nicht so anstrengen, Papa. Hab einfach Geduld, dann wird sie eines Tages plötzlich vor dir stehen.«

»Das glaube ich nicht. Sie wird nicht kommen, wenn ich nicht nach ihr suche. Und bis dahin lerne ich wenigstens etwas. Jede Frau, mit der ich mich treffe, bringt mich einen Schritt näher zu *ihr*.«

Zwei Monate nach Pauls Tod rief mich Mary aus Hawaii an, um mir mitzuteilen, dass sie sich mit Don Kelly verlobt hatte. Das war natürlich eine wunderbare Neuigkeit, aber nun wurde mir klar, dass sie wohl in Hawaii bleiben und dass ich sie nicht mehr in der Nähe haben würde. Sie erzählte, dass sie schon bald mit Don nach Tahiti fliegen würde, um dort für seine Schmuckgeschäfte Perlen einzukaufen, und erwähnte, dass ihr Strandhaus auf der Insel Kauai eine Woche leer stehen würde. Hätte ich Interesse, dort Urlaub zu machen?

Ich brauchte nicht lange zu überlegen. Ich stellte noch die Rednerliste für die nächsten zwei Monate fertig und arbeitete Lexi und Lauren ein, die alles andere übernehmen würden.

Und innerhalb kürzester Zeit war ich auf dem Weg in den Urlaub im Paradies. Und das ganz allein. Am Flughafen von

Los Angeles war ich von den üblichen Reisenden umgeben, darunter auch Paare und ganze Familien, die aufgeregt auf ihre Flüge warteten. 25 Jahre lang war es mir wie ihnen ergangen, da Urlaub immer gleichbedeutend mit Romantik zu zweit oder Familie gewesen war. Aber dieses Mal war es anders. Während des ganzen Flugs spürte ich immer wieder Trauer, Schmerz und eine unbestimmte Unruhe. Da ich mir gestattete, all diese Gefühle wahrzunehmen, überkam mich immer wieder die Trauer, wenn ich daran dachte, was Lexi und ich verloren hatten.

Mary und Don, die mich am kleinen Flughafen im Südosten von Kauai abholten, hatten gerade noch genug Zeit, mir ein wenig von der Insel zu zeigen, bevor sie nach Tahiti abflogen. Und da saß ich nun ganz allein in ihrem modernen, aus Holz und Glas gebauten Strandhaus.

Die erste Nacht verbrachte ich in ihrem großen Bett unter dem Moskitonetz, hörte den Wellen zu und las noch einmal Anne Morrow Lindberghs Buch »Muscheln in meiner Hand«, das Paul mir damals in Mexiko geschenkt hatte. Bei Sonnenaufgang machte ich mich mit meiner neuen Umgebung vertraut. Ich bestaunte die Pastellfarben des Strands – Flieder, rosa und aquamarin – und die Wellen, die den Sand beim Ablaufen glitzernd zurückließen. Ich verbrachte den Großteil des ersten Tages damit, am Strand spazieren zu gehen, und die Schönheit der Umgebung in mich aufzunehmen, Tagebuch zu schreiben und mit Paul zu reden. Dabei spürte ich aber immer wieder auch ganz unerwartet Trauer.

Am Morgen hatte ich seine Stimme gehört: *Danke. Danke für deine Liebe, deinen Mut und deine Fröhlichkeit. Danke, dass du so für mich da gewesen bist und mir jeden Wunsch von den Augen abgelesen hast. Ich wünsche mir, ich hätte tausend Liebesbriefe für dich versteckt. Aber glücklicherweise kann ich sie auch von hier schicken, und glücklicherweise bist du sensibel genug, um sie zu empfangen.*

Ein paar Tage später ließ der innere Aufruhr wohl als Reaktion auf die Schönheit und Stille der Insel etwas nach. Aber noch immer war ich ebenso launisch wie das Wetter auf Kauai. Dennoch gab es Momente relativer Stille, wenn der Schmerz etwas nachließ, in denen ich andere Aspekte meines Lebens wahrnehmen konnte – die Zukunft, meine Interessen, Wünsche und Ziele. Im Lauf der nächsten Tage wurden die Phasen, in denen ich mich ausgeruht und bereit für Neues fühlte, immer länger.

Eines Nachmittags fragte ich Paul durch mein Tagebuch: *Was soll ich tun? Was ist der nächste Schritt?*

Er antwortete: *Schreibe unsere Liebesgeschichte auf. Wenn du dir die Erinnerungen an unser gemeinsames Leben anschaust, wirst du sehen, dass sich ganz allmählich ein Muster herausbildet, so wie auch ein Foto in der Dunkelkammer nur allmählich sichtbar wird. Der Sinn wird dir im Lauf der Zeit immer klarer werden.*

Anfangs brachte mir dieser Vorschlag weder Trost noch Inspiration, denn mir war überhaupt nicht wohl dabei, über etwas zu schreiben, dass noch so frisch war. *Unsere Liebesgeschichte aufschreiben? Als ob sie etwas aus der Vergangenheit wäre?* Um das tun zu können, musste ich sie irgendwie loslassen, und dazu war ich noch nicht bereit.

Aber je mehr ich zuließ, dass die Insel mich heilte, desto richtiger kam mir die Idee vor. So richtig, wie es mir damals vor 20 Jahren in Mexiko erschienen war, ein Kochbuch zu schreiben. Die Idee kam mir eines Abends sogar goldrichtig vor.

Sofort begann ich, mir Notizen zu machen. Dabei hatte ich kein besonderes Ziel, ich wollte mich einfach nur Paul nahe fühlen und meine schmerzhaften Gefühle ausdrücken. Wie hätte ich ahnen können, wie genau Paul vorhergesehen hatte, was geschehen würde – nämlich, dass diese Tagebucheinträge, in denen die Leidenschaft unserer ersten Begegnung und

die Erlebnisse in Mexiko und Lake Arrowhead festgehalten worden waren, eines Tages der erste Teil dieses Buches werden würden.

Diese unruhigen Zeiten, so erinnerte mich Paul, *waren für uns die wichtigsten Phasen unserer Beziehung. Wenn du das erkennen und akzeptieren kannst, wirst du dich dem Chaos des Wandels öffnen, damit du erkennen kannst, wer du wirklich bist. Nimm die Veränderungen an! Bequemlichkeit ist sehr verführerisch, aber zu viel davon wird zu deinem Feind. Bleibe nicht in der Bequemlichkeit stecken! Strebe danach, vollkommen lebendig zu sein. Handle, wenn dir eine Inspiration kommt.*

Und wie sich alles veränderte! *O mein Gott*, dachte ich. *Das ist die reinste Glückseligkeit. Ich liebe dieses Buch – unser Buch – und die Gefühle, die sich in mir regen, ebenso wie das Donnern der Wellen und das Heulen des Windes.*

In den nächsten Tagen praktizierte ich Yoga, hörte Musik und ging am Strand spazieren, wobei ich jeder Laune folgte und einfach immer das tat, was mir gerade in den Sinn kam. Und da geschah das Erstaunliche: Ich verliebte mich in das Alleinsein, in etwas, das ich vorher nie gekannt hatte.

Mein Körper, dem ich seit dem Beginn von Pauls Krankheit wenig Aufmerksamkeit geschenkt hatte, erwachte wieder zum Leben. *Wer bist du eigentlich?*, fragte ich meinen Körper. Eines Abends ging ich allein im Meer schwimmen. Das war seit meiner Ankunft das erste Mal, dass ich überhaupt ins Wasser ging, und das Eintauchen ins Meer wurde zu einer der sinnlichsten Erfahrungen meines ganzen Lebens.

Aber Sinnlichkeit ruft die Sehnsucht nach Nähe wach. In jener Nacht sehnte ich mich besonders nach Pauls Körper.

Ich sprach es laut aus: »Ich vermisse die Wärme deines Körpers im Bett neben mir. Ich vermisse es, wenn wir uns aneinander schmiegen. In meinem Geist bist du so präsent, kannst du nicht auch körperlich bei mir sein?«

Er antwortete mir später durch das Tagebuch: *Spürst du, dass ich dich mit unsichtbaren Armen halte? Wir sind untrennbar miteinander verbunden, wir sind zwei ineinander verwobene Fäden.*

Es war etwas geschehen. Das Erwachen meiner Gefühle auf dieser sinnlichsten aller Inseln hatte Konsequenzen. Sosehr ich meine Einsamkeit auch liebte und so nahe Paul mir auch war, so reichte doch diese Nähe und die Erinnerung an seine Gegenwart nicht aus, um die Sehnsucht zu verdrängen, die in mir erwachte, wenn ich an diesem romantischen Strand spazieren ging. Andere Gefühle regten sich in mir. Würde er mir wirklich jemanden schicken, wie er es mir versprochen hatte? Natürlich war er unersetzlich und ich konnte mir nicht vorstellen, jemals wieder mit einem Mann zusammen zu sein. Dennoch fragte ich mich, ob es irgendwo, irgendwann jemanden für mich geben würde. Und wenn es ihn tatsächlich gäbe, wie sollte ich ihn dann erkennen?

Als ich am nächsten Tag zum letzten Mal am Strand spazieren ging, sah ich eine Blüte, die vor mir im Sand lag. Ich hob sie vorsichtig auf, richtete meine Gedanken auf die Zukunft und sagte leise: »Wer auch immer du sein magst, wo auch immer du bist, wenn du bereit bist, nach mir zu suchen, dann lass dich von dieser Blüte leiten.«

Ich ging in die sanfte Dünung hinaus und übergab die Blüte dem Meer. Als ich nach Hause zurückkehrte, spürte ich zu meiner Überraschung, dass sich ein Teil meines Herzens wieder geöffnet hatte.

Aus dem Tagebuch von Ted Wentworth

Nun sind fast zwei Jahre vergangen. Ich war mir so sicher, dass ich sie in diesem Zeitraum längst gefunden haben würde. Ich beschloss an einem Wochenende, die Vergangenheit formell loszulassen. Nach dem Frühstück pflückte ich in Sharons Garten einen Strauß Rosen, stieg in das Motorboot und fuhr westwärts zur Insel Catalina, bis ich dort eine kleine abgelegene Bucht gefunden hatte.

Ich stellte das Ruder so ein, dass das Boot im Kreis herumfuhr, und schüttete die Rosen hinter mir ins Wasser. Dann stellte ich den Motor ab und saß mit Sharons Urne im Schoß eine Weile einfach still da. Kleine Wellen schwappten leise gegen das Boot, als ich schließlich den Deckel abnahm und Sharons weißliche Asche in das dunkelgrüne Wasser schüttete.

Auf Wiedersehen, meine Liebste. Ich erzählte ihr, was ich an unserer Ehe besonders geschätzt hatte, dass ich sie auf ewig lieben würde und dass ich ihre Hilfe brauchte, um jemanden zu finden, den ich jetzt lieben könnte.

Ich wollte gerade wieder den Motor anlassen, als ich den klagenden Schrei einer Möwe hörte. Ich schaute hoch und sah zwei Möwen, die sich mir näherten. Der schreiende Vogel stürzte zum Boot hinunter und umkreiste es immer wieder. Dabei berührte er mich fast mit seinen Flügeln und ließ die ganze Zeit über seinen klagenden Schrei hören. Die andere Möwe kreiste hoch oben über uns, als ob sie auf etwas wartete.

Ich war sprachlos vor Staunen. Ich spürte, dass Sharon, der Vögel so viel bedeutet hatten, sich von mir verabschiedete. Die Möwe sah mich bei ihrer letzten Umkreisung noch einmal genau an, dann stieg sie zur anderen empor und flog mit ihr aufs Meer hinaus.

Nachdem ich von diesem idyllischen Urlaub zurück nach Hause gekommen war, verbrachte ich immer mehr Zeit allein und richtete es so ein, dass ich jeden Dienstagabend allein im Ferienhaus der Probsteins verbringen konnte.

In den letzten 25 Jahren hatte ich nicht oft Gelegenheit dazu gehabt, allein zu sein. In einer Ehe, besonders wenn ein Kind da ist, ist wahres Alleinsein selten. Nun genoss ich die Stunden, von denen ich wusste, dass mich niemand stören würde. Ich verbrachte Stunden damit, aufs Meer hinauszuschauen, Musik zu hören oder einfach nur vor mich hin zu träumen. Der Zeitfluss verlangsamte sich. Ich wollte nur noch allein sein – und Popcorn essen.

Ich wurde geradezu süchtig nach Popcorn und aß bald nichts anderes mehr. Und dann vergaß ich überhaupt noch zu essen. Ich nahm immer mehr ab und wurde sehr, sehr dünn.

Eines Abends hörte ich Musik und verspürte den Drang, mich zu bewegen und zu tanzen. In meinem Lieblingsnachthemd hüpfte und wirbelte ich lange Zeit zum Takt der Musik herum. Da klingelte das Telefon. Es war Lexi.

»Was machst du gerade?«

»Ich tanze im Nachthemd zur Musik von Barbra Streisand, während die Sonne untergeht.«

»Bin ich froh, dass ich nicht da bin!«, erwiderte Lexi und meinte damit wohl, dass es ihr zu peinlich wäre, ihre Mutter im Nachthemd tanzen zu sehen.

»Ich bin auch froh«, antwortete ich, »denn wenn jemand hier wäre, könnte ich es sicher nicht.«

Ich genoss das Alleinsein immer mehr. Ich tat immer einfach das, was mich gerade interessierte. Dabei spürte ich stets Pauls Gegenwart, aber nicht mehr so stark wie am Anfang.

Männer. Nun fingen die Männer an, ihr Interesse an mir offener zu zeigen. Ich brachte es nicht über mich, im Tagebuch

mit Paul über sie zu sprechen oder ihn um Rat zu bitten. Es wäre mir wie Untreue vorgekommen.

Ich begegnete einem Mann – einem alten Freund –, mit dem Paul – wie ich schnell herausfinden sollte – nicht einverstanden war. Ich hatte mich mit ihm zum Essen verabredet und war mir aufgrund unseres Telefongesprächs ziemlich sicher, dass er etwas von mir wollte. Ich selbst war irgendwie auch an ihm interessiert. Als ich meinen Wagen abstellte, merkte ich beim Aussteigen, dass ich nicht nahe genug an der Wand geparkt hatte. Ohne ganz wieder einzusteigen – also noch mit einem Fuß auf dem Boden –, ließ ich den Motor wieder an und gab Gas. Der Wagen schoss vorwärts gegen die Wand und prallte zurück, so dass die offene Fahrertür gegen mein Bein knallte.

Schließlich gelang es mir, die Zündung auszuschalten und das Bein hineinzuziehen. Eine Weile saß ich einfach da und schalt mich selbst, weil ich so dumm gewesen war. Dann fragte ich mich aber, ob der Zwischenfall nicht vielleicht eine tiefere Bedeutung hätte. Ich brauchte nicht lange auf die Antwort zu warten, denn die Sache schien ziemlich klar zu sein. Nach einer Affäre mit diesem Mann würde ich mich fühlen, als ob ich gegen eine Wand gefahren wäre. Sie würde nirgendwo hinführen, mich nur aus der Fassung bringen und mir wehtun. Ich humpelte ins Restaurant, genoss das Essen und war höflich, aber in meiner Ablehnung sehr bestimmt. Der Mann verstand, dass er und ich Freunde sein könnten, aber nicht mehr. So viel zum Thema Rendezvous.

Natürlich musste ich mich auch um eine ganze Reihe geschäftlicher Dinge kümmern. Vin DiBona, der Produzent der Pilotsendung, fand, ich könnte die Show immer noch moderieren, wenn ich mich mit dem Gedanken anfreunden könnte, sie mit einem anderen Mann zu machen. Er dachte dabei an einen bekannten Fernsehschauspieler, mit dem ich befreundet war. Vin, der Schauspieler und ich trafen uns mehr-

mals und boten die Sendung *Disney Productions* und einigen Sendern an, aber ohne Paul und unser harmonisches Zusammenwirken fehlte einfach der zündende Funke. Daher zeigte auch niemand Interesse. Ich war mir nicht einmal sicher, ob ich mich eigentlich dafür interessierte.

Aus dem Tagebuch von Ted Wentworth

Heute lief mir mein alter Kumpel Ron Dick über den Weg, den ich lange nicht gesehen hatte. Ich erzählte ihm von meiner Suche und sagte ihm, wie frustriert ich war, dass sie so lange dauerte.

Er meinte, dass es eben schwer sei, jemand Neues zu finden, und dass die Mädchen und ich wahrscheinlich noch mitten im Heilungsprozess steckten.

Ich erwiderte, dass ich das nicht glaubte. Es waren bereits zwei Jahre vergangen und Sharon hatte immer gesagt, dass sie nicht wollte, dass ich alleine bin.

Das überzeugte ihn wohl. Er dachte kurz nach und fragte mich dann, ob ich ihn nicht zu einer Veranstaltung begleiten wolle, die von einer Organisation namens Inside Edge veranstaltet wird. Ron beschrieb die Organisation als einen Haufen energiegeladener Frühaufsteher, die sich um halb sieben Uhr morgens in Remicks Restaurant treffen würden. Er meinte, dort gebe es einige sehr attraktive Frauen, und fügte hinzu, dass er sich irgendwie gedrängt fühlte, mir davon zu erzählen.

Ich sagte, ich würde kommen.

Am nächsten Morgen trafen zwei Menschen zusammen, die auf geheimnisvolle Weise von einem Ort jenseits von Zeit und Raum zueinander geführt wurden. War es Zufall oder Schicksal, dass diese zwei Menschen zur selben Zeit am selben Ort auftauchten – oder war es das Werk von Paul und Sharon?

Als Ted in Begleitung von Ron Dick das Restaurant betrat, überlief ihn ein kalter Schauer.

»Ron, sie ist hier! Ich kann es fühlen«, flüsterte er.

»Klasse! Dann lade dir einfach ein paar der Damen zum Essen ein.«

»Nein, irgendetwas kommt mir hier ganz merkwürdig vor. Ich fühle mich beobachtet. Normalerweise würde ich jetzt alle Frauen der Reihe nach ansprechen, aber ich habe das Gefühl, ich muss hier ganz anders zu Werke gehen. Es hört sich vielleicht verrückt an, aber sie muss von selbst zu mir kommen, wenn sie so weit ist – wer auch immer sie sein mag.«

Als ich an jenem Morgen das Treffen der Sektion von Orange County leitete, fühlte ich mich zum ersten Mal seit Pauls Tod völlig ausgeglichen. Auf Kauai hatte ich mich endlich erholt. Und heute Morgen noch im Halbschlaf hatte ich geglaubt, wieder einmal Pauls Stimme zu hören: »Kätzchen, heute wirst du *ihm* begegnen.« Ich hatte zwar gelacht und das Ganze schnell wieder vergessen, aber tief in meinem Innern wusste ich, dass heute etwas Wichtiges passieren würde.

Ich kannte das Publikum gut, es waren alles Freunde, die mich in den letzten Monaten nach Kräften unterstützt hatten. Sie alle wollten wissen, wie es mir ging, und da ich wusste, wie nervös das Thema Tod viele Menschen macht, wollte ich sie irgendwie beruhigen. Also erzählte ich nur, wie herrlich erholsam es auf Kauai gewesen war, fügte dann aber grinsend hinzu: »Ich genieße das Alleinsein so sehr, dass der erste Mann, der auch nur im Entferntesten so aussieht, als ob er mit mir ausgehen möchte, wohl das Opfer der verrückten Beilmörderin werden wird.«

Sie reagierten mit schockiertem Gelächter und Beifall.

Als ich mir nach dem Treffen einen Weg durch die Menge bahnte, hörte ich hinter mir jemanden in scherzhaftem Ton fragen: »Würden Sie mit mir ausgehen?«

Ich fuhr herum und sah direkt in die blauen Augen eines Mannes, den ich nie zuvor gesehen hatte. Ich hob den Arm, als ob ich eine Axt schwingen würde, und er drehte sich um und verschwand. Später erfuhr ich, dass dieser Mann, ein Witwer, seiner Tochter beim Nachhausekommen gesagt hatte, dass er beim Betreten des Restaurants das Gefühl gehabt hatte, seine neue Frau befände sich dort.

Ich hingegen hatte ihn schnell vergessen.

Kapitel 19

Ich fing an, neue Frisuren und Kleider auszuprobieren, und hatte viel Spaß dabei. Da Paul so visuell veranlagt war, hatte ich ihm die meisten Entscheidungen hinsichtlich meines Aussehens überlassen. Ihm war einfach alles an mir aufgefallen – selbst wenn ich mir nur die Fingernägel in einer anderen Farbe lackierte –, und er hatte sehr starke Vorlieben in Bezug auf meine Frisur und Lippenstift. Jetzt wollte ich etwas Neues ausprobieren und herausfinden, was *mir* eigentlich gefiel. Also gab ich Haarfestiger und streng zurückgekämmte Frisuren auf, ließ mir eine Dauerwelle machen und die Haare einfach in Form föhnen. Statt der klassisch geschnittenen Kleider, die Paul vorgezogen hatte, kaufte ich mir mehrere sehr weibliche Kombinationen. Aufgrund der hochgezogenen Augenbrauen, die mein neuer Stil bei *Inside Edge* verursachte, konnte ich sehen, dass einige meiner Experimente anscheinend erfolgreicher waren als andere – je nachdem wer die Augenbrauen auf welche Weise hochzog.

Eines Tages waren Lexi und ich mit Margaret Wright, der Sek-

tionsleiterin von San Diego, in einem eleganten Restaurant hoch über den Dächern der Stadt verabredet. Als wir den Fahrstuhl verließen, stieg ein Mann Ende dreißig ein und musterte mich wohlwollend von oben bis unten. Lexi und Margaret hatten es ebenfalls gesehen. Ich war überglücklich, dass ich mit 48 immer noch attraktiv war – zumindest für die, die reife Schönheit zu schätzen wissen. Zum Muttertag schenkte mir Lexi einen Gutschein von *Victorias Secret*, einem fabelhaften Dessousgeschäft, mit den Worten: »Kauf dir doch mal sexy Unterwäsche, Mutti.«

»So weit bin ich noch nicht, Liebling. Aber wer weiß …«

Weil ich häufig Pauls schützende Gegenwart spürte, fühlte ich mich meistens nicht einsam. Zudem ging ich oft mit männlichen Freunden von *Inside Edge* zum Essen aus. Aber nach einiger Zeit fragte ich mich doch im Stillen, wie es wohl wäre, ein richtiges Rendezvous zu haben. Ich dachte an Pauls Versprechen, mir jemanden zu schicken. Als ich abends meinen Tagebucheintrag machte, geschah etwas Seltsames. Paul sprach zu mir: *Mich hast Du sofort erkannt. Gib Acht, dass Du auch ihn rechtzeitig erkennst.* Ich war perplex. Doch es sollte nicht mehr allzu lange dauern, bis ich schließlich verstehen würde.

Eines Abends, als ich gerade mein Zimmer im Hotel in La Jolla betreten hatte, wo sich die Sektion San Diego von *Inside Edge* traf, klingelte das Telefon. Eines der Mitglieder lud mich zum Abendessen ein. Ich dachte, er wolle vermutlich über etwas Geschäftliches mit mir reden, stellte dann beim Essen aber verdutzt fest, dass er mir Avancen machte. *Ach du meine Güte, ich interessiere mich doch überhaupt nicht für ihn. Was soll ich denn jetzt bloß machen?*, dachte ich verwirrt.

Als Shellie Fraddin beim Frühstückstreffen am nächsten Morgen einen Vortrag zum Thema »Flirten« hielt, merkte ich, dass

ich jahrelang nicht an so etwas gedacht hatte. Shellie erklärte all denen, die nicht genau wussten, worum es beim Flirten eigentlich ging, dass es nichts weiter bedeutet, als auf eine Weise freundlich zu sein, die anzeigt, dass man frei und interessiert ist. *Bin ich frei und interessiert? Bin ich das wirklich?*

Dann sagte sie: »Steht jetzt bitte alle auf und schaut euch um. Sucht euch jemanden vom anderen Geschlecht aus, geht zu der betreffenden Person hin und sagt das Gewagteste, das ihr euch überhaupt noch zu sagen traut.«

Ich sah einen alten Freund, einen attraktiven Mann, von dem ich wusste, dass er glücklich verheiratet war. Mit hochrotem Kopf stieß ich hervor: »He Bill! Ich finde dich echt heiß!«

Er umarmte mich lachend und versuchte es nun seinerseits: »He Diana! Du hast einen echt scharfen Körper!«

Nun mussten wir beide über unsere Kühnheit lachen. Durch diese einfache Übung fiel es mir leichter, ans Flirten zu denken, weil es so witzig zu sein schien.

Auf dem Treffen in der darauf folgenden Woche sah ich den Mann mit den strahlend blauen Augen wieder. Dieses Mal trug er ein Schildchen mit seinem Namen und der Aufschrift »Neues Mitglied« statt wie letztes Mal »Gast«. Ich sah, dass er Ted Wentworth hieß.

Da es zu meinen Aufgaben gehörte, neue Mitglieder willkommen zu heißen, ging ich auf ihn zu, lächelte ihn an und sagte: »Hallo. Sie sind also ein neues Mitglied? Herzlich willkommen.« Dann unterhielten wir uns ein paar Minuten lang über dieses und jenes. Bevor ich mich von ihm verabschiedete, lud ich ihn ein, sich doch beim nächsten Treffen an meinem Tisch zu setzen, damit ich ihn besser kennen lernen und ihn einigen anderen Mitgliedern vorstellen konnte. Ich wollte einfach nur freundlich sein, weil es zu meinem Job gehörte.

Aber eine Woche später hatte ich bereits wieder vergessen, dass ich ihm schon begegnet war. Als ich ihn nach dem Treffen sah, sagte ich genau dasselbe, was ich schon eine Woche vorher gesagt hatte. »Hallo. Sie sind also ein neues Mitglied? Herzlich willkommen.«

Er sah mich amüsiert an. »Danke. Erinnern Sie sich nicht mehr, dass wir uns bereits letzte Woche unterhalten haben? Sie haben mich sogar eingeladen, mich an Ihren Tisch zu setzen.«

Völlig aus der Fassung gebracht, stammelte ich: »Wirklich? Und warum haben Sie es nicht getan? Es war doch noch ein Platz frei.«

»Weil Sie, meine liebe Diana, eine sehr, sehr unnahbare Frau sind.«

Ich war völlig perplex und meinte, mich verteidigen zu müssen: »Ach wirklich? Ich glaube nicht, dass die anderen das auch so sehen.«

Er grinste: »Ich weiß. Das ist einzig und allein mein Problem. Aber ich arbeite daran.« Sagte es, drehte sich um und ging.

Was für ein seltsamer Mann, dachte ich. Der ironische Unterton in seiner Stimme war mir völlig entgangen.

Bei unserer dritten Begegnung hatte Ted Wentworth also doch noch einen bleibenden Eindruck bei mir hinterlassen, und als er zum nächsten Treffen nicht erschien, machte ich mir Sorgen. Natürlich aus rein geschäftlichen Gründen, wie ich mir einredete. Hatte ich ihn so sehr beleidigt, dass er seine Mitgliedschaft gekündigt hatte?

Nach dem Treffen suchte ich seine Telefonnummer heraus. Aus den Unterlagen erfuhr ich, dass er Anwalt mit einer Kanzlei in Newport Beach war. Ich rief dort an, um ihm zu sagen, dass wir ihn vermisst hätten. Er erklärte mir, dass er einen frühen Gerichtstermin gehabt hatte. Dann fragte er mich ganz

freundlich, wie lange mein Mann schon tot sei. In den nächsten 15 Minuten sprachen wir über das, was wir beide gemeinsam hatten: den Verlust unserer Partner durch Krebs. Seine Frau war vor zwei Jahren gestorben, erfuhr ich. Er fragte, ob ich die Phasen des Trauerns nach Kübler-Ross durchgemacht hatte.

»Feilschen, Leugnen, Wut, Depression und Lethargie. Leugnen ist am schwersten zu erkennen.«

Ich versprach, darüber nachzudenken.

Als ich in der darauf folgenden Woche an der Tür stand, um die Mitglieder zu begrüßen, sah ich Ted Wentworth kommen. Ich lächelte und sagte: »Ich habe darüber nachgedacht, was Sie gesagt haben. Ich glaube wirklich nicht, dass ich in der Leugnungsphase stecke.«

»Ha!«, sagte er nur und lächelte amüsiert, als er an mir vorbei in den Saal marschierte. Während des ganzen Morgens sprach er nicht mehr mit mir oder kam auch nur in meine Nähe. *Der Bursche ist mehr als seltsam*, dachte ich und beschloss, mich besser von ihm fern zu halten.

Am Samstag darauf fand in einem Park unser jährliches Picknick mit 300 oder 400 Leuten statt. Als ich am Abend vorher in mein Tagebuch schrieb, glaubte ich ganz fest, gehört zu haben, dass Paul sagte: *Kauf dir eine Wasserpistole.*

»Machst du Witze?«, fragte ich laut.

Nein, ich mache keine Witze. Mit dem Esstisch hatte ich doch auch Recht, oder?

Das konnte ich natürlich nicht abstreiten. Also fuhr ich zu einem Spielzeuggeschäft und kaufte eine alberne Wasserpistole, die aussah wie ein Würstchen im Schlafrock. Ich dachte noch: *Das wird bestimmt etwas Schwung in die Party bringen.*

Kurz vor Mittag, als unser Team gerade damit fertig geworden war, die Stände und Spiele aufzubauen, trafen die Leute scharenweise im Orange County Park ein. Die Mitglieder und ihre Familien breiteten ihre Decken auf dem Rasen aus oder machten es sich unter den Bäumen am Rand gemütlich. Ein lebhaftes Volleyballspiel war bereits in vollem Gange. Ich zog meine als Würstchen verkleidete Wasserpistole hervor und spritzte ein paar Leute – vor allem Männer – nass, wenn sie nicht hinsahen. Aber ihre Reaktion war nicht so begeistert, wie ich gehofft hatte. *Vielleicht bin ich wirklich unnahbar*, dachte ich.

Als ob er nur auf dieses Stichwort gewartet hätte, tauchte in diesem Moment Ted Wentworth auf, der Witwer, der mich nach meiner Androhung, alle Männer, die mir zu nahe kämen, zu enthaupten, gefragt hatte, ob ich mit ihm ausgehen wolle. In Shorts und mit einer Baseballmütze auf dem Kopf sah er wirklich süß aus – ein bisschen wie Robin Williams. Ich versteckte mich hinter einem Baum, und als Ted vorbeiging, spritzte ich ihn nass. Und er reagierte völlig anders als all die anderen!

»So ist das also!«, rief er, als er mich sah. »Na das wollen wir doch einmal sehen!«

Durch seine gespielt finstere Miene erschreckt, lief ich davon. Ted nahm sofort die Verfolgung auf und rannte mir durch den ganzen Park hinterher, bis er mich endlich eingeholt hatte. Dann riss er mir die Pistole aus der Hand und spritzte mir direkt ins Gesicht!

Ich war vollkommen geschockt und starrte ihn mit offenem Mund an, ohne ein Wort hervorzubringen.

Ted grinste nur. Dann schien es ihm Leid zu tun, was er meinem Make-up angetan hatte, denn er sagte: »Tut mir echt Leid, meine Dame. Folgen Sie mir bitte unauffällig.«

Er führte mich zu einem nahe gelegenen Wasserspender, wo er meine Wasserpistole auffüllte, sie mir zurückgab und

mich – als ob nichts vorgefallen wäre – fröhlich fragte: »Gehen Sie nun mit mir essen oder nicht?«

Kapitel 20

Ich hatte überhaupt kein weiter gehendes Interesse an Ted Wentworth. Sicher, er war süß, aber ich dachte, dass ich an ihm einfach üben könnte, wie man – ich – Männer kennen lernt und was man so mit ihnen macht.

Da ich Mitte der kommenden Woche vor den Mitgliedern von *Writers Edge*, einer Untergruppe der Orange County Sektion, einen Vortrag halten sollte, schlug ich Ted vor, uns vorher zu einem frühen Abendessen zu treffen. Da ich bei ihm nie so recht wusste, woran ich war, wollte ich mir einen Fluchtweg offen lassen. Ich dachte, wir würden erst ein bisschen Zeit miteinander verbringen und dann gemeinsam zu dem Treffen gehen. Wir verabredeten uns um 17 Uhr in einem von ihm vorgeschlagenen Restaurant.

Aber während des Essens entdeckten wir bald, dass wir mehr Gemeinsamkeiten hatten, als nur unsere Partner durch Krebs verloren zu haben. Lexi war beinahe genauso alt wie Teds Töchter, Kathy und Christy. Wir hatten beide Anfang der siebziger Jahre Meditation erlernt und waren beide immer noch begeistert davon. Die Psychologie faszinierte uns beide

ebenfalls und wir teilten das Interesse für eine Reihe bestimmter Bücher. Ted hatte so viele verschiedene Interessen und war so faszinierend, dass ich richtig traurig war, als unsere Zeit plötzlich um war. Nicht einen Augenblick lang hatte ich flüchten wollen.

Es überraschte mich nicht, dass mich Ted am nächsten Tag anrief und sich für die folgende Woche mit mir verabreden wollte. Ich war entzückt über seinen Anruf und wir setzten unser Gespräch dort fort, wo wir am Abend zuvor aufgehört hatten. Danach rief er mich beinahe jeden Tag an. Aber da wir fast 100 Kilometer weit auseinander lebten, würde es schwierig werden, viel Zeit miteinander zu verbringen. Er lebte in *Corona del Mar*, dem Ort an der Küste, den Paul und ich so geliebt hatten. Und ich lebte noch immer im Westen von Los Angeles in Pacific Palisades. Folglich entwickelte sich unsere Freundschaft anfangs vor allem übers Telefon.

Ted erzählte mir von seiner 30-jährigen Laufbahn als Anwalt für medizinische Fälle und Menschenrechte und von seiner Begeisterung für seine Ranch und sein Boot. Ich merkte schnell, dass ihn vieles in seinem Leben mit Begeisterung erfüllte und dass er alles mit Leidenschaft tat.

Ich sagte ihm, dass ich mich darüber freute, von seinen vielfältigen Interessen zu hören und zu entdecken, dass er ein verlässlicher, vertrauenswürdiger Mann war. Ich fügte hinzu, dass ich unsere Unterhaltungen als angenehm und sicher empfand.

»Sicher?«, fragte er verblüfft. »Wieso ist denn Sicherheit mit einem Mal ein Thema? Sicher wovor?«

Ich antwortete ehrlich, dass mich sein merkwürdiger Humor anfangs verunsichert hatte. »Paul war ruhig, zurückhaltend und poetisch. Er erinnerte mich immer an Sean Connery«, sagte ich. »Sie hingegen erinnern mich an Robin Williams. Sie scheinen nicht einmal zwischendurch Luft zu holen.«

»Ja, ja«, antwortete er. Der Vergleich hatte ihm anschei-

nend gefallen. »Ich habe das Leben immer durch ein etwas anderes Loch im Zaun betrachtet.«

Natürlich, das war es. Ich war immer davon überzeugt gewesen, dass ich einen Sinn für Humor hatte, aber wenn ich mich mit Ted unterhielt, kam ich mir oft ziemlich humorlos vor. (Denken nicht alle Menschen, dass sie Sinn für Humor und einen guten Geschmack haben?) Sicher, auch ich konnte manchmal durchaus lustig sein, aber er war ein großartiger, fröhlicher, verrückter, prustender, kichernder, schenkelklatschender Spaßvogel. Er sah das Leben auf jeden Fall durch ein völlig anderes Loch im Zaun!

Wie er schon gesagt hatte, war ich wahrscheinlich tatsächlich unnahbar. Ich nahm mich anscheinend ziemlich wichtig. Aber da er sich einfach über alles lustig machte, war es unmöglich, mir in seiner Gegenwart wichtig vorzukommen. Er besaß diesen natürlichen Frohsinn, der daher zu kommen schien, dass er sich selbst und seine Handlungen amüsiert betrachtete, weil er im Grunde davon überzeugt war, dass das menschliche Leben an sich absurd war. Einmal sagte er: »Gott ist ein Komiker, der vor einem Publikum auftritt, das Angst hat zu lachen.«

Eine Woche später lud Ted mich zu unserem zweiten Rendezvous zu sich nach Hause ein. Da ich als Kochbuchautorin kaum jemals zu jemandem nach Hause zum Essen eingeladen werde, faszinierte mich dieser Mann, der anscheinend vor nichts Angst hatte, noch mehr. Wenn jemand Angst hatte, dann war ich es. Schließlich war ich es, die unsicher war und nicht wusste, wie sie dieses Spiel spielen sollte.

Ich konnte mich überhaupt nicht mehr an die Regeln erinnern, die ich als Frau bei einem Rendezvous zu beachten hatte. Zudem wusste ich überhaupt nichts über allein stehende Männer. Wie sollte ich mich verhalten? Was sollte ich sagen? Schließlich war ich kein junges Mädchen mehr, das eine Unter-

haltung mit den Worten »Und was ist dein Sternzeichen?« beginnen konnte. Und trotz der fünf oder sechs Telefongespräche, die wir seit unserem ersten Treffen geführt hatten, konnte ich mir überhaupt nicht vorstellen, in Teds Haus zu sein – oder im Haus irgendeines anderen Mannes. Da ich mich seit über drei Jahrzehnten nicht mehr verabredet hatte, wusste ich nicht einmal, wie ein Single lebt.

Ich folgte Teds äußerst präzisen Richtungsangaben, bis ich auf dem Gipfel von Spyglass Hill angekommen war. Ted wartete vor seinem einstöckigen, im mediterranen Stil erbauten Haus auf mich. Als ich aus dem Auto stieg, fiel mein Blick zuerst auf die in allen Farben leuchtenden Blumenbeete, die vor einer pfirsichfarbenen Mauer neben dem weiß lackierten schmiedeeisernen Tor angelegt waren. Nachdem Ted mich hineingeführt hatte, zeigte er mir den üppigen Innengarten, den eine ebenfalls pfirsichfarbene Steinveranda begrenzte. Aus Hängekörben wucherten Fuchsien und in großen weißen Töpfen wuchsen Rosen in allen nur vorstellbaren Farben.

Mir verschlug es die Sprache.

»Während Sharons Krankheit brauchte ich eine Aufgabe, in der ich ganz aufgehen konnte«, erklärte Ted. Er hatte den pfirsichfarbenen Sandstein in einem Steinbruch in Arizona brechen und ihn hierher transportieren lassen. »Ich war monatelang damit beschäftigt, diesen Garten so schön wie möglich zu gestalten, damit Sharon vom Fenster aus ihre Freude daran haben konnte.«

Nun verstand ich.

Er führte mich über Steine, die aufgrund der dichten Bodenbedeckung kaum noch sichtbar waren, durch einen von Glyzinien überwucherten Gang ums Haus herum. Als wir auf der hinteren Veranda ankamen, sah ich, dass das Haus sich direkt am Abhang einer Schlucht befand und dass wir das gesamte Becken von Los Angeles überblicken konnten. Es war einfach herrlich.

Ted grillte Fisch und servierte ihn mit einer gebackenen Kartoffel. Die Brötchen vergaß er im Backofen. Nach dem Essen schlug er vor, einen Spaziergang um die nahe gelegene Insel Balboa zu machen. »Möchtest du mit dem Auto oder mit dem Motorrad dorthin fahren?«, fragte er mich. Mittlerweile duzten wir uns.

Der Gedanke ans Motorradfahren machte mir zwar ein wenig Angst, fasziniert mich aber auch. Schließlich hatte ich seit den frühen Tagen unserer Ehe nicht mehr auf einem Motorrad gesessen. Als ich »Motorrad« antwortete, leuchteten Teds Augen auf. Später erfuhr ich, dass dies einer seiner Tests gewesen war. Hätte ich mich für das Auto entschieden, hätte ich schlecht abgeschnitten. Da ich mich aber für das Motorrad entschieden hatte, bekam ich Bonuspunkte. Ich hatte den Test also bestanden.

Paul hatte mir beigebracht, wie man sich als gute Mitfahrerin verhält, wie man sich am Fahrer festhält und sich mit ihm in die Kurven legt. So stieg ich auf den Rücksitz seiner rostroten Honda Gold Wing, legte den Arm um seine Taille und lehnte die Wange gegen seinen Rücken. Dann ging es los. Mein dauergewelltes Haar flog im Fahrtwind. Später sagte er mir, dass eine Frau durch die Art, wie sie sich an ihm festhält, viel über sich verrät, woraufhin ich ihn fragte, was ich ihm denn verraten hätte. Er überging die Frage mit einem Blick, der zu sagen schien: »Du möchtest zu schnell zu viel wissen.«

Zehn Minuten später stellte Ted sein Motorrad neben der Brücke ab, die zur Insel führte. Wir gingen hinüber und spazierten in den nächsten zwei Stunden durch eine verzauberte Welt. Seit ich als Teenager hier einmal eine Freundin besucht hatte, hatte sich nur wenig verändert. Es gab noch immer entzückende kleine Geschäfte auf der Marine Avenue und in den Eisdielen wurden noch immer mit Schokolade überzogene gefrorene Bananen und Balboa-Riegel (mit Schokolade überzogenes und in Nüsse getauchtes Eis am Stiel) verkauft. Als ich

auf der anderen Seite der Bucht ein Riesenrad sah, auf dem ich unbedingt fahren wollte, nahm Ted meine Hand und half mir auf die Fähre, die zwischen der Insel und dem Vergnügungspark verkehrte. Er ließ auch später während des ganzen Wegs am Strand entlang und um die Insel herum meine Hand nicht mehr los. Nach den vielen Jahren, in denen ich mich an Pauls feine Künstlerhände gewöhnt hatte, war es nun ein merkwürdiges Gefühl, meine Hand in Teds rauer, riesiger Pranke zu spüren.

Ein paar Tage später schrieb ich in mein Tagebuch: *Seine Energie ist einfach ansteckend! Ich war heute Nachmittag völlig erschöpft, aber als er mich anrief, fühlte ich mich sofort wie neugeboren. Wir haben uns stundenlang über alles Mögliche unterhalten – wie zwei überdrehte Teenager. Wir haben beschlossen, den ganzen Samstag miteinander zu verbringen. Ich bin aufgeregt, habe aber auch ein wenig Angst. In meinem Innern kann ich Pauls Stimme hören: »Geh so weit auf ihn zu, wie du willst. Ich werde dich dabei unterstützen, immer noch ein Stück weiter zu gehen.«*

Ich hatte einen dicken Kloß im Hals, als ich am Samstagmorgen Spyglass Hill hinauffuhr, um den ganzen Tag mit Ted zu verbringen. Aber ich redete mir selbst gut zu. Wenn ich es geschafft hatte, mich von einer Brücke abzuseilen, dann konnte ich das hier wohl auch riskieren.

»Ich möchte, dass unsere Zeit zusammen wirklich etwas bedeutet«, hatte er am Telefon gesagt und ich hatte ihm zugestimmt. Jetzt nahm er meine Hand. »Komm mit.« Dann führte er mich auf die blumenübersäte Terrasse hinter dem Haus. In der Ferne, etwa 80 Kilometer nördlich, konnten wir in den Hügeln, die die Filmmetropole umgaben, gerade noch das berühmte Hollywood-Schild ausmachen.

Ted bot mir einen Sessel an, von dem aus ich die Aussicht

genießen konnte, holte uns etwas zu trinken und zog sich selbst einen Sessel heran. Wenn er sprach, tat er dies mit Begeisterung und unter vollem Körpereinsatz. Er erzählte mir Geschichten aus seinem privaten Leben ebenso wie aus seinem Beruf. Er schloss mit einer langen Geschichte über irgendeine blödsinnige Investition, die er vor Jahren in Hawaii getätigt hatte. Ich beobachtete fasziniert sein Gesicht und war beeindruckt, dass er nicht nur seine positiven, sondern auch die eher verrückten Seiten seiner Persönlichkeit offenbarte.

Schließlich fragte er: »Was möchtest du als Nächstes tun? Wir haben da einige Möglichkeiten. Wir könnten nach Laguna fahren und uns dort ein paar Kunstgalerien anschauen; wir können aber auch ein bisschen mit meinem Flugzeug herumfliegen oder mit meinem Boot eine kleine Kreuzfahrt in der Bucht unternehmen.« Ted steckte wirklich voller Überraschungen und ich war angesichts seines Lebensstils, den er sich geschaffen hatte und den er so offensichtlich mit jemandem teilen wollte, mehr als nur ein bisschen eingeschüchtert.

»Machst du Witze? Du hast ein Flugzeug?«

Er grinste mich einfach nur an.

»Und du fliegst es selbst?«

»Nein«, antwortete er, immer noch grinsend. »Meistens nicht. Ich nehme ja noch Unterricht. Aber wenn du willst, kann ich ja mal sehen, ob ich schon genug weiß, um es heute ausnahmsweise allein fliegen zu können.«

Spätestens da wusste ich nicht mehr, ob ich es nicht doch mit einem Verrückten zu tun hatte. Wollte er mich wirklich in ein Flugzeug locken, das er kaum fliegen konnte?

Ich versuchte meine Bedenken auf eine Weise zu formulieren, durch die er sich nicht beleidigt fühlen würde. Also fragte ich: »Ist das denn sicher?«

»Das kann man nie wissen«, antwortete er und lächelte mich mit seiner Unschuldsmiene an.

Wir fuhren – dieses Mal in seinem Wagen – zu einem Privat-

eingang des nahe gelegenen John Wayne Flughafens und an Reihen kleiner Privatflugzeuge vorbei, bis wir unter den Tragflächen einer bunt bemalten einmotorigen Maschine anhielten, die Ted als Cessna Turbo 210 bezeichnete.

Er half mir beim Einsteigen, überprüfte das Flugzeug gründlich, straffte meinen Sitzgurt und verschloss die Türen. Als er den Motor anließ, starrte ich auf die drei Blätter des schwarzen Propellers, bis dieser zu einer wirbelnden Scheibe geworden war. Kaum ein Jahr zuvor – Paul war noch nicht krank gewesen – hatten wir Flugunterricht genommen und davon geträumt, einmal unser eigenes Flugzeug zu fliegen. Als ich daran dachte, schien mir meine jetzige Situation auf geheimnisvolle Weise vorherbestimmt. *Einen solchen Mann hätte Paul für mich ausgesucht*, dachte ich, *nein, ich sollte sagen: Er hat es wirklich getan.*

Nach wenigen Minuten Flugzeit sahen wir unter uns den Strand von Newport Beach verschwinden, während wir über das offene Meer zur 40 Kilometer entfernten Insel Catalina flogen. Nachdem Ted eine Musikkassette mit dem Titel »Deep Breakfast« eingelegt hatte, erklang aus den Kopfhörern eine betörend schöne, erhebende Musik, die im Takt unseres Abenteuers zu erklingen schien.

Mich begeisterte die märchenhaft anmutende Atmosphäre des ganzen Flugs. Schräg vor uns sahen wir die Insel größer und größer werden, während wir uns ihr über dem tiefblauen Catalina Kanal näherten. Das Wasser war mit Segelbooten übersät und von den durch Motorboote verursachten Gischtkronen durchzogen. Auf Catalina, die nur 20 Kilometer lang und knapp 3 Kilometer breit ist, leben nur wenige Menschen. Rund um die Insel befinden sich unzählige kleine Buchten, in denen manchmal 100 Boote vor Anker liegen und dann wieder nur eines oder zwei. Wir drehten nach links ab und flogen zur Mitte der Insel, wo ich einen Asphaltstreifen sah, der von einigen Gebäuden umgeben war.

»Catalina Island Airport«, gab Ted durch die Sprechanlage bekannt und zeigte auf den schmalen Streifen unter uns. Obwohl wir nur 15 Minuten übers Meer geflogen waren, befanden wir uns in einer völlig anderen Welt.

Ted landete sanft und rollte dann zur Seite, wo er sein Flugzeug neben einigen anderen parkte. Danach gingen wir in ein nahe gelegenes Gebäude, wo er die Landegebühr bezahlte, und anschließend auf die große Terrasse des Flughafenrestaurants. Wir verzichteten auf die Büffelburger, die die Speisekarte anpries (die Insel ist wegen ihrer Übervölkerung durch Büffel berühmt-berüchtigt), und bestellten stattdessen Salat, Eistee und Schokoladenkekse, die laut Ted die besten der Welt sind. Die Szene mit der großen Terrasse, auf der wir unter einem Sonnenschirm saßen, erinnerte mich an die Küste von Mexiko. Überall um die Gäste herum schwirrten Kolibris von einer Hibiskusblüte zur nächsten. Ted erzählte, dass ihn Vögel faszinierten und dass er so viel wie möglich über sie herausfinden wollte.

»Das hört sich jetzt vielleicht komisch an«, begann er, »aber nach Sharons Tod passierte etwas wirklich Unheimliches. Ich war gerade beim Frühstück, als ein Spatz wiederholt mit dem Schnabel gegen die Glastür klopfte. Er kam wochenlang Tag für Tag immer um dieselbe Zeit wieder.« Er erzählte weiter, dass er sich sicher war, dass Sharon den Vogel beeinflusst hatte. Auf der Universität war ihr Spitzname »Vogel« gewesen, weil sie eine besondere Zuneigung zu diesen Wesen hegte. Daraufhin erzählte ich Ted, dass ich Pauls Gegenwart fast ständig spürte. Es erleichterte mich, so offen mit jemandem darüber sprechen zu können, der wusste, was ich meinte. Ich sagte: »Es ist irgendwie komisch, aber wenn ich mit dir über Paul reden kann, fühle ich mich erleichtert. Es nimmt mir eine Last von der Seele. Und ich fühle mich dir dadurch viel näher.«

»In welcher Hinsicht?«

»In warmer, kuscheliger Hinsicht.«

Am nächsten Tag schickte mir Ted 18 langstielige Rosen. Auf der beigefügten Karte stand: »Liebes Wärmchen, schau dir die Blüten genau an. So wie in einer Freundschaft, so öffnen auch sie sich eine nach der anderen.« Er hatte mit »Kuschelchen« unterschrieben.

Ted rief mich in den nächsten Tagen mehrmals an und wir unterhielten uns stundenlang. Wir fühlten uns immer wohler miteinander. Als er aber vorschlug, am nächsten Wochenende mit seiner Yacht nach Catalina zu fahren, geriet ich ganz durcheinander, so dass ich nicht wusste, was ich sagen sollte. Ihm fiel auf, dass sich meine Stimmung geändert hatte.

»Sag mir, was du jetzt fühlst«, forderte er mich auf.

Sein glamouröser Lebensstil und seine energische Persönlichkeit waren immer noch neu für mich. Plötzlich kehrten all die alten Ängste und Befürchtungen zurück. In der Beziehung von Mann und Frau stellt sich irgendwann immer die Frage nach körperlicher Intimität und zwar ganz gleich, ob die Beteiligten nun Teenager oder erwachsene Menschen sind. An diesem Punkt tritt die Beziehung in eine neue Phase ein. Wenn man mit jemandem zusammen ist, an dem man kein weiter gehendes Interesse hat, ist die Sache einfach. Aber wenn man jemanden mag, dann …

Ich kam direkt zur Sache. »Ich habe ein wenig Angst. Aus unserer Freundschaft scheint sich ziemlich schnell etwas anderes zu entwickeln. Ich bin wirklich gerne mit dir zusammen, aber ich glaube, für ein ganzes Wochenende bin ich noch nicht bereit.« Ein paar bange Augenblicke lang war es still in der Leitung. Dann fügte ich hinzu: »Kannst du das verstehen?«

»Natürlich kann ich das«, sagte er. »Ich wollte dich nicht drängen.«

Nachdem wir aufgelegt hatten, war ich mir ziemlich sicher,

dass dies unserer Beziehung nicht schaden würde. Ich war mir selbst treu geblieben und das war mir das Wichtigste. Ich wusste, dass viele Frauen keinen Moment gezögert hätten, mit Ted auf seine Yacht zu kommen. Ein derartiges Wochenende wäre wahrscheinlich sogar die Erfüllung all ihrer Wünsche gewesen.

Ich fragte mich dennoch, ob er wieder von sich hören lassen würde.

Ich sollte es bald herausfinden.

Kapitel 21

In den nächsten zwei Monaten verbrachten wir so viel Zeit am Telefon, dass Ted mir anbot, die Hälfte meiner Telefonrechnung zu bezahlen. Obwohl ich genug damit zu tun hatte, die drei Sektionen von *Inside Edge* am Laufen zu halten, und obwohl Ted einen der größten Fälle seiner gesamten Karriere verhandelte, telefonierten wir mehrmals täglich miteinander. Da Ted ein gutes Gespür für alles Geschäftliche hatte, erzählte ich ihm von meinen Plänen für *Inside Edge*, um seine Meinung dazu zu hören.

Eines Samstags überraschte er mich, als er mich bat, mit ihm eine Yacht anzuschauen, die der ähnelte, die er gerade bauen ließ. Er fragte mich, ob ich mir irgendwelche Veränderungen in der Kombüse – der Bootsküche – wünschte, damit der Bootsbauer sie noch berücksichtigen konnte. Er fragte, ob die Arbeitsflächen nicht höher sein sollten, da ich so groß war.

»Weißt du, so wie es sich zwischen uns entwickelt, möchte ich einfach, dass die Yacht und du zueinander passen.«

Anschließend führte Ted seine Töchter, die bald zurück zur Uni mussten, und mich zum Essen und ins Theater aus.

Ich muss zugeben, dass es mir schmeichelte, so sehr Teil

seines Lebens zu werden. Aber irgendwie fühlte ich mich auch wie Aschenputtel, die in einem Moment gerade noch den Dreck wegputzt und im nächsten schon auf dem Ball ist.

Mittlerweile hatten meine Freunde von Ted erfahren und bemühten sich, mir Informationen über ihn zu entlocken. Candace, die gehört hatte, wie ich ihn Teddybär nannte, und nicht wusste, was ich damit ausdrücken wollte, kam auf mich zu, nachdem sie bei einem Treffen neben ihm gesessen hatte, und sagte: »Er ist viel mehr als ein Teddybär. Er ist wie ein Fels in der Brandung und außerdem sehr sexy.«

Tim machte sich Sorgen und meinte, ich würde mich wie eine Vierzehnjährige aufführen. »Lass dir Zeit«, riet er mir. Auch andere Freunde warnten mich davor, zu schnell mit Ted intim zu werden, und erinnerten mich daran, dass Sex alles verändert.

Auch Lexi fing an, sich Sorgen zu machen. »Wer ist dieser Typ, Mutti? Und wohin soll das alles führen?«

Ich antwortete: »Ich weiß selbst, dass mich all diese Aufmerksamkeit etwas benommen macht, aber ich weiß trotzdem noch, was ich tue. Vertraue mir einfach.«

In der Zwischenzeit hatte ich entdeckt, wie außerordentlich intuitiv Ted war. Paul hatte manchmal meine Gedanken lesen können, aber das lag vielleicht nur daran, dass wir häufig einfach dieselben Gedanken hatten. Ich spürte aber, dass er mir jemanden mit einer ausgeprägten Intuition schicken würde, da dies eine Fähigkeit war, die ich aufgrund meiner eigenen besonders schätzte. Aber während ich zukünftige Entwicklungen von Menschen und Ereignissen vorhersehen konnte, schien Ted besonders auf Körperempfindungen eingestellt zu sein.

Als ich eines Abends am Computer saß und schrieb, hatte ich plötzlich einen stechenden Schmerz im Unterleib. Da er nicht lange anhielt und schon bald vorbei war, führte ich ihn

einfach darauf zurück, dass ich zu viel Popcorn gegessen hatte. Ich hatte ihn schon ganz vergessen, als etwa 15 Minuten später das Telefon klingelte.

»Was war denn das für ein Schmerz?«

»Welcher Schmerz?«

»Der in deinem Unterleib!«

»Was? Woher weißt du denn das?«

Ted erzählte, er sei auf der Insel Balboa spazieren gegangen, als er den Schmerz spürte und merkte, dass es nicht sein eigener war. Da er das Gefühl hatte, es könne meiner sein, hatte er angerufen.

Ich war völlig verblüfft, denn ich hatte noch nie gehört, dass jemand eine solche Fähigkeit besaß. Ich fragte ihn, ob er dauernd so etwas fühle.

Er senkte seine Stimme: »Aber nein, wenn es so wäre, würde ich ja ständig die Schmerzen anderer Leute fühlen. Aber in meinem Beruf ist es manchmal schon ganz praktisch.«

»Und wie machst du es?«

»Das ist kein esoterischer Trick oder eine besondere Gabe. Ich habe einfach nur die Fähigkeit, meinen Geist zur Ruhe zu bringen und das wahrzunehmen, was sich dahinter verbirgt. Das ist alles ganz natürlich und braucht keinerlei Anstrengung, es hängt einfach davon ab, auf was ich meine Aufmerksamkeit richte. Das spirituelle Universum – also das wahre Universum – ist beileibe nicht so begrenzt wie die alltägliche Welt materieller Dinge. Es besteht aus Bewusstsein und Energie, aus Freiheit und Fließen. In ihm durchdringen Wissen und Fühlen einander ständig.«

Er fügte hinzu: »Aber nicht nur das, *alle* Menschen können diese Dinge wahrnehmen. Sie wissen es einfach nur nicht. Wir alle haben die Fähigkeit, die Wunder, die jenseits unserer physischen Sinne liegen, wahrzunehmen.«

»Wenn du Schmerzen spüren kannst, kannst du dann auch andere Störungen wahrnehmen?«, fragte ich.

»Klar, das ist doch alles dasselbe. Mein Bewusstsein geht immer dorthin, wohin ich meine Aufmerksamkeit richte.« Ted erzählte mir, dass ihm manchmal bewusst wurde, dass bestimmte Menschen medizinische Probleme hatten, die entweder gar nicht oder falsch diagnostiziert worden waren. »Das ist in meinem Beruf auch ganz praktisch«, bemerkte er amüsiert. »Es spart mir nämlich oft eine Menge Zeit.«

Er sagte noch, dass er häufig die Gegenwart anderer Menschen – ihren Geist oder ihre Energie – spüre, besonders wenn der Betreffende gerade an ihn dachte oder versuchte, mit ihm zu kommunizieren. »Sobald jemand seine Aufmerksamkeit auf mich richtet, spüre ich das.«

Er erklärte, dass die Grundlage dieses Prozesses Liebe sei, aber nicht die Art von Liebe, die sich als Leidenschaft oder Begierde zeigt, sondern als reine Liebe, die nichts weiter ist, als ein stilles Sein. »Ich spüre einen anderen Menschen nicht, wenn ich ihn nicht auch gleichzeitig liebe. Das liegt daran, dass wir alle in einem universellen Feld – einem Feld der Liebe – leben, das in uns allen enthalten ist, aus dem wir alle gemacht sind. Dieses Feld überwindet alle Grenzen und macht alles möglich. Liebe ist nicht etwas, das man tut, sondern etwas, das man ist. Dann entdeckst du sie in dir selbst und in allem, was dich umgibt.«

Sein tiefes Wissen berührte mich in seiner Schönheit und Leidenschaft, weil es für ihn nicht nur theoretisch war. Er schien es wirklich zu leben und ich schätzte mich glücklich, einen solchen Mann angezogen zu haben.

Als mir Candace am nächsten Tag dabei half, mein Wohnzimmer neu zu gestalten, erzählte ich ihr von Teds spiritueller Philosophie und von seiner Fähigkeit zu spüren, was in mir vorging.

»Das ist ja gut und schön«, meinte sie lächelnd. »Aber hast du nicht gesagt, er kriegt nicht einmal mit, was du anhast?«

Ich musste ebenfalls lachen. »Ich bin bereit, ihm damit noch ein wenig Zeit zu lassen. Irgendwann kriegt er es schon noch mit. Ich muss ihn einfach ab und zu darauf aufmerksam machen.« *Aber*, so dachte ich, *er ist ein Mann mit einem brillanten Geist und einem riesigen Herzen voller Liebe, und das ist schon mehr als genug.*

Teds mediale Sensibilität faszinierte mich weiterhin. Nachdem Candace gegangen war, hatte ich eine Idee. Ich schickte ihm auf mentalem Weg die Nachricht, er möge mich doch bitte anrufen. Innerhalb weniger Minuten klingelte das Telefon.

»Was ist los?«, fragte er.

Nachdem wir darüber gelacht und wieder aufgelegt hatten, dachte ich: *Hmmm. Das hat also funktioniert. Mal sehen, ob er auch das kapiert.* Also schickte ich ihm auf geistigem Weg die Botschaft, dass ich gerne ein paar Rosen hätte.

Als an dem Tag – einem Donnerstag – keine Blumen kamen, dachte ich nicht groß darüber nach. Aber am darauf folgenden Tag, als ich zum ersten Mal auf Teds Ranch in Temecula war, etwa 140 Kilometer von Los Angeles entfernt, wartete dort eine große Überraschung auf mich.

Unsere Beziehung vertiefte sich weiter und mir wurde immer klarer, wohin sie führen würde. Da es Ted ebenso ging, überließ er es mir, das Tempo zu bestimmen. Seit dem abgesagten Wochenende auf seiner Yacht war mir klar geworden, dass Ted zum wichtigsten Mann in meinem Leben wurde. Mein Nestinstinkt wurde stärker, je mehr ich lernte, ihm zu vertrauen.

Er hatte schon lange gesagt, dass er mir einmal seine Ranch zeigen wollte. Ich erklärte ihm nun, dass meine Bedenken wegen des Yacht-Wochenendes zerstreut waren und dass ich gerne das Wochenende mit ihm auf seiner Ranch verbringen würde, mir aber nicht sicher war, was daraus werden sollte. Ich fragte ihn, ob er mich trotzdem mitnehmen wollte.

»Das größte Geschenk, das du mir machen kannst, ist deine Gegenwart«, antwortete er. »Wie kannst du nur glauben, dass es nicht genug ist, wenn du einfach nur bei mir bist?«

Jeder Charmeur hätte das sagen können, aber aufgrund meiner Erfahrungen mit Ted wusste ich, dass er es tatsächlich so meinte. Mit wachsender Liebe in meinem Herzen freute ich mich auf das Wochenende auf seiner Ranch.

Es war ein heißer Nachmittag im August. Ted saß am Steuer seines Range Rovers, der Kofferraum quoll über vor Gepäck, Säcken mit Gemüse und noch warmen Brotlaiben, die wir auf dem Weg auf einem Markt gekauft hatten. Wir verließen die Autobahn und fuhren rechts in die Rancho California Road ein, die sich westwärts in die Hügel hinaufschlängelt.

»Wenn wir Glück haben, sehen wir sogar eine Tarantel«, sagte Ted zuversichtlich. Er zwinkerte mir zu. »Um diese Jahreszeit mühen sich die armen Kerle ab, eine Frau zu erwischen.«

Als er mein entsetztes Gesicht sah, fügte er hinzu: »Ach Diana, ich kenne ja die Taranteln aus Beverly Hills nicht, aber die hier draußen haben viel Herz.«

Nach ein paar Kilometern bogen wir nach links auf eine enge Asphaltstraße ein, die an einem weiß umzäunten Grundstück vorbeiführte, auf dem drei Ziegen etwas Abkühlung im Schatten eines Weidenbaums suchten. Wir fuhren weiter an einigen großen Anwesen, an Farmhäusern, Zitronen- und Pflaumenplantagen vorbei.

Direkt neben einer riesigen Eiche hörte die asphaltierte Straße abrupt auf. Nachdem wir eine Weile auf einem ausgefahrenen Feldweg entlanggeholpert waren, kamen wir an eine Gabelung. Wir nahmen den linken Weg, der zu einer von Platanenbäumen umsäumten Allee wurde und zu einer Brücke führte, die sich über einen kleinen Bach spannte. Es war offensichtlich, dass der jetzt harmlos kleine Bach im Win-

ter das Land überflutet hatte. Ted rollte auf die Brücke und stellte den Motor ab.

»Hör doch mal ... Hörst du den Bach, die Vögel, die Insekten? Und kannst du dahinter die Stille hören?«

Ich hörte das Summen der Insekten und die Brise, die durch die Platanen strich, und nach einer Weile quakte im Bach etwas.

»Das ist der hier ansässige Frosch. Ich nenne ihn Caruso. Er scheint glücklich darüber zu sein, dass ich dich hierher gebracht habe.«

Die unberührte Schönheit dieses Fleckchens Erde, die Sonnenstrahlen und dic Schattenspiele nahmen mich völlig gefangen. Mir offenbarte sich eine ganz neue Welt. Ich war noch nicht oft auf dem Land gewesen und jetzt erwarteten mich an jeder Ecke Überraschungen. Dann sah die Stadtfrau – ich – zwischen einigen ineinander verkeilten Baumstämmen einen ein Meter großen grünen Fleck.

»Ist das nicht Brunnenkresse?«

Ted nickte.

Ich fragte: »Ist sie essbar? Ich könnte uns eine tolle Suppe daraus machen.«

Statt einer Antwort öffnete Ted die Fahrertür, zog Schuhe und Strümpfe aus, warf sie in den Kofferraum und watete in den Bach hinein. Mit seinem Taschenmesser schnitt er vorsichtig zwei riesige Büschel ab.

»Man kann sie ohne Probleme essen, wenn sie im frischen, fließenden Wasser wächst. Die meisten Leute wissen nicht, dass man die Wurzeln drin lassen muss, damit sie weiter wachsen kann.«

Dieser Mann, der gerade knietief im Bach stand, die Baseballkappe schief auf dem Kopf, strahlte eine unglaubliche Lebendigkeit aus. Er sammelte nicht nur Brunnenkresse für mich, sondern legte mir auch eine Vielzahl von Abenteuern zu Füßen. Wie willkommen er doch in meiner Welt war, die

mir noch vor ein paar Monaten so düster und hoffnungslos erschienen war.

Einen knappen Kilometer weiter zeigte Ted auf einen weißen Pfosten, der neben einer Eiche in den Boden gerammt worden war. »Das ist die Nordgrenze der Eagle Ridge Ranch.« Mein Blick wanderte über den Pfosten zu einem ausgetrockneten Bachbett, das jetzt voller Eichen stand, und weiter zu den sanft geschwungenen Hügeln, durch die sich vorbei an Avocado- und Grapefruitbäumen schmale Feldwege zogen.

Nach einem weiteren Kilometer kamen wir auf einen Hügel und Ted bog nach rechts auf einen Kiesweg ein. Auf der linken Seite des Weges wucherten rote Rosensträucher über den Lattenzaun und auf der rechten standen Zitronen–, Orangen- und Mandarinenbäume Spalier. Alles sah völlig anders aus, als ich mir eine Ranch vorgestellt hatte. In meiner Fantasie hatte ich nur schnurgerade ausgerichtete Baumreihen auf flachem, staubigem Land gesehen, wie ich sie Dutzende von Malen entlang der kalifornischen Autobahn zwischen Santa Barbara und San Diego gesehen hatte. Als wir dann die letzte Kurve nahmen und ganz oben auf dem Hügel ankamen, sah ich plötzlich ein gewaltiges Panorama vor mir, das mir den Atem raubte.

Ted erklärte, dass er die Ranch im Lauf der letzten Jahre stückweise geschaffen hatte, indem er hier und dort 40 Hektar gekauft hatte, um die einzelnen Parzellen dann miteinander zu verbinden. Die letzte Parzelle, die er gekauft hatte, war die mit dem Gebäude gewesen, dem wir uns jetzt näherten.

Ted parkte vor dem einstöckigen Ranchhaus. Die Holztür mit den Butzenglasfenstern sah einladend aus.

In der Eingangsdiele standen zwei Blumenvasen mit riesigen Blumensträußen. In der einen stand ein Strauß mit gemischten Sommerblumen, in der anderen langstielige Rosen. Daneben lag eine Karte, die mich auf der Eagle Ridge Ranch willkommen hieß.

Ted meinte trocken: »Ich sah keinen Grund, dir gestern die gewünschten Rosen zu schicken. Du hättest ja ohnehin nur ein paar Stunden Freude daran gehabt. An diesen hier kannst du dich das ganze Wochenende erfreuen.«

Ich war sprachlos. Hatte ich tatsächlich auf geistigem Weg Rosen bestellt? Außerdem war ich von Teds außergewöhnlichem Lebensstil hingerissen. Dieser verrückte, lustige Robin-Williams-Verschnitt hatte also tatsächlich auch noch eine Ranch. Als er mir zuerst davon erzählt hatte, konnte ich es kaum glauben. Aber jetzt sah ich sie ja mit eigenen Augen.

Ted führte mich herum und hängte meine Kleider neben seine in den Schrank. Die Einrichtung war einfach perfekt. Er hatte eine frühere Freundin, die Innenarchitektin war, angestellt, um das Haus im südwestlichen Stil in verschiedenen Tönen von Elfenbein über dunkelgrauviolett bis zu blassrosa einzurichten. Ich konnte mir nicht vorstellen, auch nur die kleinste Veränderung vorzunehmen.

Ted nahm meine Hand, öffnete eine Glasschiebetür und führte mich auf den von Petunien umgebenen Rasen. Als wir am anderen Ende der Grasfläche angekommen waren, sah ich, dass wir uns auf dem höchsten Hügel der ganzen Gegend befanden und von hier aus auf Täler, Weideflächen, kleine Ranchhäuser und ganz in der Ferne auf ein Stück silbrig glänzenden Ozean herabblicken konnten. Von Teds Garten aus hatten wir einen 360 Grad umfassenden Panoramablick, der von den knapp 60 Kilometer entfernten San Jacinto Bergen im Osten bis zum 50 Kilometer entfernten Camp Pendleton direkt am Meer im Westen reichte.

Ted führte mich weiter herum und machte mich auf einen direkt unter dem Haus gelegenen Obstgarten aufmerksam, in dem etwa drei Dutzend Obstbäume standen.

»Irgendetwas ist immer gerade reif«, sagte er stolz. Die Sonne und die Stille wärmten uns wie eine himmlische Segnung. Ich fühlte etwas, für das ich keine Worte hatte. Der Ort kam

mir irgendwie vertraut vor, ohne dass ich sagen konnte, warum. Er hieß mich willkommen, aber er forderte mich auch auf, etwas Neues zu werden.

Am Abend saßen wir auf zwei hölzernen Schaukeln, die vom Dach herabhingen, und sahen dem Sonnenuntergang zu. Aus dem Haus wehten die Töne von Gheorghe Zamfir, dem Meister der Panflöte, zu uns hinüber, und Ted pfiff unbefangen mit.

Er sah mich an und wurde plötzlich ernst: »Meinst du …?« Ich wusste, dass er fragen wollte, ob wir füreinander bestimmt waren, ob ich die Frau war, nach der er so lange gesucht hatte.

Später am Abend schrieb ich in mein Tagebuch: *Die Schönheit der Ranch übertrifft alle meine Erwartungen. Und das Zusammensein mit Ted auch. Wir sind so fein aufeinander abgestimmt und passen so gut zusammen, dass ich langsam wirklich davon überzeugt bin, dass Paul und Sharon das Ganze von der anderen Seite aus arrangiert haben. Danke, ihr beiden!*

Kapitel 22

Als wir am nächsten Tag auf dem Feldweg in die Stadt fuhren, brachte Ted plötzlich den Wagen in einer Staubwolke zum Stehen.

»Was ist denn los?«, fragte ich beunruhigt.

»Komm mit. Ich habe jemanden gesehen, den du unbedingt kennen lernen musst.«

Ich stieg aus und rannte dorthin, wo Ted bereits auf dem Boden hockte. Er hatte die Hand mit der Handfläche nach oben flach auf den Boden gelegt – direkt vor einer Tarantel.

Ich kreischte und machte einen Satz zurück.

»Nun sei doch nicht albern«, sagte er leise, wobei er die Riesenspinne keinen Moment aus den Augen ließ. »Das hier ist ein wirklich toller Typ. Komm, gib mir deine Hand.«

»Nein!«

»Diana, Taranteln beißen nur, wenn sie sich bedroht fühlen.« Die pelzige Riesenspinne berührte mittlerweile Teds Hand mit beiden Vorderbeinen. Da sie das, was sich ihm in den Weg gelegt hatte, als ungefährlich betrachtete, kroch sie vorsichtig weiter, bis sie sich ganz auf Teds Handfläche befand.

»Schau nur, wie süß sie ist. Sie ist einfach nur ein sanftes, süßes Wesen«, flüsterte Ted.

Vorsichtig kam ich näher.

»Gib mir die Hand, Diana. Ich verspreche dir, dass es völlig ungefährlich ist.« Mit klopfendem Herzen streckte ich schließlich – widerwillig – meine Hand aus. Ich musste mich zwingen, sie nicht im letzten Augenblick zurückzuziehen.

»Leg deine Hand einfach auf die warme Erde direkt neben meine.« Ich sah staunend und ängstlich zu, wie das Tarantelmännchen auf meine Hand zukroch.

»Vielleicht bist du ja die, nach der er sucht. Siehst du die Haken an seinen Beinen? Er ist etwa acht Jahre alt und auf der Suche nach einer Freundin.«

Sobald die weichen Beinchen meine Haut berührten, schmolz mein Herz dahin und ich fand das kleine Geschöpf plötzlich wunderschön.

Verzaubert fragte ich die schwarze Riesenspinne: »He, wieso habt ihr Kerle bloß einen so schlechten Ruf?«

Ted Wentworth und ich wurden Geliebte. Als Liebhaber war Ted einfach wunderbar. Er war geduldig, einfühlsam und tat alles mit Begeisterung. Ich fühlte mich wirklich von ihm verehrt. Und während ich mich ganz auf die Vertiefung unserer Beziehung konzentrierte, kam der gesamte Rest meines Lebens zum Stillstand – auch das Buch, an dem ich gerade schrieb.

Je besser ich Ted kennen lernte, desto mehr liebte und schätzte ich ihn. Ich beobachtete ihn vor Gericht, in der Gesellschaft seiner zahlreichen Freunde und auf Eagle Ridge Ranch. Ted hatte drei Männer eingestellt, die sich ständig um die neu gepflanzten Bäume kümmerten. Zusätzlich zu den 10 000 Avocado- und Grapefruitbäumen wuchsen im Obstgarten unterhalb des Hauses Pfirsiche, Nektarinen, Weintrauben, Mandarinen, Blutorangen, Granatäpfel, Persimonen,

Äpfel und Feigen zum Eigenverbrauch. Entlang der Feldwege, die sich um den Hügel schlängelten, standen Tausende von Palmen, die leicht schräg gepflanzt waren, damit ihre gebogenen Stämme interessanter aussahen, wenn sie später an ihre neuen Standorte verpflanzt würden. Auf dem 220 Hektar großen Gelände wuchsen überall junge Bäume, so dass es aus der Ferne so aussah, als hätte sie ein Riese um das gemütliche Ranchhaus herum verstreut.

Ich liebte die Ranch und Teds Umgang mit den natürlichen Ressourcen. Er tötete keine Kreatur und machte sich sogar die Mühe, Klapperschlangen einzufangen und anderswo auszusetzen. Außerdem suchte er nach Möglichkeiten, Kojoten und Ratten zu vertreiben, ohne sie zu töten, deren Nachkommenschaft die teuren PVC-Rohre anknabberte.

Wir verbrachten nun jedes Wochenende miteinander – mal auf der Ranch, mal im Flugzeug oder unterwegs mit seinem Boot nach Catalina, wo wir in der Emerald Bay vor Anker gingen. Unsere gemeinsamen Stunden, in denen wir immer intimer wurden, vertieften unsere Beziehung und erlaubten es uns, andere – bisher nicht gesehene – Aspekte des anderen kennen zu lernen. Das führte allerdings auch zu unserer ersten großen Auseinandersetzung.

An einem Samstagmorgen standen wir noch vor Sonnenaufgang auf, weil wir so früh wie möglich zum Flugplatz wollten, wo Ted seine Maschine abgestellt hatte. Wir hatten vor, nach Columbia zu fliegen, einer kleinen historischen Stadt an der alten Route 49 im kalifornischen Goldland, wo wir zu Mittag essen und zum jährlichen Fiedel- und Banjo-Wettbewerb gehen wollten, bevor wir abends nach Los Angeles zu einer Galaveranstaltung zurückfliegen wollten.

Ted trug Jeans und Cowboystiefel – eine Aufmachung, die er als »180 Pfund gute alte kalifornische Romantik« bezeichnete. Er lehnte sich gegen den Rahmen der Badezimmertür

und redete mit mir, während ich mein Make-up auftrug. Es war das erste Mal, dass Ted mir dabei zusah. In jenen Tagen war es Mode (oder zumindest dachte ich das) zu formellen Anlässen wie dem an diesem Abend falsche Wimpern zu tragen. Während ich mich also fertig machte, war Ted in bester Stimmung und hielt mir einen leidenschaftlichen Vortrag über das Wesen der Liebe.

Dann kam der Augenblick, in dem ich die falschen Wimpern befestigen wollte. Ich fühlte mich nicht wohl dabei, dies direkt vor seinen Augen zu tun und fragte mich, ob ich ihn wohl bitten sollte, einen Augenblick lang die Tür zu schließen und mich allein zu lassen. Aber da ich fand, dass das unhöflich gewesen wäre, machte ich einfach weiter. Wie schon hundertmal zuvor hielt ich die falschen Wimpern in einer Hand und entfernte mit der anderen den alten Kleber. Während ich aufmerksam zuhörte, was Ted zu sagen hatte, nahm ich die winzige Flasche mit dem Kleber, trug etwas auf die Wimpern auf, beugte mich zum Spiegel und drückte sie so nahe wie möglich an meinen echten Wimpern auf das Augenlid.

Während ich das tat, hörte ich immer noch fasziniert zu, was Ted erzählte. Er sprach über ein Gebiet, über das er viel nachgedacht und auf dem er viel Erfahrung hatte. »Der Eros«, sagte er gerade, »also die Phase des Verliebens, ist aufregend und schön, aber nur solange sie anhält. Aber die nächste Phase, Agape, ist viel schöner. In Agape entdecken wir eine stille Liebe, die so zärtlich ist, wie Eros leidenschaftlich ist. Viele Menschen verwechseln den Eros mit dieser wahren Liebe …«

Dann verstummte er plötzlich. Das Badezimmer war unversehens in eine unangenehme Stille getaucht. Ted hatte mitten im Satz, mitten in seinem leidenschaftlichen Vortrag über die Liebe aufgehört zu reden. Er stand nicht einmal mehr im Türrahmen.

Ich war vor Schreck wie versteinert. Ich war mir sicher, dass

ich genau wusste, warum er verstummt und gegangen war. Ganz klar hatte ich eine unsichtbare Grenze überschritten, als ich mir vor seinen Augen die falschen Wimpern angeklebt hatte. Lippenstift wäre wahrscheinlich in Ordnung gewesen. Schminke wohl auch. Aber falsche Wimpern – nein. Ich hatte ihn vergrault.

Ich kam mir völlig idiotisch vor und schämte mich. Ich hatte immer gehört, dass bestimmte Teile des weiblichen Mysteriums niemals einem Mann enthüllt werden sollten, aber vor Paul hatte ich nie etwas verheimlicht und ich war Ted mit derselben Einstellung begegnet. Das war anscheinend wohl ein Fehler gewesen. Er hatte mich völlig ungeschminkt vor sich gesehen und es hatte ihm nicht gefallen!

Ich fragte mich, ob eine Entschuldigung die Dinge wieder ins Lot bringen würde. Aber für was sollte ich mich entschuldigen? Ich sollte mich doch nicht dafür entschuldigen müssen, dass ich meinte, mich für einen festlichen Anlass besonders zurechtmachen zu müssen, oder? Ich hatte es doch nicht nötig, meine Auffassung von Weiblichkeit zu verteidigen, oder? Ich hatte doch das Recht, falsche Wimpern anzulegen, wenn mir danach war, oder? Schließlich konnte ich machen, was immer ich wollte, oder?

Aber darum ging es ja gar nicht. Es ging nicht um Recht oder Unrecht, sondern einfach darum, dass ich diesen wunderbaren Mann mit meiner Gedankenlosigkeit nicht nur aus dem Badezimmer vertrieben hatte, sondern möglicherweise auch aus dem Hotelzimmer, aus allen zukünftigen Zimmern und höchstwahrscheinlich auch aus meinem Leben.

In der Hoffnung, nicht wie eine alberne Gans auszusehen, sammelte ich mich und ging ins Zimmer, um die Situation zu klären. Ted sah mich aus leeren Augen mit einem völlig verständnislosen Blick an. Er kritisierte mich nicht und verurteilte mich auch nicht, das konnte ich sehen. Er starrte einfach wie blind vor sich hin. Es war, als ob ich überhaupt nicht exis-

tieren würde. Er war offensichtlich von der Barbiepuppe, als die ich mich nun herausgestellt hatte, enttäuscht, und suchte nach Worten, um mir zu sagen, dass es mit uns aus und vorbei war.

Ich sagte nichts. Er sagte nichts. Wir packten unsere Koffer. Ich fragte mich, was er wohl dachte, brachte es aber nicht über mich, die furchtbare Stille zu brechen. Auch Ted versuchte es nicht einmal. Wie konnte ich nur so blöde sein, vor seinen Augen falsche Wimpern anzukleben? Sollte unsere wunderbare Beziehung wirklich nur wegen meines Make-ups in die Brüche gehen?

Wir verließen das Hotel und fuhren durch dichten Nebel zum Flugplatz. Keiner von uns sagte auch nur ein Wort.

Als wir fast da waren, öffnete Ted endlich den Mund. »Es tut mir Leid, Diana. Ich habe wohl etwas überreagiert.«

Mir stiegen Tränen der Erleichterung in die Augen, weil meine verletzten Gefühle nun wohl endlich besänftigt werden würden. Ich wartete darauf, dass Ted den Wagen anhalten, mich küssen und mir ewige Liebe schwören würde – aber er tat es nicht. Da mir nichts einfiel, was ich hätte sagen können, schwieg ich ebenso wie er den Rest der Fahrt über.

Am Flugplatz angekommen, verstaute ich unser Gepäck in der Maschine. Ich kam mir vor wie Lexis Katze KC, die, wenn sie etwas Verbotenes gemacht hat, sich einfach leckt und putzt, als ob überhaupt nichts geschehen wäre. Aber es war etwas geschehen und je mehr ich darüber nachdachte, desto wütender wurde ich.

»Das war's denn wohl mit der Intimität«, schnauzte ich ihn an, während ich mich in den Sitz des Copiloten zwängte.

Ted sagte nichts dazu, während er die Maschine startklar machte, und meinte nur, dass ein Start durch den dicken Nebel ziemlich problematisch wäre. »Dieses Zeug ist 600 Meter dick. Ich muss mich voll darauf konzentrieren, uns heil hindurchzubringen.«

Was ist denn jetzt wieder los?, fragte ich mich im Stillen. *Erst sagt er eine halbe Stunde lang überhaupt nichts und nun macht er nur den Mund auf, um über Nebel zu reden?*

Ich tat so, als würde mir die Peinlichkeit der Situation, die Enttäuschung, das plötzliche Misstrauen und die Irritation überhaupt nichts ausmachen. Und auch Ted sprach nur, wenn er mit der Flugüberwachung etwas bereden musste. Ich übte in Gedanken schon die Worte ein, mit denen ich allen möglichen Leuten erzählen würde, dass wir uns getrennt hatten.

Wir flogen zunächst durch dichten Nebel hindurch, kamen aber plötzlich in einem blauen Himmel an die Sonne. Meine Laune besserte sich allerdings nicht, während ich weiterhin darauf wartete, dass er endlich das Thema anschneiden würde, das wir so perfekt vermieden.

Wir waren einige Minuten geflogen, als Ted plötzlich sagte: »Du fragst dich wahrscheinlich, was im Hotel passiert ist, oder?«

Ich atmete tief durch und bereitete mich auf das Unvermeidliche vor. »Ich weiß genau, was da passiert ist. Wir haben entdeckt, dass du bestimmte Teile meines Wesens nicht leiden kannst.«

»Was?«

»Ich tu nun mal, was ich tu, und ich stehe dazu.«

»Diana, ich wollte dich doch nicht kritisieren. Hast du das wirklich geglaubt?«

»Wie würdest du es denn nennen, wenn du plötzlich aufhörst zu reden, verschwindest und danach überhaupt nicht mehr mit mir sprichst?«

»Ich weiß nicht, ob ich es dir verständlich machen kann, aber ich will es trotzdem versuchen. Versuch es einmal aus meiner Sicht zu sehen. Ich stehe also im Türrahmen und schaue der Frau zu, die ich liebe. Ich spüre diese Liebe und versuche sie zu beschreiben, indem ich dir den Unterschied zwischen Eros und Agape erkläre, zwischen blinder Verliebt-

heit und dieser tiefen, stillen Zuneigung, die einfach ihre Zeit braucht, um sich zu entwickeln. Und sie entwickelt sich in letzter Zeit in mir – dir gegenüber. Mit dir zusammen zu sein, fühlt sich so vertraut an, so als ob ich nach Hause gekommen wäre.«

Er fuhr fort: »Dann hast du etwas getan, was ich noch nie gesehen habe. Wahrscheinlich hätte es auch etwas anderes sein können, aber es waren nun einmal die falschen Wimpern. Ich war schockiert. Sharon hat sich fast nie geschminkt, und als ich dich da im Badezimmer sitzen sah, traf mich plötzlich die Erkenntnis, dass du ja gar nicht die Frau bist, mit der ich so lange zusammengelebt und die ich so lange geliebt habe. Du bist ein völlig anderer Mensch und ganz gleich, wie tief meine Liebe für dich auch sein mag, so haben wir doch noch einen weiten Weg vor uns, bevor sich diese Liebe und Vertrautheit einstellen kann, die sich erst mit den Jahren entwikkelt.«

Plötzlich war ich gar nicht mehr so wütend auf ihn.

Er sagte weiter: »Kannst du dir vorstellen, wie schockiert ich war, als mir das aus heiterem Himmel klar wurde? Als ich merkte, dass du jemand völlig anderes bist? Deshalb war ich so still. Ich musste mit mir selbst ins Reine kommen. Aber ich wollte dich ganz bestimmt nicht kritisieren.«

»Ich dachte, du magst mich nicht mehr.«

Er sah mich auf seine unvergleichlich liebevolle Weise an, in die sich immer auch etwas Schalkhaftes mischte. Ich lächelte ihn an und spürte, wie mir warm ums Herz wurde.

Ted nahm behutsam meine Hand und wir flogen weiter, ohne ein Wort zu sagen, weil wir beide unseren eigenen Gedanken nachhingen. Schließlich sah er mich an und sagte über den Motorenlärm hinweg: »Es sah aus wie eine Raupe.«

Ich wurde aus meinen Gedanken herausgerissen. »Was?«

»Dieses Wimpernzeug. Als ich es zuerst sah, dachte ich, es wäre eine Raupe. Deshalb war ich ja auch geschockt.«

Ich hätte am liebsten laut losgelacht, unterdrückte den Drang aber, damit Ted sich nicht veralbert fühlte. »Eine Raupe?«, fragte ich nach.

»Ja, genau. Da stehe ich, unterhalte mich mit der Frau, die ich liebe, und während wir reden, nimmt sie eine kleine schwarze Raupenleiche aus einem Behälter und rupft ihr in aller Seelenruhe die Beinchen aus. Und dann schmiert sie eine weiße Flüssigkeit auf die tote Raupe … und drückt sie sich auf die Augen! Mein Gehirn wusste schon, was es war, aber meine Augen haben eine Raupe gesehen.«

Das war die lächerlichste Erklärung, die ich je gehört hatte.

Ich hasse es zu lachen, wenn ich wütend bin, aber in diesem Augenblick konnte ich einfach nicht anders. Ich prustete los. Einen Augenblick später lachten wir beide so heftig, dass uns die Tränen die Wangen hinunterliefen.

Ich erkannte plötzlich, wie lieb Ted war, und wie gütig von ihm es war, dass er mich dazu brachte, über diese peinliche Situation zu lachen.

»Ted!«, schrie ich, um den Motorenlärm zu übertönen. »Ich liebe dich so sehr. Tu mir das bloß nie wieder an.«

»Ich liebe dich auch. Was soll ich nicht wieder tun?«

»Nicht mit mir reden. Wenn du nicht mit mir sprichst, weiß ich nicht, was in dir vorgeht.«

»Es war schrecklich«, gab er zu. »Ich wusste einfach nicht, was ich sagen sollte. Deshalb habe ich lieber gar nichts gesagt. Ich wollte damit nichts erreichen. Ich war einfach nur verwirrt.«

»Wie ich schon sagte«, brüllte ich über den Lärm hinweg, »das war's dann wohl mit der Intimität.«

An diesen Spruch würden wir uns noch jahrelang erinnern. Jetzt fingen wir noch einmal an zu lachen.

Und so vergaß ich all die fürchterlichen Reden, die ich nun nicht halten musste, und kam zu der Erkenntnis, dass ich mich

doch nicht vollkommen idiotisch verhalten hatte. Aber ich dachte auch darüber nach, ob ich wirklich weiter in einer Welt der falschen Wimpern leben wollte. Mein Leben war wirklich dabei, sich zu verändern.

Die Raupenepisode erinnerte uns auf dramatische Weise daran, dass wir es beide nicht mit unseren früheren Partnern zu tun hatten und dass unsere Beziehung anders war. Bei Ted war ich mir immer bewusst, dass wir getrennt existierten. Konflikte brachten uns oft aus der Fassung und ließen uns in unsere Schmollecken eilen. Aber wenn wir eine ehrliche Beziehung aufbauen wollten, konnten wir natürlich nicht lange dort bleiben. Wir mussten als gleichberechtigte Menschen wieder mit offenen Herzen aufeinander zugehen; wir mussten aufhören, Rollen zu spielen, und der Versuchung widerstehen, zu dominieren oder sich zu unterwerfen. Wir mussten die Balance in unserer Beziehung erst noch finden.

Aber wenn es keine Konflikte gab, wenn wir einfach unser Leben lebten, übernahmen wir ganz natürlich die Rollen, in denen wir uns am wohlsten fühlten.

Ted war eben die Art von Mensch, der gerne die Initiative übernimmt und alles im Griff haben möchte. Das hatte ich vom ersten Augenblick an verstanden. Aber ich hatte die anderen Seiten seines Lebens noch nicht gesehen. Das sollte sich bald ändern, denn er lud mich ein, ihn im Gerichtssaal zu beobachten, wo er gerade ein Schlussplädoyer hielt. Ich entdeckte, dass Ted vor Gericht ebenso eine Führungspersönlichkeit war wie in seinem Privatleben. Seine Überzeugungskraft und Selbstsicherheit faszinierten mich ebenso wie seine warme, freundliche Art, mit der er alle in seinen Bann zog – sogar die Anwälte der Gegenpartei. Und er vergaß nicht einmal, dass ich anwesend war. Ich genoss die liebevollen Blicke, die er mir zuwarf, als er an seinen Platz zurückkehrte. Ted war eindeutig der Meister eines jeden Augenblicks. Ich konnte spüren,

dass Paul diesen kraftvollen Beschützer nicht nur mochte, sondern ihn für mich ausgesucht hatte, weil er wusste, dass ich bei ihm in guten Händen war.

Ted plante auch unsere Wochenenden mit derselben Meisterschaft und demselben Flair. Ich liebte es, mich seiner Führung anzuvertrauen, denn ich hatte erkannt, dass ich mich ihm aufgrund seiner Energie, Sensibilität und Intelligenz von ganzem Herzen hingeben konnte.

Wenn Ted etwas plante, dachte er sich immer kleine Details aus, die das Erlebnis noch erinnerungswürdiger machten. Als wir einmal am Wochenende mit 300 Kilometern pro Stunde nach Sedona in Arizona unterwegs waren und gerade über unwegsames Gelände flogen, senkte er die Maschine bis knapp über den Wüstenboden herab und flog durch die zerklüfteten roten Felsen hindurch, die über Jahrtausende hinweg von Wind und Sand geformt worden waren. Während er in sanften Kurven durch die roten Steintürme flog, hörten wir aus den Kopfhörern eine herrlich melancholische Musik, die speziell für diesen eleganten Flug komponiert zu sein schien. Ich genoss eine Symphonie aus Musik und Stein, die dieser neue Mann in meinem Leben, dieser wunderbare Künstler, extra für mich arrangiert hatte.

Als wir an einem anderen Wochenende im nordkalifornischen Garberville im reizvollen Benbow Inn abgestiegen waren, wateten wir ganz harmlos durch einen Bach, um uns die Kaulquappen anzuschauen, als wir plötzlich mitten in eine herrliche Wasserschlacht gerieten. Beim Abendessen sprachen wir zum erstem Mal über Heirat. Von Kaulquappen direkt zum H-Wort, wie Ted es nannte. Ja, ich hatte mich verliebt. Und dazu noch so schnell!

Als wir am darauf folgenden Wochenende, das wir in Temecula verbrachten, auf dem Weg zum *Bistro Ferrari* waren, Teds dortigem Lieblingsrestaurant, weil er unbedingt wollte,

dass ich ihren *Coq au vin* probierte, runzelte er plötzlich die Stirn und warf dann ein paar Münzen auf die Straße.

»Warum hast du das denn gemacht?«, fragte ich überrascht.

»Keine Ahnung! Ich hatte plötzlich das dringende Bedürfnis, Kleingeld auf die Straße zu werfen.«

Ich hielt die Luft an. Ted wusste nicht – ja, konnte es nicht wissen –, dass es Pauls Angewohnheit gewesen war, Münzen fallen zu lassen, die anderen Menschen Glück bringen sollten. Die Luft schien mir wie aufgeladen zu sein, die Zeit schien stillzustehen.

Schließlich sagte ich: »Paul hat sich immer so gefreut, wenn er Geld auf der Straße fand. Er hielt es für ein gutes Omen. Deshalb hat er auch so gern selbst Münzen auf die Straße geworfen.«

Ted sagte nichts. Er schien verstört, irgendwie abgelenkt. Wir betraten das Restaurant und wurden an unseren Tisch geführt. Wir brauchten nicht einmal die Speisekarte, weil wir uns bereits entschieden hatten: zweimal *Coq au vin.* Ich lehnte mich zurück und wartete.

Ted lehnte sich nach vorne und fragte aufgeregt: »Hatte Paul sehr breite Schultern?«

»Ja. Und er hat immer sehr aufrecht dagesessen.«

»Hat er etwa so gegessen?«

Ich sah wie Teds Hände, die mir noch relativ neu waren, etwas taten, was Pauls Hände ein Vierteljahrhundert lang getan hatten. Er hielt nach europäischer Manier die Gabel in der linken Hand und schob das Essen mit dem Messer darauf.

»Ja.«

Wieder trat Stille ein. Dann weiteten sich Teds Augen. »Er ist in mir, Diana.«

Ich war zu verblüfft, um irgendetwas zu antworten.

Wir aßen schweigend weiter. Ted strich Butter auf die Hälfte seines Brötchens und reichte sie mir. Als er meine hochgezogenen Augenbrauen sah, fragte er: »Was ist?«

»Das habe ich bei dir noch nie gesehen.«

»Das habe ich ja auch noch nie gemacht. Sag bloß nicht, dass Paul das immer getan hat.«

»Doch, hat er.«

Ted spielte mit der Butter auf seinem Teller und formte daraus etwas Bestimmtes: ein Herz. Wir starrten uns lange Zeit wortlos an.

Dann fragte ich: »Ist alles in Ordnung?«

Ted schluckte. »Es geht mir gut.« Dann strahlte er. »Angesichts der Umstände macht es mir nichts aus, meinen Körper mit ihm zu teilen, damit er mal wieder diese Realität erfahren kann.«

Ich war sprachlos. Natürlich hatte ich mich daran gewöhnt, Pauls Anwesenheit zu spüren, wenn ich Tagebuch schrieb, aber ihn hier zu haben – wenn auch nicht in seinem eigenen Körper –, war doch etwas erschreckend.

»Wie ist es, ihn … in dir zu haben?«

»Ich spürte, dass er in mir saß, weil seine Haltung gerader und etwas steifer ist. Er hält die Gabel anders als ich und isst auch anders. Da dachte ich: ›Das muss wohl Paul sein.‹«

Ted hat bis heute manchmal das Gefühl, dass Paul in ihm steckt, besonders dann, wenn wir etwas machen, was Paul besonders gern mochte, wie Tanzen, Boot- oder Motorradfahren.

Ich staunte, wie gelassen Ted damit umging, dass Paul anwesend war. Ich fragte ihn im Lauf der Zeit ab und zu, wieso er, der doch so sensibel und intuitiv war, niemals Sharons Gegenwart gespürt hatte – außer in den wenigen Augenblicken, in denen sie durch Vögel mit ihm kommuniziert hatte. Als wir eines Abends ins Bett gingen, übermittelte er ihr auf geistigem Weg die Bitte, sich ihm doch im Traum zu offenbaren. Mir sagte er nichts davon.

Ted lag mit dem Rücken zu mir, als er mitten in der Nacht

erwachte und die Augen aufriss, weil er spürte, dass ich mich – ich schlief dabei fest – kerzengerade aufgesetzt hatte. Ihm standen die Haare zu Berge, weil er spürte, dass nicht ich neben ihm saß, sondern Sharon. Er wagte kaum zu atmen und wartete, was als Nächstes geschehen würde. Einen Augenblick später fühlte er, wie ihn jemand an der Schulter berührte. Dann sagte eine Stimme: »Ich werde dich immer lieben.« Und: »Ich werde dich niemals verlassen.« Mit diesen Worten legte sich mein Körper wieder hin, aber Ted lag noch lange wach und dachte über die wunderbare Nachricht nach, die Sharon ihm gesandt hatte.

Am nächsten Morgen fragte er mich, ob ich mich daran erinnern könne, mich aufgesetzt und ihn an der Schulter berührt zu haben.

»Nein. Oder vielleicht doch? Du weißt doch, wie es manchmal im Schlaf so ist. Warum fragst du?«

»Das erzähle ich dir beim Frühstück.«

Kapitel 23

Gegen Ende Oktober erhielt Lexi zu ihrer Überraschung einen Anruf von Ted, der sie bat, sich mit ihm zum Mittagessen zu treffen. Sie hatte angefangen ihn zu mögen, weil sie an den Abenden, die wir gemeinsam verbracht hatten, erstaunt gesehen hatte, dass er immer genau zu wissen schien, wie er das Eis zwischen ihnen brechen konnte. Während des Essens ließ Ted sich Zeit und unterhielt sich mit Lexi über alle möglichen Dinge, bis er endlich zum eigentlichen Thema kam.

»Es kann nicht leicht für dich sein, zu beobachten, wie deine Mutter und ich uns so nahe kommen, wo doch dein Vater noch nicht einmal acht Monate tot ist.«

»In gewisser Hinsicht ist es schon schwierig«, fing Lexi an. »Aber ich sehe euch gerne zusammen. Du scheinst so gut zu verstehen, was sie durchmacht. Und ich liebe es, wie du über die beiden – Sharon und Paul – reden kannst, ohne je eifersüchtig zu werden.« Sie sah ihn aufmerksam an. »Weißt du, Teddy, du bist so ganz anders als mein Vater. Du bringst meine Mutter immer zum Lachen. Sie hat mir erzählt, wie es dir

ging, als Paul in dich hineinschlüpfte, und auch von der herzförmigen Butter. Ich glaube, Paul ist mit euch beiden einverstanden. Ich würde mir viel mehr Sorgen um sie machen, wenn du nicht da wärst.«

»Ich bin so dankbar, dass du das sagst«, antwortete Ted. Er gab zu, dass er in den letzten zwei Jahren mit vielen Frauen ausgegangen war, fügte aber hinzu, dass diese Beziehung etwas völlig anderes war. »Deine Mutter und ich scheinen es sehr eilig zu haben. Ich habe mich aber noch nie so wohl mit irgendjemandem gefühlt. Sie ist in einer Beziehung zu unbegrenzter Tiefe fähig, oder?« Lexi nickte nur erfreut. »Es kommt mir vor, als ob sie überhaupt keine Kanten hätte, an denen ich mich stoßen könnte. Bei ihr kann ich mich einfach ohne Angst und ohne zu zögern entspannen.«

»Willst du damit sagen, dass du in sie verliebt bist?«

»Mehr als das. Vielleicht riskiere ich jetzt zu viel, Lex, aber ich habe dich heute eingeladen, weil ich dich um deinen Segen bitten wollte. Ich möchte deine Mutter nämlich fragen, ob sie mich heiraten will. Ich weiß, dass das alles ziemlich schnell geht, aber es fühlt sich so stimmig an, und ich glaube, wir sind beide dazu bereit.«

Lexi schloss die Augen und murmelte lächelnd: »Mann o Mann!«

Ted erzählte ihr weiter, dass er seinen Töchter Christy und Kathy bereits dasselbe mitgeteilt hatte, als sie am vergangenen Wochenende zu Hause waren. »Sie meinten beide, sie wären froh, dass ich endlich von der Straße weg bin.«

Lexi musste wieder lächeln. »Ich finde dich einfach wunderbar, Teddy, und ich freue mich für euch beide.«

»Sag ihr bitte noch nichts, okay? Ich möchte Freitag etwas ganz Besonderes mit ihr unternehmen.«

Ted und ich verbrachten jede freie Minute miteinander. Das kommende Wochenende sollte eines wie jedes andere werden:

Wir würden an irgendeinen romantischen Ort fliegen. Dieses Mal sollte es wieder nach Carmel gehen, um dort gut zu essen, uns in aller Ruhe zu lieben und im Wald spazieren zu gehen und Vögel zu beobachten. Ted war nicht fähig, einfach einmal nichts zu tun, er musste immer irgendetwas Interessantes machen. Selbst wenn er vorhatte, einmal »nichts« zu tun, wurde daraus immer »etwas«. Selbst unsere Waldspaziergänge hatten einen schulischen Charakter, weil wir dabei Vögel beobachteten und identifizierten. Wie damals für Paul und mich, so war auch für uns Carmel zu einem Ort für romantische Stunden geworden.

Ich stellte meinen Wagen am Flugplatz von Santa Monica ab und sah zu, wie Ted die Cessna von Orange County her kommend landete. Ich lief zur Tür und hüpfte mit meinem Kleidersack, in dem das »spezielle Etwas« steckte, das ich zum Abendessen tragen wollte, in die Maschine. Ted brachte den Motor gleich wieder auf Touren und schon rollten wir auf der stadtwärts gerichteten Startbahn los. Aber plötzlich trat er auf die Bremse, entschuldigte sich bei mir, sah mir tief in die Augen und gab mir einen schnellen Begrüßungskuss.

Schon bald befanden wir uns über dem Meer und auf gleicher Höhe mit dem auf den Klippen gelegenen Haus meiner Mutter und meines Stiefvaters in Malibu. Ich hatte Mimi angerufen und ihr gesagt, sie solle nach uns Ausschau halten, und als sie tatsächlich auf die Terrasse hinaustrat, wackelte Ted grüßend mit den Tragflächen. Er mochte meine Mutter und auch sie hatte Freude an ihm.

Nach einigen Minuten gab Ted bekannt, dass wir die dichteste Flugzone hinter uns hatten. Nun konnten wir uns entspannen. Ich kramte einen blauweiß ausgeschlagenen Korb hervor, in dem ich Hühnchensandwiches und frisches Obst mitgebracht hatte.

Schon bald wurde mir klar, dass wir uns nicht auf unserer üblichen Route entlang der Küste befanden und wohl nicht

auf dem Weg nach Carmel waren, sondern landeinwärts flogen. Ich hätte es eigentlich wissen sollen, denn das einzige, worauf man sich bei Ted immer verlassen konnte, war, dass man bei ihm nie wusste, was er vorhatte. Eine Stunde später landeten wir auf einem winzigen Flugplatz in den westlichen Ausläufern der Sierra Nevada. Auf dem Schild auf dem Dach des Abfertigungsgebäudes stand: Mariposa. Ich hatte keine Ahnung, wo Mariposa war.

Mir kam plötzlich der Gedanke, dass Ted eine Überraschungshochzeit geplant hatte. Es wäre ihm durchaus zuzutrauen gewesen! Hatte er nicht gesagt, ich solle etwas Besonderes zum Anziehen mitbringen? Und das hatte ich auch, aber heiraten wollte ich in diesem Aufzug sicher nicht. Und unsere Familien? Du meine Güte! Aber nein, wir konnten ja gar nicht heiraten. Wir hatten ja kein Aufgebot bestellt ... und außerdem hatte er mich nicht einmal gefragt.

Ted zurrte die Maschine fest, bat mich, kurz auf ihn zu warten, und kehrte wenige Minuten später am Lenkrad eines Mietwagens zurück. Dann fuhren wir etwa eine Stunde lang auf einer gewundenen, baumumsäumten Straße, auf der rot und golden das Herbstlaub lag, in den Yosemite Nationalpark hinein.

Ted hatte im historischen Ahwahnee Hotel ein Zimmer reservieren lassen, und in den nächsten Stunden erforschten wir das Gelände, bevor wir uns zum Abendessen umzogen. Ich ließ mir Zeit und entschied mich für eine romantische weiße Rüschenbluse und einen schwarzen Faltenrock aus Paris. Als sich unsere Blicke im Badezimmerspiegel begegneten, lächelten wir einander schüchtern an. Ich wusste nicht einmal, warum.

Der Oberkellner empfing uns an der Tür des riesigen Speisesaals, der eher einer Kathedrale glich, und führte uns an den Tisch, den Ted reserviert hatte – einen für sich stehenden Tisch, dem einzigen vor einem gewaltigen sechs Meter hohen Fens-

ter, von wo aus wir einen spektakulären Blick auf das Hotelgelände, den Wald und die dunkelgrauen Granitfelsen hatten. Ich kam mir vor wie eine Königin, die zu ihrem Thron geleitet wird.

Ich war überwältigt von der Umgebung. Sie war mehr als romantisch, sie war einfach meisterhaft gelungen. Als wir das Essen bestellten, bestand Ted auf vier Gängen, weil er – wie er sagte – wollte, dass das Essen möglichst lange dauerte.

Dann ergriff er meine Hand. »Diana, ich liebe an unserer Beziehung …« Er unterbrach sich, weil der Kellner mit dem ersten Gang kam. Dann setzte er wieder an und fuhr genau dort fort, wo er aufgehört hatte. Während der nächsten drei Gänge hörte ich einen geschliffenen Vortrag darüber, was er an unserem ersten Zusammentreffen, an unserem jetzigen Zusammensein und an unserem künftigen Zusammenbleiben so liebte. Er hatte seine Rede offensichtlich wie ein Schlussplädoyer in allen Einzelheiten ausgearbeitet. Ich war entzückt.

Als der Nachtisch vor uns stand, nahm er meine beiden Hände in die seinen und sah mir tief in die Augen. »Also … würdest du mich bitte heiraten?«

Mich überkam das Gefühl, dass alles absolut richtig war, wie es war – so wie ich auch vor 26 Jahren genau gewusst hatte, dass Paul zu heiraten das Richtige war.

»Ich würde dich von Herzen gerne heiraten.«

In Teds Augen glitzerten Tränen, aber er grinste übers ganze Gesicht und sagte: »Dann können wir ja endlich die Ringe kaufen. Ich fand, ich hätte nicht das Recht, es allein zu tun.«

Zurück in unserem Zimmer riefen wir unsere drei Mädchen und unsere beiden Mütter an. Alle freuten sich, die Nachricht zu hören, mit der sie schon gerechnet hatten.

Als wir später am Abend über irgendeinen Witz lachten, wurde in mir plötzlich eine 25 Jahre alte Erinnerung aktiviert: Ich hatte eines Nachmittags meinen Kopf auf Pauls Brust gelegt, während wir die Ed Sullivan Show sahen, und bekam

plötzlich wegen des Auftritts eines unheimlich witzigen Hundes einen hysterischen Lachanfall. Als die Erinnerung wie eine Blase an die Oberfläche meines Bewusstseins stieg, brach ich in Tränen aus. Ted nahm mich in den Arm und meinte nur: »Wenn du dich für unsere Beziehung öffnest, öffnest du dich all deinen Gefühlen.«

Ich war mit dem Richtigen zusammen. Wieder einmal.

Danke, Gott. Und danke, Paul. Du hast mir jemanden geschickt, der so ganz anders ist, als du es warst. Und natürlich würdest du so etwas tun, denn du wusstest ja, dass ich keine Wiederholung wollte. Du wusstest, dass der zweite Film völlig anders sein musste. Nicht noch einmal eine Liebesgeschichte. Du hast wahrscheinlich gedacht, warum eigentlich nicht eine romantische Komödie?

Einen Monat später hatten wir zu unserem ersten gemeinsamen Thanksgiving unsere Familien zum traditionellen Truthahnbraten auf die Ranch eingeladen – unsere Mütter, meinen Stiefvater und unsere drei Töchter. Es war noch nicht einmal ein Jahr vergangen, seit bei Paul Krebs diagnostiziert worden war, und an diesem Feiertag dachte ich besonders viel an ihn. Und auch Ted dachte häufig an Sharon.

Weil wir das Ranchhaus bisher nur an den Wochenenden benutzt hatten, war ich mir nicht sicher gewesen, ob die schöne große Küche wirklich mit allen Geräten ausgestattet war, die ich brauchte, um das Festessen zuzubereiten. Aus lauter Angst, etwas zu vergessen, brachte ich an den zwei vorhergehenden Wochenenden Stunden damit zu, detaillierte Listen aller benötigten Haushaltsgeräte und Zutaten aufzustellen. Wir stellten zudem einen komplizierten Plan auf, der regelte, wie Teds Töchter von ihren jeweiligen Unis heimkommen und wie sie in separaten Autos mit der benötigten Ausrüstung schon am Abend zuvor zur Ranch fahren sollten. Lexi würde mit ihrem eigenen Wagen aus Los Angeles kommen, da Ted

und ich früher losfahren wollten, um den Ferienverkehr zu vermeiden.

Trotz meiner detaillierten Listen sagte ich zu Ted, als wir am Mittwoch vor dem großen Tag das Auto beluden: »Ich habe das dumme Gefühl, dass wir etwas vergessen haben. Etwas Großes!«

Am frühen Abend staute sich der Verkehr Stoßstange an Stoßstange und wir kamen auf der stadtauswärts führenden Autobahn nur im Schritttempo voran. Nach eineinhalb Stunden waren wir nur gerade mal 16 Kilometer weit gekommen. Plötzlich schaltete Ted den Blinker ein und scherte nach rechts aus, um von der Autobahn abzufahren.

Alle Farbe war plötzlich aus seinem Gesicht gewichen.

»Was ist denn los?«

»Wir haben tatsächlich etwas vergessen.«

»Was denn?«

»Etwas wirklich Großes, Diana. Etwas sehr, sehr Großes. Wir müssen sofort umkehren.«

Ich wurde immer unruhiger. Was konnte denn bloß dermaßen wichtig sein? Ich ging die Liste noch einmal durch und dann noch einmal. »Was haben wir denn vergessen?«

»Meine Mutter!«

»Deine Mutter? Meine Güte, ich hatte ja keine Ahnung, dass sie bei uns mitfährt.«

In der einsetzenden Dämmerung konnte ich sehen, wie Ted von einem Ohr zum anderen grinste.

Ich hatte Alice bereits kennen gelernt und mochte sie. Ted hatte mich vor ein paar Wochen von seinem Auto aus angerufen, um mich ihr vorzustellen. Sie hatte neben ihm gesessen. Da ich natürlich einen guten Eindruck machen wollte, war ich erleichtert, dass wir uns gleich vom ersten Augenblick an gut verstanden. Sie bat mich, sie Mutti zu nennen. Bevor wir aufhängten, sagte sie noch: »Noch ein kleiner Rat, meine Liebe.

Ted hat mir erzählt, dass er nicht so besonders scharf auf deine langen Nachthemden ist. Aber du kannst dir ja eines unters Kopfkissen legen, damit du gewappnet bist, wenn mal ein Feuer ausbricht.« Da verstand ich, woher Ted seinen Sinn für Humor hatte.

Jetzt noch Alice abzuholen bedeutete, dass wir zu spät zum Essen mit den drei Mädchen kommen würden, die mittlerweile wohl auf der Ranch eingetroffen sein müssten. Ich war zwar enttäuscht, wollte mich aber nicht beklagen. Ich hatte Teds Einfallsreichtum unterschätzt.

»Nur keine Angst, Diana. Dann aktivieren wir eben Plan B.« Die nächste Stunde hatte etwas von einem Dick-und-Doof-Film an sich. Der stadtauswärts führende Verkehr kam kaum voran, aber in der Gegenrichtung war nicht besonders viel los. Also wendeten wir und fuhren nach Newport Beach zurück. Wir holten Alice ab, luden ihr Gepäck und die kandierten Süßkartoffeln ein, die sie gemacht hatte, und rasten dann zum John Wayne Airport, wo die Cessna bereits auf uns wartete. Nun begriff ich, was Teds vorhatte. Wenn wir mit dem Auto nicht pünktlich sein konnten, würden wir eben fliegen! Wir luden alles – meine Kochausrüstung, eine zusätzliche Kochplatte, eine Küchenmaschine und mehrere Tüten mit Lebensmitteln – in den Gepäckraum des Flugzeugs und auf den Rücksitz. Nachdem Alice sich gemütlich eingerichtet hatte – wobei sie die Süßkartoffeln allerdings auf den Schoß nehmen musste –, war es so voll, dass wir die Türen gerade noch mit Mühe und Not schließen konnten.

Und schon ging es los und hoch über die endlose Blechlawine auf den Autobahnen hinaus. 20 Minuten später landeten wir bereits in Temecula. Als die Maschine beim Landeanflug in ein Luftloch geriet, hörten wir aus dem Rücksitz einen Aufschrei. Der klebrige Saft der Süßkartoffeln hatte sich über Alices Schoß ergossen.

Unsere drei Mädchen warteten mit zwei Autos am Flugplatz auf uns. Alice nahm alles mit einem unglaublichen Humor. Sie meinte, sie fühle sich durchaus wohl und würde gerne sofort ins Restaurant gehen – Saft auf dem Rock oder nicht. Und dort geschah das Unvorstellbare: Die Kellnerin beugte sich über den Tisch, um Teds Glas nachzufüllen, schaute nicht genau hin und kippte das Wasser stattdessen in Alices Schoß.

»Volltreffer!«, kreischte Alice und lachte mit einem Schoß voller Eiswürfel und kaltem Wasser, bis ihr die Tränen kamen. Ja, es war schon klar, wo Ted gelernt hatte, die Welt durch ein anderes Loch im Zaun zu sehen.

Der nächste Tag – Thanksgiving – fing gleich perfekt an. Ich bekam nämlich einen Anruf von Mary aus Hawaii. Don und sie hatten sich vor genau einem Jahr kennen gelernt und wollten heute an ihrem Jahrestag heiraten. Aber natürlich war sie nicht die Einzige, die Heiratspläne hatte. Als ich ihr erzählte, dass auch Ted und ich bald heiraten würden, war sie begeistert. Dann machte sie eine Bemerkung, die inzwischen zu einem geflügelten Wort zwischen uns geworden ist: »Meine Güte, du setzt gar nicht erst Moos an, oder?«

Mary hatte Recht. Manche Frauen hätten vielleicht eine zehnjährige Pause gebraucht, bevor sie wieder an Heirat gedacht hätten. Aber ich kam mir einfach unwahrscheinlich gesegnet vor, dass ich, weniger als ein Jahr nachdem mein perfekter Mann in ein größeres Leben hineingeboren geworden war, meinen anderen perfekten Mann kennen gelernt hatte. Ich glaube nicht, dass es gut für mich gewesen wäre, mehrere Jahre allein zu verbringen. *Dies* war die beste Lösung für mich. Ich würde wieder lieben.

»Es ist alles so stimmig«, sagte ich ihr. »Ich kann es kaum erwarten, bis ihr euch kennen lernt.«

»Das könnte schon bald sein. Wir haben nämlich vor, euch

während unserer Flitterwochen zu besuchen. Wir kommen in ein paar Wochen.«

Ted hatte eine große Tischplatte aus Sperrholz machen lassen, die genau auf den Esstisch passte, damit alle 16 Gäste Platz hatten. Ich hatte ein riesiges pfirsichfarbenes Tischtuch ausgeliehen und unsere Töchter dekorierten das ganze Haus mit bunten Blättern, Minikürbissen und farbenprächtigem Ziermais, den wir am Wochenende zuvor auf einem Markt gekauft hatten.

Ich stand noch vor Sonnenaufgang auf, um alle traditionellen Thanksgiving-Gerichte zuzubereiten, die ich nur kannte. Der Speiseplan würde um eine Spezialität der Wentworths, nämlich Alices leckere Yams bereichert werden, einer dekadenten Süßkartoffelzubereitung, für die ein ganzes Pfund Butter sowie ein Pfund brauner Zucker und eine Flasche Ahornsirup benötigt wurden.

Als wir uns gesetzt hatten, taten wir etwas, was eine Familientradition werden sollte. Ted und ich hießen abwechselnd jedes Familienmitglied willkommen und sagten jedem Einzelnen, was wir an ihm liebten und schätzten. Ohne dazu aufgefordert worden zu sein, machten die anderen es uns nach. Als wir fertig waren, herrschte im Zimmer eine solche liebe- und freudvolle Atmosphäre, dass wir uns fragten, warum wir nicht daran gedacht hatten, im Rahmen eines solchen wunderbaren Familienfestes zu heiraten.

Ted und ich hatten vor, im Frühling, gleich nach dem Jahrestag von Pauls Tod, zu heiraten. Wir hatten unseren Familien bereits davon erzählt, aber nun war die Zeit gekommen, auch den Mitgliedern von *Inside Edge*, die ich immer als meine erweiterte Familie betrachtet hatte, die gute Nachricht zu überbringen. Der Moderator, der an diesem Morgen das Treffen der Sektion Beverly Hills eröffnete, hatte einen gut gemeinten Spottvers verfasst, mit dem er unsere Verlobung be-

kannt gab. Danach gingen Ted und ich auf die Bühne und hielten eine kurze Ansprache, nach der sich Lexi zu uns gesellte und eine sehr emotionale Rede hielt. »Ich möchte, dass ihr alle wisst, wie glücklich ich darüber bin.« Dann erzählte sie, dass sie viel Zeit mit Ted verbracht hatte und dass sie sich auf Ted als liebevollen und gütigen Lehrmeister freute.

Obwohl diese wunderbaren Menschen angesichts unseres Tempos ein bisschen überrascht waren – mir ging es schließlich noch ganz ähnlich –, hießen sie Ted willkommen und umarmten uns beide.

Als wir dann aber über den genauen Hochzeitstermin sprachen, erinnerte mich Ted daran, dass die einzige Zeit, in der er als Anwalt darauf hoffen konnte, genug Zeit für die Flitterwochen zu haben, zwischen Weihnachten und Neujahr lag, weil dann kaum Gerichtsfälle verhandelt werden würden. Ich hatte ja ursprünglich bis März warten wollen, bis ein volles Jahr nach Pauls Tod vergangen sein würde, aber da ich wusste, dass Paul unsere Verbindung vollkommen akzeptierte, beschloss ich, mich nach Teds Terminkalender zu richten. Wir luden Lexi, Christy und Kathy ein, uns gegen Ende des Jahres auf einer zehntägigen Kreuzfahrt durch die Karibik zu begleiten, weil wir uns an Bord trauen lassen wollten.

Es war kein Problem, die für die Heirat notwendigen Papiere zusammenzubekommen, aber die Hochzeit auf einem Schiff stellte sich unerwarteterweise als ziemlich schwierig heraus. Zum einen vollziehen Kreuzfahrtkapitäne keine Zeremonien für Passagiere mehr, zum anderen haben ausländische Häfen sehr komplizierte Regeln bezüglich einer Eheschließung.

Am Dienstagabend bevor uns die frisch vermählten Mary und Don Kelly besuchen würden, erzählte ich Ted, dass ich allmählich die Hoffnung aufgab, dass es uns gelingen würde, auf dieser Kreuzfahrt zu heiraten. Während ich noch überlegte, was unsere Optionen waren, fiel mir plötzlich etwas ein.

»Mary ist doch Priesterin! Sie könnte uns schon dieses Wochenende trauen!«

»Wirklich? Brauchst du nicht eine längere Vorbereitungszeit?«, fragte er, aber noch bevor ich darauf antworten und womöglich meine Meinung ändern könnte, fügte er hinzu: »Ich rufe gleich Kathy und Christy an und frage, ob sie am Wochenende nach Hause kommen können.«

Wir planten nur eine sehr kleine Hochzeitszeremonie, weil wir beide es so wollten. Obwohl ich ja Expertin im Organisieren von Partys bin, wollte ich an meinem eigenen Hochzeitstag nicht arbeiten. Ich wollte nicht einmal an die unzähligen Details denken, die eine solche Party mit sich bringen würden. Damit ich so präsent wie möglich sein konnte, wollte ich eine kleine Feier, an der nur die Menschen teilnehmen sollten, die uns am nächsten und am liebsten waren. Nach dieser Entscheidung lief alles wie am Schnürchen.

Ein Freund von Ted steuerte dessen Yacht *Salute* aus dem Hafen von Newport und an einen Platz westlich der Insel Balboa. Ich spürte, dass auch Paul an diesem Tag am Ruder stand – voller Freude darüber, dass sich seine Träume erfüllt hatten, weil er wusste, dass für mich gesorgt war ... und weil er endlich einmal ein so wunderbares Boot steuern durfte. Mary Kelly hatte aus Hawaii Blütenkränze mitgebracht, die wir trugen, während sie vor der untergehenden Sonne die Hochzeitszeremonie vor beiden Familien und einigen wenigen engen Freunden vollzog.

Auf unsere ausdrückliche Bitte hin lud Mary auch Paul und Sharon ein, an der Zeremonie teilzunehmen. Keiner von uns zweifelte daran, dass die beiden dabei waren, uns ihren Segen gaben und uns Glück wünschten.

Kapitel 24

Nachdem wir etwa sechs Monate verheiratet waren, hatten Ted und ich gleichzeitig das Gefühl, dass es an der Zeit wäre, Pauls und mein Haus in *Pacific Palisades* zu verkaufen. Eine wirklich gute Idee, nur … ich hatte Lexi vergessen.

»Aber Mutti, ich lebe hier und außerdem ist doch das Büro hier. Dein Büro!«

Natürlich hatte sie Recht. Sie hatte ab ihrem siebten Geburtstag 13 Jahre lang im Haus gelebt – und damit war es das einzige wirkliche Zuhause, das sie je gekannt hatte. Und tatsächlich befand sich das Büro von *Inside Edge* im Dachgeschoss.

»Außerdem«, fügte sie schelmisch hinzu, »solltest du nicht vergessen, dass Papa und du mir versprochen habt, mir fünf Jahre Kündigungsfrist einzuräumen.«

»Kein schlechter Versuch«, antwortete ich, »aber du solltest nicht vergessen, dass wir dir bereits am Tag unseres Einzugs gekündigt haben.«

Ich hörte, wie sie vor sich hin grummelte und dabei versuchte, ein Lachen zu unterdrücken.

»Liebling«, sagte ich, »ich weiß, dass dies für uns beide eine sehr emotionale Entscheidung ist. Aber unsere Situation hat sich verändert und wir müssen auch andere Dinge in Betracht ziehen.«

»Zum Beispiel?«

»Den Immobilienmarkt in Südkalifornien. Die Grundstückspreise sind zur Zeit extrem hoch, höher, als sie es in dieser Gegend jemals waren. Es wäre finanziell gesehen äußerst klug, das Haus jetzt zu verkaufen. Ted und ich haben das Gefühl, die Zeit dafür sei jetzt gekommen.«

Lexi – realistisch wie immer – wurde sofort ernst. »Das ist natürlich ein wirklich gutes Argument, Mutti.«

»Weil ich weiß, dass dies etwas überraschend für dich kommt, habe ich mir gedacht, ich gebe dir etwas Geld, damit du leichter eine neue Wohnung findest. Was hältst du davon?«

»Das würde mir helfen«, antwortete sie, »obwohl es im Grunde gar nicht ums Geld geht. Es geht darum, die Vergangenheit loszulassen – und das ist ziemlich schwer. Aber ich bin einverstanden und nehme deine Hilfe gerne an.«

Ich war so stolz auf Lexi. Unser kleines Mädchen war erwachsen geworden.

Wir konnten das Haus nicht nur sehr schnell verkaufen, auch unser Gefühl wurde auf eine Weise bestätigt, die keiner von uns hätte vorhersehen können. Eine Woche nachdem der Vertrag unterschrieben worden war, brach der Golfkrieg aus und die Immobilienpreise in der Gegend fielen ins Bodenlose.

In der Zwischenzeit hatten Lexi und einige ihrer Freunde uns geholfen, alles zusammenzupacken. Wir waren bereit, das Haus loszulassen.

Vorher wollte ich aber noch eine Nacht allein dort verbringen, um mich angemessen zu verabschieden, um dem Haus zu danken, dass es uns beherbergt und Schutz gewährt

hatte. Lexi hatte ihre Möbel bereits in ihre neue Wohnung gebracht, so dass nur noch Pauls und mein Bett zurückgeblieben war. Alle Erinnerungsstücke waren eingepackt – mit Ausnahme derjenigen, die an unserer »Ruhmeswand« hingen: die gerahmten Umschläge unserer sechs Bücher, ein Farbfoto von uns und dem Aufnahmeteam unserer Fernsehsendung und ein Artikel aus der *Los Angeles Times*, in dem *Inside Edge* als »der nächste Evolutionsschritt im Bereich der Vernetzung« gepriesen wurde. Aus dem Fenster des Büros konnte ich sehen, dass sich der Himmel bereits verdüsterte, als ich diese letzten Erinnerungsstücke vorsichtig abnahm und einpackte. Erinnerungen überschwemmten mich.

Das Wetter in jener Nacht war wirklich unheimlich. Obwohl es heftig stürmte, donnerte und blitzte, fiel kein Tropfen Regen. Die Fensterläden schlugen, während ich noch einmal durch das ganze Haus ging, mich in jedem Zimmer auf den Boden setzte und mir ganz gezielt alles in Erinnerung rief, was sich darin abgespielt hatte. Ich musste dabei oft genug meine Angst niederkämpfen. Um an meine Gefühle heranzukommen, bat ich mit lauter Stimme immer wieder: »Ich möchte mich erinnern! Was ist sonst noch in diesem Zimmer geschehen?«

Ich ließ die Bedeutung jeder einzelnen Erinnerung durch meinen Körper strömen und versuchte sie so vollständig wie möglich zu fühlen. Zu den Erinnerungen gesellte sich nicht nur Dankbarkeit für jede Minute, die wir hier verbracht hatten, sondern auch dafür, dass ich sie jetzt noch einmal fühlen durfte. Kaum war ich irgendwann erschöpft eingeschlafen, da wurde ich mitten in der Nacht von lautem Donner und gleißenden Blitzen aufgeweckt.

Als ich auf die Uhr sah, war es 3.45 Uhr, also Zeit aufzustehen und mich auf den Weg zu *Inside Edge* zu machen. Nachdem ich die Haustür zum letzten Mal hinter mir geschlossen hatte, legte ich den Schlüssel für die neuen Besitzer

unter einen Stein neben den Stamm von Seymour, unserer Platane, die nicht nur unser Heim, sondern auch Mistys Asche beschützt hatte, die zwischen ihren Wurzeln begraben worden war. Zum Abschied umarmte ich den Baum noch einmal.

Mir wurde klar, dass ich noch etwas Wichtiges zu tun hatte, denn in einigen Monaten würde der fünfte Jahrestag der Gründung von *Inside Edge* sein. Vor eineinhalb Jahren hatten Paul und ich uns bereits darauf gefreut, aus diesem Anlass eine Feier zu veranstalten. Ich fand, wir könnten das auch jetzt tun, und befragte Paul durch mein Tagebuch dazu.

Diana: *Also was für eine Feier soll es werden?*

Paul: *Eine Gala! Nur statt eines festlichen Abendessens soll es ein Galafrühstück werden. Was hältst du davon, wenn alle morgens in Abendkleidern kommen?*

Diana: *Klasse! Was hältst du davon, wenn wir aus diesem Anlass visionäre Menschen ehren, die einen positiven Einfluss auf die Gesellschaft haben und die Ideale verkörpern, die wir alle bewundern und unterstützen? Wer könnte dafür in Frage kommen?*

Und so kam es, dass – einen Tag nach Pauls und meinem 26. Hochzeitstag – am Dienstag, den 3. November 1990 um 7 Uhr morgens im Crystal Ballroom des *Beverly Hills Hotels* eine formelle Galaveranstaltung stattfand.

500 Gäste hatten sich Plätze reservieren lassen. Es muss ein seltsamer Anblick gewesen sein, all diese Menschen aus ganz Südkalifornien bei Tagesanbruch schon in eleganter Abendkleidung zu sehen. Ich dachte wehmütig an unsere ersten Treffen, die Paul und ich mit großer Begeisterung vorbereitet hatten. Jetzt warteten fünf bekannte Künstler hinter der Bühne, 30 freiwillige Helfer standen auf ihren Posten und die Fernsehkameras und Aufnahmeteams warteten auf den Beginn der Veranstaltung.

Im Verlauf der Zeremonie wurde auch ein Videoband ge-

zeigt, das Sharon Lindsey zusammengestellt hatte und auf dem Paul ebenso zu sehen war wie die Höhepunkte aus fünf Jahren *Inside Edge*. Dann bat mich meine Freundin Mary, die an diesem Morgen Moderatorin war, auf die Bühne.

Ich sprach kurz über Paul und sagte, dass ich mir sicher war, dass er unter uns weilte und unsere Zuneigung und unseren Dank für seine Hinterlassenschaft spüren konnte. Ich fuhr fort: »Paul und ich sahen *Inside Edge* als einen Garten und uns als die Gärtner. Wir wählten den Standort aus, bestimmten die Grenzen und schufen die Bedingungen, unter denen etwas wachsen konnte. Aber das Aussäen der Saat unternahmen diejenigen, die sich von diesem Ort angezogen fühlten. Unsere Aufgabe bestand einfach darin, die Entfaltung seiner natürlichen Schönheit zu beaufsichtigen und den Garten zu pflegen, damit den jungen Pflanzen nichts geschehen würde. Es war uns eine Ehre, dies tun zu dürfen.«

Nachdem ich einige Höhepunkte der geleisteten Arbeit hervorgehoben hatte, schloss ich mit den Worten, dass nun die Zeit gekommen sei, unseren gemeinsamen Erfolg zu feiern. Ich erklärte, dass der Zweck dieser Veranstaltung darin bestand, Menschen zu würdigen, die entscheidend dazu beigetragen hatten, anderen Menschen zu helfen, über ihre Grenzen hinauszugehen – zu ihrem eigenen Wohl und dem der ganzen Menschheit.

Wir überreichten Auszeichnungen an Norman Cousins, den Autor von »Anatomy of an Illness« und 24 anderen Büchern, Andy und Katie Lipkis, den Gründern von *TreePeople*, John Vasconcellos, den Gründer der Projektgruppe für Selbstwertgefühl und persönlicher und sozialer Verantwortlichkeit, der bereits zum zwölften Mal in das kalifornische Parlament gewählt worden war, an den Schauspieler Dennis Weaver und an viele andere. Jeder der Geehrten kam auf die Bühne, wo er eine Kristallkugel erhielt und eine kurze Dankesrede hielt.

Ich spürte, dass Paul jeden Augenblick der Veranstaltung genoss, besonders als Boyd Willat Rama Vernon auszeichnete, die Gründerin und Leiterin des Zentrums für sowjetisch-amerikanische Verständigung, die 1985 den ersten internationalen Friedenskongress mitorganisiert hatte, an dem Paul und ich in Russland teilgenommen hatten. Dieses Abenteuer hatte unser Leben verändert. In den vergangenen fünf Jahren war Rama, Mutter von fünf Kindern und Großmutter von zweien, 38-mal in die Sowjetunion gereist und hatte mehr als 700 amerikanische Bürger mit Sowjetbürgern zusammengebracht. Dank ihrer Bemühungen war ein Dialog zwischen Privatpersonen und Regierungsvertretern entstanden. Sie erzählte uns: »Die Menschen, die auf dem Höhepunkt des Kalten Kriegs nach Russland reisten, brachten den Mut auf, schwer befestigte Grenzen zu überschreiten und sich an einen Ort zu begeben, der damals ein weißer Fleck auf unserer Landkarte war. Sie stellten sich ihren Ängsten und trugen dazu bei, einen Durchbruch zu schaffen, den ein Berater von Gorbatschow in Moskau mit den folgenden Worten beschrieb: ›Es waren die Menschen, die Sie in unser Land gebracht haben, die den entscheidenden Beitrag zur Perestroika geleistet und damit geholfen haben, unser Volk zu befreien.‹«

Nach der Feier zum fünften Jahrestag führte ich *Inside Edge* noch zwei Jahre lang weiter. Ich versuchte immer ein paar Minuten vor dem Klingeln des Weckers aufzuwachen, um Ted nicht zu stören, aber er bekam immer mit, dass ich ging, und vermisste mich. Schließlich nahm sein Unbehagen zu, weil er sich sorgte, dass das frühe Aufstehen und das alleinige Leiten der Geschäfte zu viel für mich werden würde. Und tatsächlich fing ich an zu ermüden und wollte aufhören, aber da ich wusste, dass ich damit Hunderte von Menschen enttäuschen würde, für die *Inside Edge* zu einer zweiten Heimat geworden war, brachte ich es nicht übers Herz, die Organisation aufzu-

lösen. Die Idee dazu war mir ja geschenkt worden und ich hatte dem Großen Geist versprochen, ihr mein ganzes Leben zu widmen.

Dann kam aber doch der Augenblick, in dem ich einigen Mitgliedern des inneren Zirkels beichten musste, dass ich nicht mehr konnte.

Daraufhin geschah etwas ganz Wunderbares: Eine Gruppe aus etwa 40 Personen traf sich und versprach Geld und Zeit in die Organisation zu investieren. Als Ergebnis dieses Engagements wurde die Rechtsform von *Inside Edge* geändert. Die Organisation wurde zu einer gemeinnützigen Stiftung. Zwei der Sektionen lösten sich zwar nach einigen Jahren auf, aber die von einem Präsidium geleitete Sektion Orange County existiert nach wie vor nur ein paar Kilometer von unserem Haus entfernt. Ich gehe manchmal hin, um inspirierende Redner wie Thomas Moore, Julia Cameron, Gary Zukav oder Ram Dass zu hören. Wenn ich mich dann so im Saal umsehe, stelle ich immer befriedigt fest, dass auch heute noch viele Menschen davon berührt werden.

Nachdem ich mich von *Inside Edge* zurückgezogen hatte, wurde mir zum ersten Mal wirklich klar, dass ich genug Geld hatte, um niemals wieder arbeiten zu müssen. Da ich nun mehr Zeit hatte als je zuvor, um Tagebuch zu schreiben, erforschte ich durch dieses Medium, wer ich eigentlich war und zu wem ich mich entwickelte. Meine Identität wurde ja nicht mehr durch meine Arbeit bestimmt, ich war nicht länger Frau *Inside Edge*, Frau Kochlehrerin oder Frau Kochbuchautorin.

Ich fand heraus, dass ich gar nicht wusste, wie es war, einfach zu *sein*, weil ich mich in die Rolle der Geschäftsfrau hineingelebt und mich vollständig mit ihr identifiziert hatte. Nun kam ich mir verloren vor, ohne Sinn und Zweck, und sah häufig keinen Sinn darin, morgens überhaupt aufzustehen. Die einzige Möglichkeit, diese unangenehmen Gefühle loszuwerden, bestand darin, sie vollständig wahrzunehmen, sie auszu-

leben, durch sie hindurchzugehen und herauszufinden, was auf der anderen Seite wartete. Ich nahm mir vor, dabei so offen und verletzlich wie möglich zu sein und mich wie eine Raupe, die dabei ist, sich zu verpuppen, dem Prozess vollständig hinzugeben. Ich erklärte: *Ich lasse los. Lieber Gott, was möchtest du, dass ich tue?* Ich gab alle Erwartungen und Wünsche auf und nahm mir vor, so lange zu warten, bis ich eine Antwort bekommen würde.

Als ich endlich wieder aus meiner selbst gewählten Zurückgezogenheit auftauchte, fühlte sich meine neue Haut noch äußerst zart an. Ich wusste, dass ich mich noch nicht vollständig in das verwandelt hatte, das ich werden sollte, und dass ich auch weiterhin Geduld haben musste. Aber ich erkannte bald auch, dass die Notwendigkeit, sich dem Leben hinzugeben, niemals vorbeigehen würde. Es gab immer noch mehr, das ich im Rahmen meines Wachstumsprozesses loslassen, für das ich mir vergeben und dem ich mich öffnen musste. Die Evolution ist ohne Ende.

Ich nahm zunächst Malunterricht und schrieb einige Reiseberichte. Aber in mir spürte ich einen nagenden Drang, den ich nicht näher benennen konnte, eine Art Seelenhunger, der irgendetwas wollte. Ich wusste nur nicht, was. Als ich meiner Freundin und spirituellen Beraterin Peggy Bassett erzählte, wie es mir ging, stellte sie mir eine Schlüsselfrage: »Diana, fühlst du dich in eine bestimmte Richtung gedrängt oder von etwas angezogen?« Ihre Frage brachte mich zum Überlegen und ich begriff endlich, dass ich nicht gegen meinen Willen in irgendetwas hineingedrängt wurde. Der Gedanke, von etwas angezogen zu werden, behagte mir weitaus besser. Ja, ich hatte das Gefühl, angezogen zu werden, aber ich wollte wissen, wovon, wann ich dort ankommen würde und warum ich dort überhaupt hinsollte. Da wurde mir klar, dass ich mich noch mehr hingeben musste.

Manchmal fiel mir Papas berühmter Satz ein: »Du wirst dir nie die Finger schmutzig machen müssen.« Dann musste ich an das oberflächliche, zuckersüße Leben mit den ewigen Partys denken, das er dabei im Sinn gehabt zu haben schien. Und mir wurde deutlicher als je zuvor klar, dass ich nicht das geringste Interesse an einem solchen Leben hatte. Ich liebte es zu arbeiten, mich auszudrücken, etwas von mir mit anderen Menschen zu teilen.

Ich erzählte Ted, dass ich mich wie Treibholz fühlte, seit ich nicht mehr regelmäßig arbeitete und keine Aufgabe hatte, und dass ich mich danach sehnte, herauszufinden, was noch alles in mir steckt, damit ich auch das mit anderen teilen konnte.

Er erwiderte: »Du hast doch eine Aufgabe. Nur besteht die jetzt darin, auf dein Herz zu hören.«

Diese Aussage erschien mir zunächst zwar etwas rätselhaft, gefiel mir aber auch, da sie mir in meiner Unzufriedenheit Trost spendete. Ich verstand zum ersten Mal, dass die Suche, die Veränderung und der Neuanfang in sich nützlich sind – dass sie lohnende Aufgaben darstellen. Ich dachte sogar, dass Papa mir zugestimmt hätte, wenn er davon wüsste.

Also fing ich nicht nur an, dieses Buch ernsthaft in Angriff zu nehmen, ich schrieb auch kurze Essays über mein Leben mit Ted und Geschichten über andere Menschen, die ich liebte.

Aber dennoch jammerte ich regelmäßig: »Ich habe keine Ahnung, wohin das alles führen soll. Ich schreibe dieses Zeugs, aber ich weiß überhaupt nicht, warum. Zu irgendetwas muss das doch gut sein, oder?«

»Weißt du, Diana, manchmal kann man einfach nichts weiter machen, als sich treiben zu lassen. Haben wir denn nicht immer wieder gesehen, dass sich der Zweck einer Sache schon zum rechten Augenblick offenbaren wird?«

Als ich 1994 am Tag vor Thanksgiving gerade dabei war,

die Lebensmittel einzupacken, die wir für unser alljährliches Familientreffen mit auf die Ranch nehmen wollten, klingelte das Telefon. Zu meiner Überraschung waren zwei alte Freunde von *Inside Edge*, Jack Canfield und Mark Victor Hansen, am Apparat.

Sie kamen mit ihrer üblichen Begeisterung und Direktheit gleich zur Sache. »Was machst du gerade, Diana? Könntest du uns in 15 Minuten treffen?« Sie waren in einem nahe gelegenen Hotel, wo sie sich mit einem Verleger getroffen hatten, um über die Fortsetzung ihrer Reihe »Hühnersuppe für die Seele« zu sprechen. Nun wollten sie ein dazu passendes Kochbuch schreiben. Ich spürte eine Welle der Erregung in mir aufsteigen.

Als wir uns ein paar Minuten später trafen, erzählten Jack und Mark mir, dass »Hühnersuppe für die Seele« häufig in der Kochbuchabteilung der Buchläden gesucht wird.

Mark fuhr fort: »Also dachten wir, die Leser sollten dort doch auch etwas finden!« Wir sprachen über die Idee und kamen zum Schluss, dass es kein Buch mit Hühnersuppenrezepten werden sollte, sondern wie alle Bücher dieser Reihe eines mit herzerwärmenden Geschichten. Dieses Buch sollte aber ganz spezielle Geschichten enthalten, in denen es ums Essen geht und in denen aufgezeigt wird, wie gemeinsames Essen und Kochen Menschen einander näher bringen kann.

Eine knappe Stunde nachdem ich den Anruf erhalten hatte, war ich schon wieder auf dem Heimweg – aber mit einer Abmachung in der Tasche, die besagte, dass ich mit Jack und Mark zusammenarbeiten würde und dass das Buch im Herbst 1995 erscheinen sollte. Ich war in Ekstase! Ted hatte Recht gehabt: Fast jede Geschichte, die ich geschrieben hatte, passte perfekt in dieses Buch.

Seit ich Ted geheiratet habe, sind zehn Jahre vergangen. Ted bezeichnet sich übrigens immer als meinen späteren Mann,

weil – wie er sagt – Paul ja mein früherer Mann war. Ich bin so gerne mit diesem Mann verheiratet, der so viel mit mir teilt – darunter auch die Erfahrung, einen Partner verloren zu haben. Wir lieben es, miteinander über Paul und Sharon zu reden, ohne ein Blatt vor den Mund zu nehmen, wann immer eine glückliche oder traurige Erinnerung zum Vorschein kommt. Wir wissen ja, dass wir einander nicht weniger lieben, nur weil wir auch sie immer noch lieben.

Und Paul taucht immer noch auf. Als wir vor kurzem in New Orleans waren, gingen wir durch die Straßen des französischen Viertels. Da Freunde uns von einem Café erzählt hatten, in dem Medien aus Teeblättern lesen, beschlossen wir mal hineinzuschauen. Als uns eine Frau aufforderte, sich zu ihr zu setzen, zögerte ich nicht. Als Erstes sagte sie: »Hinter Ihnen steht ein großer, eleganter Mann in einer Safarijacke. Er hält Ihnen einen Strauß Rosen hin, mit zu Schleifen gebundenen Seidenbändern.« Ich traute meinen Ohren nicht. Sie beschrieb den Strauß, den Paul mir für unseren ersten Silvesterabend hatte machen lassen.

Nach meiner Hochzeit mit Ted fiel mir auf, dass Pauls Gegenwart nicht mehr so stark und nicht so beschützend wie vorher war. Das war für mich durchaus in Ordnung, denn schließlich ging es mir in meinem neuen Leben wunderbar und auch er hatte sicherlich dort, wo er jetzt war, genug zu tun. Dennoch vermisste ich ihn, vor allem bei besonderen Anlässen. Wie jeder weiß, der einen geliebten Menschen verloren hat, ist es an Hochzeits- oder Festtagen immer am schwersten. An solchen Tagen kommt manchmal ohne Vorwarnung eine lähmende Trauer hoch oder andere unerwartete Gefühle oder Erlebnisse.

So auch am Valentinstag 1991. Aus dem bleiverhangenen Himmel schüttete es wie aus Eimern, als ich Spyglass Hill hinunterfuhr. Ich hörte Radio und sah zufällig auf die Uhr. Es war 12.34 Uhr. Ich dachte an Pauls abergläubische Überzeu-

gung, dass es Glück bringt, wenn man die Zahlen in einer bestimmten Reihenfolge sieht. Seit er tot war, gab er seine Anwesenheit häufig dadurch bekannt, dass er meinen Blick auf bestimmte Zahlenfolgen lenkte.

Überrascht hörte ich plötzlich diese Worte: »Das nächste Lied ist ein musikalischer Gruß von Paul von Welanetz an seine Frau Diana. Alles Liebe zum Valentinstag, Diana!«

Natürlich wusste ich, dass diese Worte nicht aus dem Mund eines Diskjockeys stammten, sondern aus meinem Herzen und von jenseits der Zeit. Dann erklang eine mir unbekannte romantische Melodie, die mir die Tränen in die Augen steigen ließ. Es war ein Lied von Richard Marx, das ich noch nie gehört hatte. Ich fuhr rechts ran und hörte dem Lied aufmerksam zu, während mir die Tränen über die Wangen liefen.

Wo auch immer du hingehst,
was auch immer du tust,
ich werde hier sein und auf dich warten.

Ich war mir tief in meinem Herzen sicher, dass Paul mir einen Valentinsgruß geschickt hatte.

Eines der unheimlichsten Anzeichen für Pauls Gegenwart erhielten wir etwa ein Jahr, nachdem Ted und ich geheiratet hatten. Dass es so unheimlich war, lag daran, dass die beiden Männer völlig verschiedene Persönlichkeiten hatten. Paul, mit der Seele eines Künstlers, war extrem visuell orientiert. Er hatte immer sofort gemerkt, wenn ich einen neuen Nagellack aufgetragen hatte, während Ted, der im Grunde seines Herzens Mystiker ist, nicht einmal weiß, dass ich überhaupt welchen benutze.

Man stelle sich also meine Überraschung vor, als wir eines Tages in ein Kaufhaus gingen und Ted plötzlich stehen blieb und auf den Schmuckstand starrte.

»Diana! Sieh doch mal die Ohrringe!«

»Welche Ohrringe?«

»Die wie Margeriten aussehen.«

Jetzt sah ich die Auslage mit den Margeritenohrringen.

»Was ist damit?«

»Paul möchte, dass ich dir welche kaufe!«

Mir verschlug es den Atem. Ich stand ganz still da und fragte: »Welche?«

»Die weißen mit der gelben Mitte.«

In meinem Herzen erwachte eine Erinnerung zum Leben. Die Ohrringe glichen denen, die Paul mir vor über 25 Jahren geschenkt hatte, aufs Haar. Er hatte sie am liebsten gehabt und sie immer und immer wieder repariert, bis sie schließlich auseinander gefallen waren. Ich hatte seit Jahren nicht mehr an sie gedacht und Ted hatte unmöglich etwas von ihrer Existenz wissen können.

Vorfälle wie dieser trösten mich und geben mir neuen Mut, weil sie meine tiefe Überzeugung untermauern, dass die Liebe niemals endet.

Diese Überzeugung wurde eines Nachmittags in einem Einkaufszentrum noch mehr verstärkt. Ich stand mit anderen vor einem Schaufenster des »Magischen Auges«, in dem Bilder ausgestellt waren, die aus Tausenden winziger farbiger Punkte bestanden. Ich fragte die Umstehenden, was sie da so anstarrten. Ein Mann antwortete: »Wenn Sie lange genug hinschauen und dabei Ihre Augen entspannen, werden Sie hinter dem Bild im Vordergrund dreidimensionale Figuren sehen.« Ich versuchte eine ganze Weile so zu starren, wie ich sie starren sah, sah aber nichts.

Paul hätte das fasziniert, dachte ich gerade noch, als ich seine Stimme hörte, die mich – wie es seine Art war – liebevoll und geduldig ermutigte. *Das ist ganz ähnlich wie bei Regentropfen auf einem Fenster, Kätzchen. Du kannst dich auf die Regentropfen im Vordergrund konzentrieren oder deine Augen entspannen und durch die Tropfen hindurchsehen.*

Ich strengte mich nach Leibeskräften an, um irgendetwas zu erkennen und in den farbigen Mustern einen Sinn zu entdecken. Da sah ich plötzlich ganz unerwartet mein eigenes Spiegelbild in der Fensterscheibe reflektiert. Und im selben Augenblick veränderte sich meine visuelle Wahrnehmung und ich sah durch die Punkte hindurch. Es kam mir vor, als ob ich zusehen würde, wie sich langsam ein Foto entwickelt, als aus dem bisher zufällig erscheinenden Muster das dreidimensionale Abbild zweier Delfine wurde. Es war eine erstaunliche Offenbarung, ja reine Magie, als im Chaos plötzlich die Ordnung sichtbar wurde.

Kaum hatte ich die Delfine gesehen, da schaute ich noch genauer hin, weil ich einerseits nicht glaubte, dass sie wirklich da waren, andererseits aber nicht wollte, dass sie verschwanden. Zu meiner Überraschung sah ich sie nun noch deutlicher. Voller Freude über diese neue Fähigkeit betrachtete ich nun auch andere Bilder. Schon bald konnte ich überall die verborgenen Figuren auf Anhieb sehen.

Ich wusste damals noch nicht, dass ich später eine ähnliche Methode anwenden würde, um aus meinen vielen Erinnerungen das Gesamtbild meines Lebens zu formen. Von der alten roten Samtschachtel und den vergilbten Seiten meines Hochzeitsalbums über das Farbfoto von Paul am Ruder eines Segelbootes bis hin zu dem Foto, auf dem ich die Margeritenohrringe trug, die Paul so liebte, und Lexi im Arm hielt, sah ich mir alles an und dachte dabei an die Tage unserer Liebe und Leidenschaft und an die goldenen Momente, in denen die Welt nur uns gehörte.

Als ich mir all diese Erinnerungen noch einmal ins Gedächtnis rief, verstand ich sie zum ersten Mal in ihrer wahren Bedeutung, weil ich mich nun dem Mysterium des Lebens hingab und durch die Fotos und die Erinnerungsstücke hindurch den größeren Zusammenhang erblickte. Ich sah alles mit anderen Augen – mit einer weicheren, aus Erkenntnis und Weis-

heit geformten Sicht. Ich konnte durch das irdische Drama hindurchschauen und die Schönheit des übergeordneten Musters erkennen – den großen Entwurf. Darin kam eine transzendente Wahrheit zum Vorschein, die besagte, dass Liebe ohne Ende ihre Fäden webt und alles und alle miteinander verbindet und dass Liebe – und nur sie – die Zeiten überdauert. Diese plötzliche Erkenntnis war in ihrer Schärfe kaum zu ertragen, weil sie fast zu schön war. Ich musste an die Worte von Edna St. Vincent Millay denken:

Oh Gott, rief ich, keine finstre Maske
kann vor mir von nun an verbergen
Dein strahlendes Wesen.

Kapitel 25

Unsere Familien sind auch weiterhin unsere größte Freude. Ich bin entzückt, dass ich sie in meinen Rollen als Ehefrau, Mutter und Stiefmutter unterstützen darf.

Teds jüngere Tochter Kathy heiratete Court Purdy aus Boston, den sie kurz nach unserer eigenen Hochzeit kennen gelernt hatte. Sechs Jahre lang waren sie befreundet, während Kathy ihr Psychologiestudium abschloss und Court Jura studierte und in Kalifornien als Anwalt zugelassen wurde.

Teds ältere Tochter Christy schloss ebenfalls ihr Jurastudium ab und heiratete Jeff Coyne, der auch Anwalt war.

Um unser Familienglück vollkommen zu machen, schenkten uns Teds Töchter 1999 unsere ersten Enkelkinder – zwei wunderschöne Mädchen, die auf die Namen Aidan und Lauren getauft wurden.

Lexi und ich hatten uns vorgenommen, in Kontakt zu bleiben, was uns auch gelang. Ich fuhr jeden Dienstag zum Mittagessen zu ihr nach Los Angeles, um von ihr auf den neuesten Stand gebracht zu werden.

Lexi hatte ihren Job bei *Inside Edge* aufgegeben, um ihr Studium fortzusetzen, wie sie es ihrem Vater versprochen hatte, und machte ihren Abschluss im Rundfunkjournalismus. Danach nahm sie auf diesem Gebiet verschiedene Jobs an, von denen ihr aber keiner wirklich zusagte. Als ihr ein paar Jahre später klar wurde, dass sie eigentlich Psychologin werden wollte, begann sie ein Psychologiestudium, das sie schließlich mit dem Doktortitel abschloss. Ted und ich unterstützten sie während des ganzes Studiums bis zu ihrer staatlichen Zulassung. Heute sagen wir scherzhaft Doktor Lexi zu ihr.

So wie es Court Purdy und Jeff Coyne bei Ted getan hatten, bevor sie seinen Töchtern einen Heiratsantrag machten, so kam ein verständlicherweise nervöser Dave Bursin im Oktober 1999 zu Ted und mir, um uns etwas zu fragen. Ich kannte Dave bereits seit mehreren Jahren, da Lexi und er Anfang der neunziger Jahre schon einmal miteinander befreundet gewesen waren. Dann hatten sich ihre Wege aber sieben Jahre lang getrennt, bis sie sich vor kurzem wieder begegnet waren und sich erneut ineinander verliebt hatten.

Also stand Dave eines Abends mit einer einfachen Bitte vor Ted und mir. Er bat uns um Erlaubnis, Lexi heiraten zu dürfen. Ich wusste, dass Dave eine schnelle, positive Antwort erwartete, zumal er wusste, dass wir ihn mochten, aber ich wollte meine einzige Tochter nicht so leicht hergeben.

»Erzähl mir, wie dein Leben aussehen soll, Dave. Wie stellst du dir deine Zukunft mit Lexi vor?«, fragte ich ihn.

Dave sprach ernsthaft über seine Hoffnungen und Träume, seine beruflichen Ziele und seinen Wunsch, eine lange, glückliche Ehe zu führen.

»Also Dave«, sagte ich mit ernster Miene, »was jetzt kommt, ist ganz wichtig. Sag mir, was du an Lexi am meisten liebst.«

Er sah verwirrt aus, während er darüber nachdachte. Dann antwortete er: »Es gibt nichts, was ich an ihr *nicht* liebe.«
Und so bestand Dave die Prüfung.

25. März 2000

Lexi und die Brautjungfern machten sich in unserer Suite im *Beverly Hills Hotel*, die wir ausgesucht hatten, weil wir beide damit so viele Erinnerungen verbanden, für die Hochzeit bereit. Zu Ehren ihres Vaters hatte sie sich für einen Hochzeitsstrauß aus weißen Margeriten entschieden, der auf ihrem Schminktisch lag.

Während alle aufgeregt hin und her liefen, saß Ted ganz still in einem Sessel am Fenster und schaute sich ein Foto von Paul an. Ich wusste, dass er Paul einlud, Lexi gemeinsam mit ihm zum Altar zu führen. Als ich das sah, verspürte ich eine unendliche Dankbarkeit, dass mir das Glück vergönnt war, mein Leben mit einem so außergewöhnlichen, sensiblen Mann wie Ted zu teilen. Welcher andere Mann wäre in einer solchen Situation so selbstlos, aufmerksam und liebevoll gewesen?

Als sich die Kirchentür öffnete, stand Lexi – eine Vision in Weiß – im romantischen Brautkleid mit Schleier am Arm von Ted da. Beide strahlten, als sie langsam nach vorne gingen, wo Mary Kelly und Daves Pastor die Zeremonie gemeinsam abhalten würden.

»Wer gibt diese Frau frei, auf dass sie sich verheiraten möge?«
Ted antwortete ernst: »Ihre Mutter, ihr Vater … und ich.«

In der Nacht, als Paul gestorben war, hatte Lexi in meinen Armen weinend beklagt, dass Paul bei ihrer Hochzeit nicht da sein würde, um sie zum Altar zu führen. Aber wie hätte sie dies ahnen können? Wie hätte sie damals die wunderbare Wahrheit wissen können? Denn Paul war da. Er war wirklich da.

Nachdem die Zeremonie vorüber war, verließen Herr und Frau Bursin die Kirche, während die Gemeinde eine ausgelassene Country-and-Western-Version von »Amazing Grace« sang.

Und wie passend, *denn*, so dachte ich im Stillen, *ein Hauch himmlischer Gnade ist heute ganz sicher bei uns gewesen.* Dann fügte ich gedanklich hinzu: *vielleicht auch mehr als nur ein Hauch.*

Es ist Abend auf unserer Ranch – Teds und meiner. Ich bin eine andere Frau, als ich es vor zehn Jahren war – außen stärker, innen weicher. Ich hatte gedacht, dass ich mich nach meinem Rückzug von *Inside Edge* zur Ruhe setzen würde, dass ich mich von nun an nur noch entspannen und gute Bücher lesen würde. Aber von dieser Idee hielt Ted überhaupt nichts.

»Solange du mit mir zusammen bist, meine Dame, wirst du keine Zeit für Erfahrungen aus zweiter Hand haben. Mit mir wirst du alles ganz unmittelbar erleben.«

Er hatte natürlich Recht und ich war froh darüber. Ich liebte die Direktheit, mit der er lebte, und ich war ihm dankbar, dass er mich darin einschloss.

Heute Morgen zum Beispiel stand ich noch vor Sonnenaufgang auf, um mir schnell ein Glas Wasser zu holen. Ich konnte es kaum erwarten, wieder unter die warme Decke zu schlüpfen. Aber in der einen Minute, die ich weg war, hatte Ted das Bett bereits fix und fertig gemacht.

Er stand daneben und sah mich schelmisch an. »Hast du Lust, Mandarinen zum Frühstück zu pflücken?«, fragte er, als ich zurück ins Schlafzimmer kam. Die Zeiten des Frühstücks im Bett waren unwiderruflich vorbei. Ted wäre nicht im Traum eingefallen, Obst zu pflücken und es mir ans Bett zu bringen!

»Das ist auch deine Ranch, Diana! Du musst raus an die frische Luft, den Blütenduft riechen und in eine eiskalte, frisch gepflückte Frucht beißen!«

Heute Nachmittag bat Ted mich, auf die Terrasse zu kommen und ihm vom der Schaukel aus zuzusehen, wie er seine Modellflugzeuge über das Tal fliegen ließ. Ted konnte sie mit der Fernbedienung genau steuern und sie in der Ferne vom Aufwind getragen höher und immer höher steigen lassen.

»Schau mal!«, rief er. »Der Rabe da denkt, das Flugzeug ist auch ein Vogel. Er fliegt ganz nahe heran, um sich diesen Kerl näher anzusehen.«

Später, als er sich neben mich in die Schaukel setzte, nahm er meine Hand und sah mich an. »Das ist noch besser, als wir es uns vorgestellt hatten, oder?«

»Ja«, antwortete ich. »Aber wir kriegen doch sowieso nie das, was wir erwarten. Ist es nicht so?« Ted und ich begriffen sehr gut, dass die unergründlichen Fügungen des Schicksals alles von einem Augenblick auf den anderen total verändern können. Aber diese Tatsache störte mich nicht mehr, da ich gelernt hatte, die Alternativen, die das Leben uns stattdessen bot, zu akzeptieren.

Wir saßen noch eine Weile da, ohne ein Wort zu sagen, und sahen zu, wie zwei Raben in einem eleganten Tanz durch die Luft segelten. Mal war der eine oben, mal der andere. Plötzlich drehte sich der untere auf den Rücken und klammerte sich mit seinen Krallen an denen des anderen Vogels fest. So trudelten sie mehr als 100 Meter auf die Erde zu, bevor sie sich wieder trennten und gemeinsam davonflogen.

Kurz vor Sonnenuntergang schlug Ted vor, einen Ausflug in dem kleinen grünen Lastwagen zu machen, den die Rancharbeiter sonst für ihre Arbeit benutzten.

»Ich will mir mal die Früchte an den Avocadobäumen anschauen. Die Männer haben gesagt, bei der letzten Hitzewelle wären viele davon verdorrt.«

Wir fuhren auf den kurvenreichen Feldwegen um die Ranch herum und starrten aufmerksam in die Bäume, um he-

rauszufinden, ob wir überhaupt noch eine Ernte haben würden. Ted hielt den Wagen an und sprang heraus, um bei einigen Grapefruitbäumen die zu eng gewordenen Haltebänder durchzuschneiden, mit denen die jungen Bäume damals an langen Stützstangen festgebunden worden waren. Jetzt hinderten sie die Bäume am Wachsen.

»He, wir verpassen noch den Sonnenuntergang«, rief ich ihm zu.

»Den können wir gleich um die Ecke noch erwischen«, versicherte er mir. Und tatsächlich kamen wir gerade noch rechtzeitig, um den letzten Zipfel Rot verschwinden zu sehen. Ich dankte Ted mit einem zärtlichen Händedruck.

Als Ted weiter bergauf fuhr, kamen wir um eine Kurve und sahen von diesem erhöhten Ort aus vor uns wieder, wie die Sonne unterging. Nur dieses Mal sahen wir eine größere Scheibe als noch vor wenigen Minuten. Wir lächelten einander an. Noch einmal sahen wir der Sonne zu, wie sie hinter dem Horizont verschwand.

»Und jetzt pass mal auf!«, rief Ted aufgeregt. »Meine Mädchen fanden das immer Klasse!« Damit rasten wir das letzte steile Stück Hügel zum Haus hinauf. »Heute Abend wirst du den Sonnenuntergang gleich dreimal erleben!« Vom Rosengarten aus sahen wir noch einmal die letzten Momente der sinkenden Sonne.

Ich seufzte zufrieden auf. »Das war's dann wohl. Es gibt keine höheren Hügel mehr.«

Ted sah mich an. »Sag das nicht, Diana. Solange wir zusammen sind, werden wir immer herrliche Sonnenuntergänge erleben. Und wir werden immer noch einen höheren Hügel vor uns haben, auf den wir klettern können.«

Du hast gewartet, bis du allein warst,
denn der Tod, der ist Privatsache.
Du wusstest, dein letzter Akt
war für ein anderes Publikum bestimmt.

Als er dich erfüllte,
oh, wie musst du da getanzt haben!
Als du dich Gott entgegenstrecktest,
elegant und ganz allein.

Liebste, wie ist es?
Sag uns, was ist der Tod?

Geburt,
sagst du, deine Stimme in Schwingen gehüllt.
Ich bin am ewigen Anfang geboren.
Ich bin nicht. Ich bin.

Du verwandelst dich in uns,
in die, die dich lieben.
Du weinst in unseren Tränen,
lachst, wenn wir lachen,
du siehst jeden Augenblick als neu,
wenn auch wir es tun.

Möge deine Gabe der Liebe zu unserer werden
und so auf ewig bei uns sein.

Elias Amidon (*Life Prayers*)